金永华 ◎ 编著

第二次世界大战

黄河出版传媒集团
宁夏人民出版社

图书在版编目(CIP)数据

第二次世界大战 / 金永华编著. —银川：宁夏人民出版社，2016.5（2023.8 重印）

ISBN 978-7-227-06355-1

Ⅰ.①第… Ⅱ.①金… Ⅲ.①第二次世界大战—战争—通俗读物 Ⅳ.①K152-49

中国版本图书馆 CIP 数据核字（2016）第 128583 号

第二次世界大战　　　　　　　　　　　　　金永华　编著

责任编辑　管世献
封面设计　邵士雷
责任印制　侯　俊

黄河出版传媒集团
宁夏人民出版社　出版发行

出 版 人　薛文斌
地　　址　宁夏银川市北京东路 139 号出版大厦（750001）
网　　址　http://www.yrpubm.com
网上书店　http://www.hh-book.com
电子信箱　nxrmcbs@126.com
邮购电话　0951-5052104　5052106
经　　销　全国新华书店
印刷装订　三河市嵩川印刷有限公司
印刷委托书号　（宁）0027094

开本　880 mm × 1230 mm　1/32
印张　9.25
字数　210 千字
版次　2016 年 5 月第 1 版
印次　2023 年 8 月第 2 次印刷
书号　ISBN 978-7-227-06355-1
定价　49.00 元

目　录

一 法西斯势力崛起

(一)从"胜利者的蠢事"谈起

人类自从产生私有财产和阶级以后,战争就跟着出现了。大小内战、国与国之间的战争,绵延不断,有正义的,也有非正义的。人类历史上有的战争,如古希腊的伯罗奔尼撒战争、中世纪欧洲的十字军东征、中国历史上的一代天骄成吉思汗的对外战争等等,无论从空间和时间上来说,规模都是比较大的,然而从卷入战争的国家和地域来看,这些战争毕竟还是局部的。因为当时不具备打世界大战的条件。可是,在本世纪的头 45 年里,帝国主义这头怪物却把人类两次拖进了世界战争之中,即 1914-1918 年的第一次世界大战和 1939—1945 年的第二次世界大战。两次大战给人类带来空前的浩劫,而且一次比一次大:第一次世界大战历时 4 年,死伤 3000 余万人,物资损失 2700 亿美元;第二次世界大战历时 6 年,死伤达 9000 余万人,财富损失约 4 万多亿美元。

两次世界大战都是由帝国主义的侵略扩张政策导致的。有的史学家认为,从某种意义上说,第二次世界大战乃是第一次世界大战的继续。此话不无道理。

那么,第二次世界大战是怎么打起来的呢?这先得从第一次世界大战的结局谈起。

1918年11月11日11时,两名德国代表在巴黎东北方的贡比涅森林里福煦元帅(法国元帅、协约国军总司令)的一节火车上签字投降。第一次世界大战以协约国方面的胜利告终。停战那天,德军开拔回国,"秩序井然"。协约国沉醉在胜利的欢乐之中,民众普遍希望世界将永久享受和平,而很少有人注意到,德军是怀着强烈的军国主义的复仇情绪回到疲惫不堪、满目疮痍的故土上去的。

战场上的枪炮声寂静下来了,会议桌上的舌战开始。1919年1月18日,战胜国的"和会"在巴黎凡尔赛宫的镜厅开场。东道主法国选择这一天和这一地点开会,是有其用意的。原来48年前的这一天,即1871年1月18日,普鲁士战胜法国后,普鲁士国王威廉一世由"铁血宰相"俾斯麦陪同,在凡尔赛宫镜厅加冕为德意志帝国皇帝(即德意志第二帝国)。从此法国不但失去了阿尔萨斯、洛林这些工业宝地,赔款50亿法郎,而且在德国军国主义的刀光剑影下胆战心惊地生活了近50年。而今德国匍匐在法国面前,法国总理克列孟梭得意洋洋地说:"清算的时间到了。"

巴黎和会规模之大是空前的。32个国家正式参加,代表人数1000余名,美国代表团的工作人员竟有1300多名,英、法等国的代表团也相当庞杂。这么多人一起开会确实也够热闹的,吵吵嚷嚷。大会无非是摆摆样子,决定权实际上操纵在美、英、法、日、意五国手中,而主宰会议的是"四巨头",即美国总统威尔逊、英国首相劳合·乔治、法国总理克列孟梭和意大利总理奥兰多。意大利在战争中脚踩两只船,参战后作用也不大,英、美、法等国不把它放在眼里，因此奥兰多充其量只不过是一个跑龙套的角色。其余弱小国家的代表就根本没有发言权了。会议的真正太上皇是威尔逊、劳合·乔治和克列孟梭。

巴黎和会实质上是美、英、法、日、意等列强的一次分赃会议。它们企图通过和会重新瓜分世界，从战败国手里分割领土和殖民地，勒索赔款，压榨和奴役战败国人民。巴黎和会的主要结果是签订了《凡尔赛和约》。协约国认定德国是导致此次大战的罪魁祸首，因此和约条款对德国十分苛刻。德国只能接受，不许讨价还价。德国外交部部长勃洛克道夫不服，辩解道："大家要我们承认唯有德国应负战争的责任。如果我本人这样承认，那我是在欺骗世人。"

根据《凡尔赛和约》，德国战前的海外殖民地几乎丧失殆尽，全部被英、法、日、比、南非联邦等国瓜分，共计面积达 300 万平方公里，人口计 1300 万。德国的欧洲疆界也做了很大变动：阿尔萨斯和洛林归还给法国，萨尔区交国联①托管，东、西普鲁士的部分地区划归波兰，但泽成为自由市，马尔美第和欧本地区划归比利时，什列斯维希地区的一部分划归丹麦，等等。总之，德国丧失了原有国土的 1/8，人口的 1/10。在军备上，取消义务兵役制，实行雇佣兵制，陆军最高不得超过 10 万人，海军只能拥有 30 艘轻型舰只，不得拥有空军。莱茵河以东成为非军事区，莱茵河以西地区由联军占领 5 至 15 年。最后确定德国的赔款总额为 1320 亿金马克，先付 200 亿。协约国方面的口号是要"挖空德国人的

---

①即国际联盟。它是第一次世界大战后帝国主义列强力图建立资本主义世界秩序的工具。1920 年 1 月根据巴黎和会通过的《国际盟约》成立。本来美国曾积极鼓吹建立"国联"，后因实权被英、法操纵，美国国会拒绝参加。第二次世界大战爆发后无形瓦解，1946 年 4 月 18 日宣告解散。

腰包",尽量的压榨,"直到这些小个子吱吱叫为止"。

美、英、法等国在对德问题上虽取得了妥协,但始终充满着钩心斗角的斗争。这点日后被德国垄断资产阶级所利用,为德国军国主义的东山再起提供了外部条件。美国妄想通过国联削弱英、法,控制欧洲;法国竭力想分割、肢解德国,以便自己称霸欧洲大陆;英国惯于推行"大陆平衡政策",不主张过分削弱德国,以利于自己称霸欧洲和世界。在这样的情形下,德国虽被严厉"清算"了,被大大削弱了,但未被肢解,德国作为欧洲最大的单一民族的国家被保存下来了。世人称此为"胜利者的蠢事"。它给这个民族注入了一股强烈的复仇情绪。这一点,当时英、法的统治者也本能地预感到了。劳合·乔治在巴黎和会期间就说:"你可以把德国的殖民地剥夺掉,把它的军队减到仅够警察力量的水平,把它的海军降到五等国家的地位,但结果还是平等的:如果德国觉得 1919 年的和约不公平,它随时可以设法对征服者进行报复。"当法国的福煦元帅听到《凡尔赛和约》签订的消息时,他非常精确地说:"这不是和平,这是 20 年休战。"(20 年后,即1939 年,第二次世界大战果然全面爆发)《凡尔赛和约》没有给世界人民带来和平,而是播下了新的民族仇恨,新的战争种子。

和约签订后,法国勒索赔款最为起劲。德国无力支付。于是法国就在 1923 年 1 月把军队开进鲁尔区,对德国实行经济制裁。鲁尔区是德国的经济命脉所在,煤、钢产量占德国的 80%。法国这一行动无异于火上加油,更加伤害了德国的民族感情。德国垄断资产阶级则故意煽动复仇主义情绪。他们乘机有计划、有目的地滥发纸币,促使马克迅速贬值、崩溃。1921 年夏天,1 美元可兑换 75 马克;1922 年夏,美元与马克的比值是 1 美元比 400马克;1923 年初,上升为 1 美元比 7000 马克;1923 年 7 月 1 日,爆涨为1美元比16万马克；同年8月1日，为1比100万：11月1日，又飞涨到1比1300亿。马克彻底崩溃，德国经济陷于停顿。中产阶级和工人阶级的储蓄一夜之间化为乌有。中下层人民的生活处于痛苦的绝望之中。罢工斗争席卷全国。德国垄断资产阶级则狡狯地把一切罪恶推给《凡尔赛和约》。因此，和约墨迹未干，德国就喊出"打倒凡尔赛和约！"的口号。

德国是一个素以"条顿武士精神"著称的军国主义国家，向外侵略扩张是其本性。《凡尔赛和约》未触动军国主义的政治、经济基础，却捆住了军国主义分子的手脚，这势必要培育起一块滋长军国主义复仇心理的肥沃土壤。面对"屈辱"的和约，大战期间曾任德国陆军总司令的兴登堡元帅居然说："作为一名军人，我不能不感到，与其接受耻辱的和平，不如光荣地战死在沙场上。"希特勒的一段话更为典型。他说："《凡尔赛和约》能有什么用途……该和约的每一点是何等深刻地铭记在德国人民的心中，直到6000万男女怒火中烧，感觉耻辱；一阵烈火从炉子里喷发出来，钢铁意志由此铸成，一致呼喊：我们要再一次拥有武装！"

德国战败后，战争祸首威廉二世逃往荷兰，陆军元帅兴登堡非但没有受到审判，反而俨然以"民族英雄"的姿态坐上了魏玛共和国①的总统宝座。那班军国主义的战争狂人成了"忧国忧民"的英雄。大军火商、大银行家、大容克地主们非但嫁祸于人，而且利用"和约"大发横财。贬值马克是其手法之一；以支付赔款为名向美、英垄断财团大借其款，暗中复兴军工企业，加快扩军备战步伐，此为其手法之二。

----

①1919年德国社会民主党右翼建立的德意志共和国，是资产阶级——容克地主专政的国家。后政权逐渐落入军国主义分子手中。1933年希特勒上台后，共和国消亡。

1924 年，在美国代表道威斯的策划下，英、美等国在"稳定"德国经济的名义下，制订了一项新的"赔款计划"，准备给德国垄断资本输血。这就是所谓的"道威斯计划"。借款源源而来。德国向英、美借得 15 亿英镑的贷款，而用来支付赔款的只有 10 亿镑。这种做法，温斯顿·丘吉尔一眼就看出是在"帮助滋长战争祸根"。

在军国主义分子和垄断资产阶级的眼里，老态龙钟的兴登堡是很难有所作为的了。他们在物色新的代理人。战败后的德国垄断资产阶级和军国主义分子需要什么样的新的领导人呢？未来的纳粹党副元首鲁道夫·赫斯的一篇文章反映了他们的心声。他在一篇题为《领导德国恢复昔日光荣地位的人应当是怎样一个人？》的文中写道："在一切权威荡然无存的时候，只有一个来自人民的人才能确立权威……独裁者在广大群众中间扎根越

第一次世界大战时的希特勒（前排左第一人）。

深，他就越能了解在心理上应该怎样对待他们……但他本人同群众并无共同之处。像一切伟人一样……必要时他不会怕流血而退缩。重大问题总是由铁和血来决定的……为了达到目的，他不惜践踏他最亲密的友人……立法者必须严酷无情……必要时，他可以用他的军靴踩着他们（人民）前进。"

赫斯的文章清楚地反映了战后德国垄断资产阶级和军国主义复仇者的愿望。他们当时在寻求的新领袖、新代理人不是资产阶级议会政治中的一个寻常的新总统、新总理，而是一个"严酷无情"、能"不惜践踏他最亲密的友人"、能用"他的军靴踩着他们前进"并且总是能用"铁与血"来决定重大问题的"独裁者"。他们不久就物色到了理想的"新领袖"。此人不是别人，就是传令兵、下士阿道夫·希特勒。

（二）法西斯"祖师爷"墨索里尼崛起

在介绍希特勒如何从传令兵爬到德国"元首"宝座以前，我们得先介绍一下意大利的墨索里尼及其法西斯党。因为墨索里尼比希特勒长6岁，早10年掌权。从法西斯的政治生涯来说，墨索里尼资格老，可说是法西斯的始祖。在希特勒执政以前，墨索里尼一直瞧不起他，认为他思想"平庸"，其行动不过是自己的"模仿者"；而希特勒当时几乎是跪着仰望这位法西斯始祖的，视其为"地球上的伟人"。

本尼托·墨索里尼出生于1883年7月29日。他的父亲是打铁的，是意大利最早的社会党人之一。老墨索里尼知道一点马克思主义，但也相信无政府主义；崇拜资产阶级革命家马志尼，也钦佩政治思想家马基雅维里。他不加鉴别地把这些互相混杂的思想一起灌输给儿子，高兴起来就给儿子高声朗读马基雅维里的《君主论》。可以说，《君主论》是一本专门讲统治权术的书。马基雅维里从所谓的"目的总是证明手段正确"的原则出发，认为一个君主为了达到自己的政治目的，可以不择手段，而且应当完全摈弃道德，运用权术，采取背信弃义、搞阴谋诡计等手段。书中有段名言，说一个"聪明"的君主应当同时学会扮演"狮子和狐狸"两种角色，即学会"软硬兼施"的本领。这就是所谓的"马基雅维里主义"。这一思想无疑十分合墨索里尼的胃口，因此他后来在他父亲的影响下，把《君主论》视为"宝书"，到40岁后还一再地研读它。

墨索里尼毕业于师范学校，做过短时期的小学老师。1902年，他到瑞士去闯天下，结果和希特勒一样做了一个时期的流浪汉。他当过建筑工人，每天往三楼搬运砖块120次，又当过屠夫和送货员，也在洛桑大学旁听过一些课。1904年，他被瑞士当局驱逐出境。这时，他已是一名激进的社会党人。他时常尖锐地抨击时局，说"在这个国家里，3600万人的思想如出一辙，好像他们的脑子是从一个模子里铸出来的。这样的一个国家无异于疯人院"。他以意大利社会的"呐喊人"自居，主张"改造人民心理"，用暴力来解决意大利的政治问题。当时他狂热得连谈恋爱时都口不离"政治革命"。

1908年以后，墨索里尼专门从事社会党的政治宣传工作，先后主编过社会党的党报《阶级斗争报》和《前进报》。1912年，他被选为意大利社会党执委会委员，进入社会党的领导层。

1914年第一次世界大战爆发后，意大利统治集团宣布"中立"，背弃了与德、奥签订的"三国同盟条约"。而墨索里尼认为第一次世界大战是个千载难逢的时机，不但应该背弃德、奥，而且应该"同奥地利清算清算"，"中立会使意大利一无所得"。墨索里尼的态度反映了意大利垄断资产阶级的扩张野心。协约国这头猛兽看到意大利"中立"后就千方百计地来拉拢它，并答应今后分给意大利一块肥肉。于是，意大利于1915年5月就撕毁与德、奥签订的"同盟条约"，反戈一击，向奥宣战。墨索里尼手舞足蹈，高呼："战争万岁！"

墨索里尼鼓动意大利参战的言行受到社会党的谴责，指责他是与党"背道而驰"，是"变节"，因此撤了他《前进报》主编的职务，并把他从社会党内开除了出去。被开除党籍，墨索里尼并不在乎，认为反而给他提供了"自由发展"的机会。他说："以前我为党规党纪所缚，不能尽我的力量向前奋进，现在自由多了。"墨索里尼离开《前进报》后不久，自筹资金，办了份《意大利民报》，视这张报纸为他"最宝贝的孩子"，说"我是什么样的人，它就是什么样的报"。此话一点不假，《意大利民报》以后完全成了墨索里尼的法西斯舆论工具。

1915年9月，墨索里尼应征入伍，当了一名侦察兵。墨索里尼在前线一无作为，常常耽在壕沟里捉虱子，数大炮声的次数。1917年2月23日，墨索里尼在战壕里负伤，但他并不是被敌人打伤的，而是因自己人的一颗榴弹炮弹爆炸而受伤的。他被送进了医院，取出大小弹片44块，手术中只有一次用了麻药。他成了"绿林好汉"式的人物，在医院里受到意大利国王的慰问和夸奖。伤愈后，他没有再返前线，而是回到了《意大利民报》编辑部，继续去大造其"主战到底"的舆论。

第一次世界大战结束后，意大利捞到了一块战胜国的招牌，想凭借出卖三国同盟的功劳分享一杯羹。意大利出席和会的首席代表奥兰多围着列强的餐桌转，要求按英法原先允诺的条件把勃伦纳山口作为意大利北部的国界，并把阜姆、的里雅斯特、蒂罗尔南部等地区划入意大利版图。巴黎和会是按实力来分配赃物的，英、法、美等国视意大利为"小伙伴"，根本不把它放在眼里。奥兰多一气之下，拂袖而去，从巴黎回到了罗马。

在巴黎和会上，英国为它的大英帝国增加了250万平方英里的殖民地；法国攫取了100万平方英里领土；而意大利仅分得10万平方英里。对此，墨索里尼有一段酸溜溜的道白："像我们这样一个强有力而又富于生产的国家。需要原料，需要出路，因人口过剩又需要土地和市场，然而托着盘子四面分殖民地时，我们只得到了一些无关紧要的、一文不值的叫作什么边界修正。"墨索里尼发泄出了意大利垄断资产阶级肚里的牢骚和要求领土扩张的心里话。意大利的大亨们哀叹道："和议成功，意大利两手空空。"他们认为，意大利所演的是有史以来世界各国的胜利者在胜利后所演的最大悲剧。由此可见，意大利虽为战胜国，但它和德国一样，对《凡尔赛和约》也颇为不满。

在国内，战后意大利也面临着一个与德国类似的形势。大批军人从前线回到地方，要求工作，要求面包；工厂大批倒闭，工人失业；战时物资的匮乏引起了对各种商品的狂热需求，从而导致物价飞涨。在俄国十月社会主义革命的影响下，罢工浪潮迭起。1919年罢工人数是150万，1920年增加到220万。意大利北部的许多工厂、矿山被工人占领。工人组织武装赤卫队保卫工厂，并自己组织工厂的管理和生产。一部分退伍士兵联合农民，开展武装夺取土地的斗争。

面对战后意大利国内的革命形势，垄断资产阶级显得十分恐惧与焦虑。一个右派教授写道："你知道吗？全国四分之一的地方树起了红旗;你知道吗？我们抵抗这些非法的侵占,只有可笑的力量,不然就弃而逃之。"

战后初期意大利处于内外交困之中, 走马灯似的更迭内阁显示出了统治集团内部的软弱无能和走投无路。人民不满,资产阶级和中小企业主也不满。人心惶惶,人们盼望有强人出来"振兴国威"。统治集团迫切寻求摆脱困境的出路,他们也在物色新的代理人。一个名叫赛拉奥的人,写了本名叫《罗马的征服》一书。书中写道:"这个征服罗马的人,要有铁打的心肠和钢铁的意志。年轻、顽强、正派、勇敢、坚毅、沉着、无弱点,尤为这个征服者应具有的要素。"这无异于一个"超人"了。就在这时,墨索里尼应运而生,"脱颖而出"。他对那班渴望有人出来收拾残局的人说:"不要怕,意大利这场大病不久会复原。但如果我们不予重视,这病也许会转变成绝症。我们要说的是奋斗！奋斗！两年之内我将扭转乾坤。"墨索里尼成了意大利垄断资产阶级的"救星"。

墨索里尼是记者、编辑出身,深深懂得舆论的重要性。他在《我的自传》中说,报纸既是进攻的武器,又是防御的装甲,"进可以攻,退可以守"。他紧抓住《意大利民报》不放,并且通过报纸结集了一些铁杆同党。他们天天东奔西跑,兜售法西斯主义。但墨索里尼逐渐认识到, 靠少数几个人是解决不了问题的,"因为各方面的战线太长,涉及问题的面太广","必须创立一个打不破的有力的团体",把具有和自己一样思想的人"联合起来,站在一条战线上",这样才能收到"伟大的功效"。墨索里尼决定建立一个组织。

1919 年 3 月 23 日,墨索里尼在米兰组织了一个叫"法西斯战斗团"的组织,1921 年 11 月正式改称"意大利法西斯党"。"法西斯"一词来自拉丁文"fasces",原指古罗马官吏出巡时所执的权力标志棒,形状为束棒中间插一把斧头,象征暴力和权威。墨索里尼用它是想复兴古罗马帝国。法西斯分子都身着黑衫,故又称"黑衫党"。墨索里尼宣称,他建立法西斯党是要树立一个"新观念",建立一个"新运动基础",寻求一种"新计划"和推进一种"新方法","抵抗灭国灭种的恶势力"。他把法西斯党以外的一切政治势力都视为"恶势力",叫嚷打倒一切政党,"把自由主义观念,强弩之末的民主主义和布尔什维克的洪水猛兽般的乌托邦精神一齐扫荡",也就是彻底实行法西斯独裁统治。

墨索里尼自称"领袖"(Duce)和"独裁者"。他说:"独裁者都是可爱的","人民一面惧怕他,一面又爱他。""领袖"实行终身独裁统治。他鼓吹道:"20世纪是一个权威的世纪,一

墨索里尼拉小提琴。

个向右转的世纪,一个法西斯世纪。"这就是说,第一步他先要使意大利法西斯化,然后再去征服世界。

法西斯刚出现时,影响并不大。如果当时要挖掉这个毒瘤,并不费力。然而当时以社会党为代表的意大利进步力量没能看清法西斯的疯狂性和危险性,听任其一天天恶性发展,等到发现法西斯势力是自己最危险的对手时,已为时晚矣。在历史舞台上,看来人们要认清一个制造灾难的事物,常常是要付出惨重代价的。

1919年11月,意大利议会选举,没有一个法西斯分子入

选。自由党占多数,社会党也占了 150 席。社会党也许是胜利冲昏了头脑,忙于庆祝胜利,还是不把法西斯放在眼里。而这时,墨索里尼却改换了手法,除了加紧制造舆论,继续鼓励门徒不断"抵抗!抵抗!"以外,他开始注意使用暴力。他说:"工人与农民是无知无识的。用好听的言辞做文章宣传,发表演说,想由此开辟一条新路,结果是等于零。""必要的时候,一定要铁面无情地使用暴力。"他在大力制造法西斯舆论的同时,又主张用暴力来控制人们的思想,胡说什么"暴力有一种精神上的深刻意义"。

从此,法西斯暴徒猖獗一时。黑衫队武装示威,袭击罢工者,冲砸社会党总部,抓住政敌就强迫灌饮蓖麻油。1921 年意大利共产党成立后,法西斯匪徒驱散共产党集会,捣毁共产党机关和报社,杀害共产党人和进步人士。法西斯史学家把这种无法无天的暴行称之为"横暴的爱国主义"。

1919 年 10 月,法西斯分子在佛罗伦萨组织了一个什么"国际会议",全体法西斯分子一齐出动,手持棍棒、手枪,把社会党等对手打得措手不及,并控制了佛罗伦萨市。墨索里尼尝到了甜头,得意地说:"佛罗伦萨的会议,好像在长空中浩浩荡荡地写出了一个政体问题。"

接着,墨索里尼又如法炮制,指使门徒在米兰、波伦亚、巴尔波、弗拉拉、克里蒙那等地继续大打出手,并组织法西斯分子在首都罗马示威游行。他说:"这是要叫大家晓得法西斯现已成熟为一个政党,法西斯党有充实的力量做自卫与斗争的工作。"墨索里尼准备进一步行动了。

（三）墨索里尼进军罗马

墨索里尼及其法西斯匪徒所以能无法无天，这主要是和当时意大利统治集团的支持和放纵有关。先后担任首相的尼蒂和焦利蒂，对意大利国内方兴未艾的革命运动忧心忡忡,视为心腹大患。他们自己无力对付,就想借法西斯之手把革命镇压下去。法西斯匪徒抢劫、捣毁社会党和共产党机关,警察袖手旁观,而军方则把军用卡车供黑衫队袭击之用。大工厂主们主动向法西斯党提供经费。法西斯分子到处搞打、砸、抢的暴行震动了全社会,但没有一支相应有力的社会力量去认真对付它,因此法西斯这支可怕的恶势力很快在意大利崛起。1921年5月议会改选时,法西斯党徒夺走35个席位,墨索里尼进入议会。这时法西斯党徒号称有15万之众。

1921年11月"法西斯战斗团"改称"法西斯党"以后。意大利的形势进一步恶化,政治斗争进入白热化。工厂、银行倒闭,物价进一步腾飞,工人罢工浪潮一浪高过一浪。面对险恶的形势,政府一筹莫展。墨索里尼看出该是他出山的时候了,认为"只有法西斯的力量可以挽救时局,也是法西斯的一个机会"。于是他进一步加快法西斯机器的运转,把形势推向极端。

这时,社会党、共产党已逐步看清法西斯的危险性,决定进行反击。1922年5月24日,两党领导下的工会组织宣布举行反法西斯的总罢工。墨索里尼"毫不犹豫,立刻下了一个法西斯总动员令"。他告示法西斯分子说:"这次我们要一劳永逸地打散这群野兽"。由于当时意大利共产党、社会党缺乏坚强的领导和有力的反击措施,在和法西斯暴徒的斗争中被打败了。法西斯党做了意大利统治者想做而未做的事。垄断资产阶级十分高兴。

随着法西斯党的一步步得势,意大利内阁却日益软弱下去。墨索里尼意识到该是摊底牌的时候了。7月19日,他对首相法克塔说:"阁下,我告诉你,你的内

墨索里尼与原配夫人一起的全家照。

阁不能再生存下去了,说得明白些,不能再苟延下去了。"这是给垂死的法克塔内阁致命一拳。接着他又威胁各派议员说,法西斯党不能满足于做议会中的多数派,而要一党专政,独揽大权。

在墨索里尼的威逼下,法克塔内阁摇摇欲坠,新内阁又一时难以产生,意大利陷入了政治危机。人民群众示威游行,工人罢工,抗议法西斯摧残民主的种种暴行。而法西斯分子继续大打出手,驱散游行队伍,破坏罢工,并利用冲突为夺取政权制造借口。墨索里尼决定先拿主要的对手社会党来开刀。他指挥法西斯黑衫队捣毁米兰社会党的报社、机关,并占领了车站。他见当局无所动静,就继而实际控制了整个米兰市。法西斯"实力试验"成功,墨索里尼兴奋不已,得意地说:"我已决定亲自统率黑衫队长征入罗马。"

墨索里尼骑马挥刀。

10月16日,墨索里尼在米兰召集法西斯中央会议,密谋策划政变的最后行动。进军罗马的日期定在10月28日,由法西斯四巨头米·比昂基、依·巴尔博、戴·韦基和戴·波诺分别率四个军团,分四路进军罗马。墨索里尼自任最高指挥。

10月27日,《意大利民报》等法西斯报刊用大字排印了四军团首脑署名的《法西斯革命宣言》,宣称法西斯"将把秩序与纪律奉献给国家,以帮助国家重新走上富强光明之路"。法西斯宣言一公布,各地法西斯分子闻风而动,米兰、克列蒙那、波罗涅等地都发生流血冲突。北意一些城市很快为法西斯控制。罗马的一些议员当时去米兰找墨索里尼,企图通过改组内阁来安抚他、满足他。而此刻的墨索里尼根本没把这批说客放在眼里,笑着说:"各位先生,我的问题不是内阁局部改组或全部改组的问题。我的问题比这大得多,广得多……我做领袖是要在前面领导的,不是跟在后面跑的。我决不愿意用妥协来玷污意大利民族复兴的这页光辉的历史。"墨索里尼执意要法西斯一党专政。

意大利国王维克多·伊曼纽尔三世慌了手脚,他害怕丢掉王位。10月29日,他叫自己的副官西达迪尼打电话给墨索里尼,请他进宫商谈组阁事宜。墨索里尼老谋深算,心想一通电话不足为凭,便要国王按电话里的意思再发个电报来。国王无奈,只好

墨索里尼与意大利国王。1922 年 10 月 29 日，国王维·伊曼纽尔三世命墨索里尼组阁。

叫副官照办。几小时后,从王宫向米兰发去如下一份加急电报:

米兰,墨索里尼阁下:
　兹奉国王之命通知先生:请即日进京组阁。
　　　　　　　　　　　　西达迪尼

墨索里尼接到电报后,激动不已,说"我担负更大责任的时期到了"。当晚,他带了几个亲信匆匆乘车赶往罗马,下榻在萨伏依旅馆;第二天,雇了一辆汽车直奔王宫。国王马上批准了墨索里尼呈上的内阁名单。墨索里尼自任首相兼外交、内政大臣,名为议会制的"联合内阁",实权却牢牢控制在法西斯分子手中。从此,意大利翻开了历史上最黑暗的一页。11 月 16 日,墨索里尼

墨索里尼夺取政权后入驻威尼齐亚宫。

以首相身份第一次在国会露面。他要求国会先让他独裁一年，不然就解散国会。他说："我可以使这灰暗的会场尸体横行，我可以把国会的大门钉起来，组织一个清一色的法西斯内阁。但是我们没有这样做，至少是目前暂时没有这样做。……不过，国会也似乎应该明了自己的地位。所谓地位，就是国会的寿命可以是两天，也可以是365天。我的内阁要掌握全部大权。"一些议员惊得目瞪口呆。无奈，国会暂时关门。墨索里尼的法西斯政权就这样建立起来了。

（四）希特勒出山

现在，我们得回过头来介绍一下希特勒是如何出山的。

1889年4月20日，阿道夫·希特勒出生于奥地利境内布劳瑙小镇的一家小客栈里。他的父亲名叫阿洛伊斯·希特勒，是一个私生子。他学过鞋匠手艺，后来成了奥地利的一名海关小职员，希特勒是他第三次结婚后的第三个孩子。希特勒的母亲是农家妇女，叫其丈夫为"大叔"。按辈分讲，希特勒的母亲是他父亲的堂房侄女，两人年龄相差23岁。在布劳瑙这个偏僻的小地方，当时还盛行近亲结婚的习俗。

希特勒的父亲想把儿子培养成一个公务员，而希特勒想当一个艺术家。上中学时，除了绘画以外，他的其余各门功课的成绩都比较差，经过补考才勉强毕了业。1907年秋，他去首都维也纳闯天下，想进维也纳美术学院。试画考题是人头像。阅卷评语是："试画成绩不够理想"。结果没有同意他参加正式考试。这对充满着幻想的希特勒来说如同晴天霹雳。美梦破灭后，他学无所长，又不愿老老实实找个活干，结果成了维也纳街头的流浪汉，住进了慈善机关主办的单身汉收容所，常常到施粥站去排队领碗粥喝喝。维也纳的五年，对年轻的希特勒来说确是衣着褴褛、饥肠辘辘的岁月。他为人铲过雪，去火车站帮旅客拎过行李，后来则靠画城市风光画糊口。有一天夜里，他实在窘困不堪，就在不引人注目的地方当起乞丐来，向一个喝醉酒的绅士乞讨，那个绅士不但分文不给，反而扬起手杖来吓唬他。事后一个有经验的老瘪三告诉他说："向酒鬼讨钱是没有用的。"

维也纳五年的流浪生涯初步形成了希特勒奸诈、残酷的性格。他总结自己的这段人生经历时说："人能够生存或者能够保存自己而战胜动物界，不是靠人道主义，而只是靠最残酷的斗争手段。"他学会了冷酷无情，学会了理直气壮地说谎，学会了伪装与欺诈，并坚持认为人单凭意志就能改变一切。

1913年5月，希特勒从维也纳来到德国的慕尼黑。在那里，他重操旧业,靠走街串巷,兜售自画的风光画度日。1914年第一次世界大战爆发后,他不顾自己的奥地利国籍,报名参加德国军队。从此,他结束了为填饱肚子而担惊受怕的日子。他在李斯特团当一名传令兵,负责传递第一连和团部之间的消息、命令。直至大战结束,他始终是一名下士传令兵。在整个战争期间,他沉默寡言,只是反复阅读叔本华的《世界即意志和观念》那本书。他对书中所鼓吹的唯意志论十分倾倒。

1918年11月,当新生的共和国代表在贡比涅森林里向协约国签字投降时,希特勒因中英国人的毒气而住在医院里疗养。当他听到德国投降的消息时,他"禁不住失声哭了"。事后,他在《我的奋斗》中追忆说:"我眼前一片昏黑。我摸索着,跌跌撞撞回到病房,一头扑在行军床上,把疼痛欲裂的脑袋埋在毯子和枕头下……一切牺牲和困苦都白费了……在这些夜晚,我心中滋长了一种仇恨:对那些干出这种卑鄙罪行的人的仇恨。"他和其他德国军国主义分子一样,认为德军是"背后中了暗箭",出卖德国的是犹太人等。就在这时,他最终"决定投身于政治"。

希特勒伤愈出院后到慕尼黑军营报到。军营的头目都由从旧帝国中脱胎出来的狂热的军国主义分子担任。他们要加强对军队和社会的控制,就专门成立了一个特别委员会,负责调查和监视"政治颠覆活动"。希特勒被选中去执行此项特别任务,并保送他到慕尼黑大学的"政治训练班"里去训练了一阵子。1919年9月,希特勒以陆军政治部"教官"的身份奉名去调查一个不到100人的"德国工人党"。不料,这个党不久竟邀请他加入,并推选他担任该党的第七名委员。经过权衡,希特勒认为这是施展他政治野心的好时机。入伙后,他就一把将这个党的领导权抓过来,自己充当头子。这期间,希特勒表现出了他那摇唇鼓舌的演说才能和组织才能。他煽动人们去仇视和反对《凡尔赛和约》和犹太人，博得了一些人的喝彩。1920年，他发表了《二十五点纲领》，把"德国工人党"改名为"国家社会主义德国工人党"（简称"国社党""纳粹党"），并亲自设计了以卐字作标志的党徽和党旗。从此希特勒开始了他的流氓政治生涯。

在希特勒发迹的初期，有三个人帮了他的大忙。其一是罗姆。此人体格魁梧，脸上有伤疤，是个兵痞。他在慕尼黑军区参谋部任职。罗姆把许多前自由团和退伍军人拉来参加纳粹党，并由这些人组成最初的"冲锋队"，也就是为希特勒提供了一支"御林军"。另一人是赫斯。希特勒通过赫斯结识了地缘政治学教授卡尔·霍斯霍弗。《我的奋斗》中所鼓吹的"生存空间论"就是从霍斯霍弗那里贩来的。赫斯后来成了希特勒的秘书，帮助主子整理"国家社会主义"思想。赫斯把希特勒视为自己心目中最理想的

1921年冬天，希特勒在一个集会上发表演说。

领袖人物,盲目崇拜他,唯主子之命是从。在这一时期进入希特勒核心圈子的另一人是戈林。他和赫斯一样,认为希特勒是个"大有前途"的人物。戈林原是个飞行员,和旧军官、上层社会的达官贵人有着千丝万缕的联系,而这些人都钦佩希特勒的思想,认为希特勒和纳粹党是大可以利用的。某种意义上说,正是罗姆、赫斯、戈林及其背后的大亨们造就了希特勒这位奸雄。

希特勒脱离军队以后成了一名职业党棍。他依靠和利用政治施主的捐款,把自己的全副精力都投入到纳粹党的工作中去。希特勒及其纳粹党的发迹主要靠两手。第一是不择手段地制造法西斯舆论。希特勒认为:"只要不断重复就能最终把一种思想铭刻在一群人的心里",他胡说"广大群众接受花言巧语的感染力比接受任何别的力量的影响容易得多"。他认为,"如果说谎,就说弥天大谎"。后来,希特勒及其门徒戈培尔之流就是一再重复谎言,并且一再说弥天大谎的。第二手就是实施暴力和恐怖统治。希特勒信奉"恐怖效应",认为暴力和恐怖有它们自己的价

1923 年,希特勒与慕尼黑啤酒馆政变成员合影。

值，鼓吹"只有恐怖才能粉碎恐怖"，"最好的防卫办法就是进攻"。鉴于此，希特勒就用暴力来维护纳粹党的集会，以防止与会者"涣散"思想；他又用暴力来驱散政敌的集会活动。正是靠这两手，纳粹党得到了较快发展。纳粹党成立之初只有100多名党员，1922年初增加到6000名党员，至1923年11月已拥有党员5.5万名了。

1923年11月8日晚，巴伐利亚邦政府的部长和高级文武官员都集中在慕尼黑市一家啤酒馆开会。突然，希特勒、戈林等率冲锋队冲入会场。希特勒先朝天花板放了一枪。大厅顿时鸦雀无声。随后希特勒登台宣布："国民革命开始了！"他威逼巴伐利亚邦政府的领导人就范，但他们不肯轻易就范。第二天，希特勒、戈林、鲁登道夫等人带头示威，以期唤起民众支持。警察开枪镇压，纳粹党徒立时作鸟兽散。政变失败，希特勒锒铛入狱。

自《凡尔赛和约》签订后，希特勒脑子里所想的就是政变。他说："我可以非常镇静地坦白说，从1919年到1923年，除了政变，我没有想过别的。"1922年墨索里尼"向罗马进军"得逞后，希特勒就学着想"向柏林进军"。他认为巴伐利亚可以作为向柏林进军的桥头堡。他在法庭上公然声称他是"天生要做独裁者的人"，并且说："我的目标从一开始就比做部长高出1000倍。我要做马克思主义的摧毁者。"希特勒把马克思主义视为战后德国的心腹大患，这毫不奇怪；人们倒可以从这里看清希特勒所极力兜售的"国家社会主义"只能是十足的挂羊头卖狗肉了。为了博得垄断资本家的赏识，他明白无误地告诉法官说："我是一个反对革命的革命者。"

按当时的德国法律，希特勒应被判无期徒刑，但他只被判5年徒刑，而实际只关押9个月就获释出狱，继续去从事推翻共和国的活动了。

希特勒入狱后,鲁道夫·赫斯自动从国外回来,同他的领袖一起坐牢。在狱中,希特勒向赫斯口授了《我的奋斗》一书,狂热鼓吹反动的民族沙文主义、复仇主义,公开叫嚷要用战争来夺取"生存空间"。

希特勒吸取啤酒馆暴动失败的教训,出狱后改变策略,争取在宪法允许的范围内继续发展纳

赫斯(右二)自愿与领袖希特勒(左一)一起坐牢。狱中希特勒向赫斯口授了《我的奋斗》一书。

粹势力。他说:"我恢复活动以后必须采取新的方针。我们将不再企图通过武装政变来取得政权,而是要捏着鼻子进国会。"他认为纳粹党迟早会得到多数票,一旦拥有多数票"就是得到德国了"。

通过希特勒的重新"整顿",从 1925 年开始,纳粹党又逐步发展起来。1925 年有党徒 2.7 万人,1926 年增加到 4.9 万人,1927 年增至 7.2 万人,1928 年是 10.8 万人,1929 年剧增至 17.8 万人。纳粹党的势力虽在稳步地发展,但这个时期它在国会中的影响还是微小的。

1929 年至 1933 年间的世界经济危机给希特勒提供了一个实施其野心的良机。这场经济危机从美国开始,很快席卷资本主义世界。在德国,大批工厂倒闭,工人失业人数急剧猛增。1929

美国芝加哥的施粥站(大萧条时期)。

年 9 月，德国失业人数是 132 万人，1930 年 9 月增到 300 万人，1932 年 9 月增到 510.2 万人，1933 年则超过 600 万。失业加上通货膨胀，千千万万的德国人民处于水深火热之中。民情惶恐，社会动荡。希特勒抓住时机，进行放肆的恶意宣传。他煽动说："我们是别人应对之负责的不幸的受害者。"他的别有用心的宣传收到了一定的成效，许多不明真相的人跟他跑了。

凶相毕露，年轻时的希特勒。

与此同时,纳粹党的冲锋队又猖狂活动起来了。当时冲锋队的口号是:"占领街道是夺取国家政权的关键"。一个纳粹议员坦率承认:"在国家社会主义德国工人党取得政权之前,他们是不会让人民安安静静休息的"。德国垄断资本家对形势也看得很清楚,他们相信"在不太遥远的将来,国家社会主义德国工人党就会上台,并且相信……它的上台就是必然的"。因此垄断资本家纷纷慷慨解囊,大力支持纳粹党。钢铁大王蒂森个人就给纳粹党100万马克,同时还从他的重工业企业中每年拨给纳粹党200万马克。鲁尔煤辛迪加做出决议,每卖一吨煤就抽5芬尼(100芬尼=1马克)给纳粹党,单这一项,每年就达200万马克之多。希特勒利用这些赏钱急速地去扩大他的政治势力。

这样,在垄断财团的大力扶植下,纳粹党的势力恶性膨胀起来。到1932年,纳粹党在国会中已拥有230席,成了德国第一大党。这时,希特勒加紧同垄断财阀勾结。1932年1月27日,在蒂森的秘密安排下,希特勒在工业俱乐部向垄断资本家的代表人物发表了两个半小时的"施政演说",

第一次世界大战的德国陆军元帅、魏玛共和国总统兴登堡任命希特勒为总理。

和盘托出了他的"底细",即一旦他执政,马上对内镇压"赤色分子",实行独裁统治,对外则用武力去"寻求新的生存空间"。希特勒的施政方针博得财阀们的狂热喝彩,有人当场喊出"希特勒万岁!"的口号。

接着,作为国会中第一大党的领袖,希特勒要求执政。他声称,他既不要外交部,也不要国防部,而只要求墨索里尼1922年所要求的那么多权力,亦即让他实行法西斯独裁统治。1933年1月30日,希特勒在冲锋队的狂呼声中出任德国总理。

德、意,特别是德国法西斯的上台,表明欧洲战争策源地形成了。

(五)日本军阀控制内阁

在欧洲形成新的战争策源地的同时,东方的亚洲也出现了一个战争策源地。这个策源地就是日本。

第一次世界大战爆发不久,日本为了夺取德国在中国山东的权益和南太平洋上的德属岛屿,借口与英国有同盟关系,于1914年8月向德宣战。大战期间,日本垄断资本急剧地膨胀起来。但是战后初期,日本军国主义的侵略政策却接二连三地遭到打击。在国外,1919年3月1日朝鲜爆发了反对日本的殖民统治、要求民族独立的"三·一"运动;同年5月4日,中国爆发了反帝反封建的五四运动,使日本霸占山东半岛的计划落空;.1922年10月,入侵西伯利亚的日军被迫撤走。在国内,继1918年的"米骚动"以后,1919年至1922年,日本工农运动依然此起彼伏,著名的川崎造船厂、三菱造船厂、八幡钢铁厂等大企业的工人都先后举行罢工。1920年至1921年,日本发生经济危机,工业总产值下降19.5%。危机未过,1923年9月1日又发生关东大地震,死亡及下落不明者14万人,受害人口达340万,经济损失达100亿日元。外交方面,在巴黎和会上,日本未能全部如愿以偿;在1921年底到1922年初召开的华盛顿会议上,日本更是被迫接受美国的所谓"对华门户开放"原则,并在限制海军军备的问题上,主力舰按5(美):5(英):3(日)的比例发展。"凡尔赛——华盛顿体系"保证了英、美、法的优势,相对压制了日本。日本当然不服,对美英颇为不满。

在内外交困的情势下,日本统治者被迫谋求暂时妥协。1924年6月,新上台的外相币原喜重郎提出"协调外交"的口号。所谓"协调",主要是谋求与美英的暂时妥协,并争取美英经济上的支持,以应燃眉之急。"协调外交"喊了一阵子后,1927年4月,法西斯军阀头子田中义一出任首相兼外相,"币原外交"被"田中外交"所替代。所谓"田中外交",就是依靠武力加紧对中国的侵略和同美英在太平洋地区的争霸。田中义一的上台,标志着日本法西斯势力的得势。

在日本统治集团竭力想摆脱战后困境的同时,法西斯势力开始繁衍起来。日本早期的一些法西斯分子都是多年在中国从事侵略活动的军国主义分子。1919年,日本出现了第一个法西斯组织——犹存社。该社两个主要头目,一个叫大川周明,他原是"满铁"东亚经济调查局的头子;另一个叫北一辉,中国爆发五四运动时他在上海,目睹中国人民反帝反封建的革命斗争声势,在惊恐之中他起草了一个《国家改造法案》,被称之为"日本法西斯的圣典"。北一辉哀叹日本"面临着有史以来的困境",为了摆脱困境,必须"领悟剑的福音",即依靠武力来"改造"日本,对内实行独裁统治,对外吞并中国、南洋、印度和西伯利亚,使日本执"世界联邦之牛耳"。《国家改造法案》一出笼,日本朝野的军国主义分子一致拍手叫好。《国家改造法案》在军内很快广为流传,受到军内法西斯少壮派的支持。大川周明则公然宣称"天意欲选日本为亚洲的战士"。

日本和德意不同的是,它没有一开始就形成一个统一的法西斯政党。从第一个法西斯组织"犹存社"成立后,到 1929 年,日本先后出现了 125 个法西斯团体,如"国本社""行地社""天剑党""士林庄""一夕会",等等;1930 年又出现"樱会"等法西斯团体。日本法西斯组织的特点是垄断财阀是其后台,而军部是其基础和主干。许多高级将领都亲自组织、领导或参加法西斯团体。如"国本社"的头子是平沼其一郎,其成员有东乡平八郎、荒木贞夫、松井石根、宇垣一成等;"一夕会"的主要成员有东条英机、冈村宁次、坂垣征四郎等。这些法西斯组织都竭力鼓吹以"国家主义"来"统一"日本的"国民精神",实行什么"彻底的大日本主义",以使"日本精神扬威"于全世界。

日本法西斯势力日益强大,竟左右起内外政策来了。1927年 6、7 月间,田中义一主持召开了一个有陆海军和外务省官员参加的"东方会议"。会议的主要内容以首相奏折的形式呈送给日本天皇,这就是所谓的《田中奏折》。奏折露骨地表述了日本军国主义的侵略野心,其中写道:"如欲征服中国,必先征服'满蒙';如欲征服世界,必先征服中国。"《田中奏折》可以说是日本帝国主义的一个侵略总纲领。

"樱会"等五花八门的法西斯团体登台后就加紧鼓吹法西斯专政的舆论,叫嚷仿效德意,实施"一国一党制"和"军备第一主义",加快"改造""柔弱"的日本,"建立强有力的政府"。为此,他

提出《田中奏折》的田中首相（左第五人）。

030　们一再制造震动日本国内外的事端，或切腹自杀，或刺杀政府高级官员，或发动政变，目的是给当局和社会施加压力，加速法西斯化的进程。1930 年 11 月，法西斯团体"爱国社"分子刺伤首相滨口雄幸。1931 年 3 月，"樱会"在陆军头目宇垣一成的支持下，密谋政变，后因内哄流产。1932 年 5 月 15 日，一小批法西斯少壮派军人袭击首相官邸和警视厅等地方，击毙首相犬养毅，要求成立军人内阁。这次政变虽没有全部得逞，但新成立的内阁则进一步法西斯化了。自此法西斯势力进一步扩展，到 1936 年 2 月，日本全国法西斯团体达 350 多个。就在这年的 2 月 26 日，军内法西斯皇道派的 1400 多名少壮派军人又发动政变，杀死了内大臣、大藏大臣、教育总监等多人，占领陆军省、警视厅等军政要害机关，实行"兵谏"，要求成立清一色的"军人政府"。"兵谏"者的直接目标虽因军阀内部意见分歧而未能得逞，但政变当天，以统制派为核心的统治集团就迫不及待地发布"防止赤化分子活动"

的戒严令,并立即改组内阁,由与军方关系密切的广田弘毅出任首相,组成了法西斯军阀为核心的新内阁。至此,军部实际控制了内阁,从而确立了日本法西斯政权。

广田内阁成立后,它以平息事变为借口,采取了一系列旨在加强法西斯专政的措施,如颁布所谓"思想犯保护监视法""危险文件临时取缔法"等,并设立五相(首相、陆相、海相、外相、藏相)会议,加强军部对政府的直接控制。1936年8月7日,五相会议通过了一项《基本国策纲要》。该"纲要"明目张胆地提出,日本的"根本国策是在外交国防的密切配合下,在确保帝国在东亚大陆上的地位的同时,向南洋扩展"。这项"基本国策"使《田中奏折》进一步具体化了。它把日本军国主义的"大陆政策"和"海洋政策"结合起来,是一个灭亡中国,发动太平洋战争,独霸亚洲太平洋地区的全面侵略扩张的"蓝图"。从此,日本就加快了侵略步伐。

日本法西斯军阀一步步地控制政府,一步步地扩大侵华战争,亚洲战争策源地形成了。加上德、意法西斯的上台、欧洲战争策源地的形成,第二次世界大战的阴影逼近了,而这时人们对第一次世界大战所带来的灾难还记忆犹新。

二 德日意法西斯走上侵略扩张之途

（一）日本在中国拉开第二次世界大战序幕

"凡尔赛——华盛顿体系"播下的新的战争种子，因为1929年爆发空前尖锐深刻的资本主义世界经济危机而加速萌发了。而战争（第二次世界大战）的序幕则是由日本在中国制造"九·一八"事变拉开的。

日本军国主义在培植法西斯势力的同时，为了摆脱危机，就加快侵略步骤。按《田中奏折》拟定的侵略纲领，其第一步是侵占中国东北。为了制造入侵的借口，1931年7月，日本指使汉奸郝永德强占吉林万宝山的民田，激起当地民众愤怒，与日军发生冲突。日本侵略者遂大造"满蒙危机"舆论。一波未平，同年8月又起一波：日本借口所谓"中村上尉失踪"事件，向中国政府提出"抗议"，调集部队，准备向中国进攻，并在国内煽起战争狂热。中国东北形势急剧恶化。

这时的中国国民党政府对日本的侵略行为采取投降退让政策。1931年8月16日，将介石密电张学良："无论日本军队今后如何在东北挑衅，我方应不予抵抗，力避冲突，吾兄万勿逞一时之愤，置国家民族于不顾。"张学良将该电转发东北军将领"一体遵行"。蒋介石一味退让,日本侵略者的胆子愈来愈大。9月18日晚,盘居在中国东北的日本关东军炸毁沈阳北郊柳条沟一段铁路,随即贼喊捉贼,反诬是中国东北军所为,悍然进攻沈阳北大营中国驻军。这就是举世震惊的"九·一八"事变。第二天凌晨,日寇攻占沈阳城,关东军特务头子土肥原贤二当了"沈阳市长"。

面对日寇的疯狂侵略行径,国民党政府依然下令东北军"绝对不抵抗",而幻想国联"主持公道",等待"国联公理之判决"。其实,国联对待日本侵略中国的态度,诚如墨索里尼所说,"国联已出卖中国"。这样,日寇如入无人之境。不到一个星期,辽宁、吉林两省的大部分领土便沦入敌手;不到四个月,东三省全部被日军侵占。

为了欺骗国际舆论和便于殖民统治,日本侵略者决定抢在国联的"李顿调查团"抵达前建立一个伪"满洲国",造成一个既成事实。至于这个"国家"的傀儡,他们早就看中清朝末代皇帝爱新觉罗·溥仪其人了。溥仪当时"隐居"天津"静园"。其实静园不静,早在"九·一八"事变前两个月,日本已暗中向溥仪打招呼,说"满洲"近期要发生点什么事情,"请宣统皇帝多多保重"。溥仪得到日方暗示后,就在静园"静观变化,静待时机",他一连几个晚上做了"重登大宝"的美梦。

1931年11月2日深夜,土肥原贤二亲自潜往天津静园会见溥仪。在交谈的整个过程中,土肥原贤二的脸上始终堆着"温和恭顺的笑意",语调是"恳切又恳切",使溥仪觉得他"说出的话,不会有一句是靠不住的"。他向溥仪许诺说,新建立的"国家"是"独立自主的,是由宣统帝完全做主的"。就这样,在土肥原贤二的引诱、诓骗下,1931年11月18日,日军终于把溥仪从天津挟持到了东北旅顺。

在日本关东军直接操办下，1932年3月1日，伪"满洲国"宣布成立，溥仪任"执政"。

溥仪原以为他一到东北就可"重登大宝"，复辟"大清帝国"。当关东军参谋坂垣征四郎告诉他"这个新国家的名号是'满洲国'""一致推戴阁下为新国家的元首，就是'执政'"时，溥仪的脸顿时涨得通红，仿佛全身的血都涌到了脸上。"皇帝陛下"变成了"阁下"，这是他万万没有料到的。他追忆当时的心境说："这还是第一次听日本人这么称呼我呢！'宣统皇帝'或者'皇帝陛下'的称谓原来就此被他们取消了，这如何能够容忍呢？在我的心里，东北200万平方里的土地和3000万的人民，全抵不上一声'陛下'呀！"于是他激动地对坂垣说："名不正言不顺，言不顺则事不成！满洲人心所向，不是我个人，而是大清的皇帝。"坂垣收起笑容，依然称他为"阁下"，叫他"再考虑考虑"，然后拂袖而去。第二天，坂垣传话给溥仪说："军部的要求再不能有所更改。如果不接受，只能被看作是敌对态度，只有用对待敌人的手段做答复。"溥仪听完这话，腿一软，就跌坐在沙发上，半晌说不出话来。事情也就这样定了。

1932 年 3 月 1 日，伪"满洲国"宣布成立，溥仪为这个"新国家"元首，称"执政"，郑孝胥为"国务总理"。在总理下又设一个"总务厅长"，由日本人担任；在外交部、军政部、财政部等各部总长之下设一次长，次长一律由日本人担任。真正的总理是总务厅长官驹井德三，而国务会议所讨论的都是次长会议已做出的决定。溥仪说，驹井德三"做了实际上的总理，他眼中的顶头上司当然是关东军司令官，并不是我这个名义上的执政"。

溥仪当"执政"虽觉得是"委屈的事"，但他对"重登大宝"并不死心，而是把执政的位置看成了"通往皇帝宝座的阶梯"。这个日子居然也给他盼来了。日本侵略者出于自身的需要，决定把"满洲国"改为"满洲帝国"。1933 年 10 月，当溥仪从关东军那里得知他可以做"满洲帝国"的皇帝时，"直乐得心花怒放"。他追忆说："我考虑到的第一件事情，就是准备一套龙袍……这是我想了 22 年的龙袍。"1934 年 3 月 1 日，"满洲国"正式更名为"满洲帝国"。不久。这个"帝国"的皇帝所唯一

1934 年 3 月 1 日，伪"满洲国"更名为"满洲帝国"，溥仪真正成了日本的儿皇帝。1935 年溥仪在东京会见日本天皇。

二

德日意法西斯走上侵略扩张之途

考虑的是"如何在日本人面前保住安全"。溥仪真正成了日本的儿皇帝。

侵占中国东北是日本法西斯军阀侵略计划的第一步。接着，他们又在观望形势，等待时机，准备走第二步，即全面入侵中国。

（二）意大利入侵埃塞俄比亚

法西斯化在意大利也推进得很快。墨索里尼执政后推行"一切政权归法西斯"的政策，不仅很快使意大利政府彻底法西斯化，而且还将法西斯的"活力"灌输到"全国生活的血管里去"。在五六年的时间内，意大利许多群众性的组织都被法西斯牢牢地控制了。

墨索里尼也懂得，要保住法西斯政权，还得控制住经济命脉。但是他和希特勒一样不懂经济。为了解决百孔千疮的烂摊子，他更多的是动用法西斯的国家权力。他说："我们称之为国家干预……如果有什么事不能适宜地进行，国家便干预之"；"资本不是神圣的，只不过是达到目的的一种手段而已"。在墨索里尼的这种"国家干预"下，战后意大利的经济在法西斯执政的头几年中确也得到了恢复和一定的发展。但是国家权力的强行干预能见效于一时，绝不能持续繁荣下去。在1929年世界经济危机的袭击下，意大利政府的财源又到了山穷水尽的地步：入超惊人，赤字年年增加。1933年至1934年，赤字竟达预算的1/4。5.5万多家企业倒闭，失业人数达100万之众。

经济危机导致法西斯统治的动摇。国内政治、经济形势迫使墨索里尼加快把目光移向国外，妄想通过侵略战争来摆脱困境。

这是独裁者的惯伎。有人说，墨索里尼不应作战的原因正是他要作战的原因。《欧洲内幕》的作者约翰·根室说："这不是他能否作战的问题，而是他能否不战的问题。"此话不无道理。

当然，除了用战争来摆脱困境以外，用战争手段来进行侵略扩张也是墨索里尼日思夜想、蓄谋已久的事。他自称为"新恺撒"，扬言要重建"罗马帝国"，妄想把地中海变成"意大利的内湖"。他宣称，"意大利如果不能做地中海的主人，便成地中海的囚徒"；认为意大利受了协约国的骗，在凡尔赛和会上遭到了丢脸的失败。"意大利需要什么？要一个复仇者！"墨索里尼自问自答道。

墨索里尼认为，意大利的生存离不开殖民地。复仇首先得从殖民地问题上入手。他在《我的自传》中说："殖民地的发展不仅能解决我们的人口过剩问题，我们的经济问题也可随之解决。"于是埃塞俄比亚（旧称阿比西尼亚）成了墨索里尼眼中的第一块殖民地"肥肉"。埃塞俄比亚地处红海南端的非洲之角，控制着地中海流经红海到印度洋的通道，战略地位十分重要。

意大利是帝国主义列强"瓜分非洲"的后来者。19世纪末，除了抢到几块沙漠地和半沙漠地之外，意大利只在红海南端和亚丁湾抢占了紧靠埃塞俄比亚的厄立特利亚和索马里的一部分。如果意大利把埃塞俄比亚也抢到手，不但可以把它和意属索马里、厄立特里亚连成一片，而且可以控制尼罗河水源并进而控制尼罗河下游的苏丹、埃及的水利灌溉，对建立意大利的"非洲帝国"十分有利。

1896年，意大利殖民军曾从厄立特里亚向埃塞俄比亚发起进攻，妄想一举侵占整个埃塞俄比亚。但是阿杜瓦一战，意军惨败，侵略美梦成了泡影。意大利侵略者对此耿耿于怀，墨索里尼也认为阿杜瓦的惨败是意国的一个长期"耻辱",一定要"雪耻"。他在寻找行动的机会,而借口总是容易找到的。

1934年12月5日,一支护送英埃联合小组勘察索马里牧人牧区的埃塞俄比亚警卫队,在瓦尔瓦尔与蓄意挑衅的驻意属索马里的殖民军发生冲突。意军出动飞机、装甲车攻击埃塞俄比亚一支小部队。结果埃方牺牲110人,而意军只有32人被打死。墨索里尼贼喊捉贼,反倒要埃方"赔礼道歉","勒令"参战的埃军官兵向在瓦尔瓦尔阵亡的意军士兵"致敬",并支付30万埃元的"赔偿费",等等。条件苛刻,无异于最后通牒。埃塞俄比亚皇帝海尔·塞拉西把争端提交国联仲裁。墨索里尼根本不把国联放在眼里,继续按预谋的侵略计划去行动。12月30日,他下令:"摧毁阿比西尼亚武装部队,完全征服埃塞俄比亚。"

1935年1月,墨索里尼任命戴·波诺为东非意军总司令。从2月开始,大批意军从本土调往厄立特里亚和意属索马里。到该

战时的塞拉西皇帝。

年秋季，东非已集结了 30 万意军。备战就绪，墨索里尼就指示戴·波诺一定得想法挑起意埃战争。他说："如果埃塞俄比亚皇帝无意进攻我们，那么我们就须主动采取行动。"1935 年 10 月 3 日，30 万意军不宣而战，从厄立特里亚和意属索马里突然入侵埃塞俄比亚。

意军入侵埃塞俄比亚，是继日寇侵占中国东北以后的又一重大法西斯侵略事件，世界舆论大哗。在世界进步舆论的推动下，国联被迫宣布意大利为侵略者，并对其实行经济制裁。国联的制裁是软弱无力的，因为意大利最害怕的石油制裁并不包括在内。因此墨索里尼态度依然嚣张，宣布意大利退出国联。10 月 9 日，意军攻下阿杜瓦后，特意在该城树起一块石碑，上面刻着："向 1896 年 3 月 1 日在阿杜瓦殉国的将士致敬。你们的仇已由 1935 年 10 月 9 日的胜利而报复了。"1936 年 5 月 5 日，意军攻占埃塞俄比亚首都亚的斯亚贝巴。5 月 9 日，墨索里尼站在罗马威尼齐亚宫的阳台上，对着狂热的人群宣布埃塞俄比亚归并人意大利版图，并宣布意大利国王维克多·伊曼纽尔为"埃塞俄比亚皇帝"。他扬扬得意地说："等待了 15 个世纪，才得到了帝国的再现。"此刻的墨索里尼以恺撒自居，真可谓得意忘形了。

亚的斯亚贝巴沦入意军之手后，塞拉西皇帝流亡英国。1936 年 6 月，他在国联控诉说："我是在捍卫所有正在受到侵略威胁的弱小民族的事业。曾经对我做出的诺言变成了什么？……上帝和历史将会记住你们的判断。"这位身材矮小的皇帝的话震撼了世界的良心。后来担任英国外交大臣的艾登发人深省地追忆说："难道我们在 1935 年就不能下更大的决心来推行制裁？如果我们下定决心，难道就不能撕下墨索里尼的假面具？从而至少推迟这场战争？我敢断言，回答是肯定的。使墨索里尼成为强人的是我们……"艾登的这些话当然是马后炮,但这马后炮确也总结了英法纵容墨索里尼侵略埃塞俄比亚的历史教训。

(三)希特勒彻底撕毁《凡尔赛和约》

在德国,希特勒上台伊始,就着手建立法西斯独裁统治并谋划征服欧洲进而称霸世界的计划。他出任总理的第二天,纳粹党的宣传部部长戈培尔在其日记中写道:"同元首一起开会时,我们安排了对付赤色恐怖进行斗争的措施。"纳粹党镇压共产党的"措施"很快就实施了。1933年2月24日,警察非法搜查了柏林共产党总部,声称"发现了共产党发动革命的计划",但这些文件始终未予公布。三天后,2月27日,国会大厦神秘地起火。冲锋队在空无一人、火势蔓延的大厦里捉到一个名叫范·德·卢勃的荷兰共产党人。戈林宣称"国会纵火案"是共产党的一个"信号",于是马上下令逮捕季米特洛夫为首的三名保加利亚共产党人,打击革命势力。其实,焚烧国会大厦是纳粹分子自己策划干的,范·德·卢勃也是冲锋队捉住后把他骗进去的。后来,季米特洛夫在莱比锡法庭上对法西斯的纵火阴谋做了无情的揭露。他那锋利的言辞犹如一把把匕首,直插敌人胸膛,表现了一个共产党人的浩然正气。他说:"我要为自己,一个被控的共产党员辩护,我要为自己的共产主义革命荣誉辩护,我要为自己的理想、自己的共产主义信仰辩护。我们工人阶级、共产党人,谁如果不想做铁砧,就应当做铁锤。我们要在统一战线中联合起来,堵塞法西斯道路……"戈林之流被弄得狼狈不堪,实在找不到说共产党是国会纵火案的主犯的证据,迫于舆论压力,最后不得不对季米特洛夫等三位革命者宣判无罪。

纳粹匪徒妄想以"国会纵火案"嫁祸于共产党人的企图虽未能得逞,但他们通过制造"国会纵火案"却达到了对内实行法西斯独裁统治的目的。"国会纵火"的第二天,希特勒颁布了一项"保护人民和国家"法令,借口"防止共产党的暴力行为",下令停止执行魏玛共和国宪法中保障个人自由的条款;同时"授权德国政府"以巨大的权力,对被认为犯有"叛国、放毒、纵火和破坏等罪行"的人,可以处以死刑或终身苦役,必要时还可以"接管任何邦的全部权力"。由于拥有这一切可怕的权力,希特勒就能随心所欲地镇压一切敌手了。7月14日,希特勒又公布了一项法律,规定"国家社会主义德国工人党是德国唯一的政党"。从此,纳粹党就明目张胆地实行一党专政了。

与此同时,希特勒执政后又立即着手扩军备战。他对外政策的第一个目标是要废除《凡尔赛和约》,大造战争舆论。他那套反动的种族理论是直接为他的侵略扩张服务的。他胡说日耳曼民族是"地球上最高级的人种",有权统治其他民族。他也和墨索里尼一样,认为德国"人口过剩",消除"人口过剩"的唯一途径是"集结全民族政治力量"去"寻求新的生存空间"。为了夺取"生存空间",就得动武。他说:"要解决德国问题只有一个办法,就是动武;要动武而不想冒一点风险,那是不可能的。"

1933年10月,希特勒借口军备的不平等,退出日内瓦裁军会议,不久又宣布退出国联。1934年10月,他秘密下令把陆军从10万(《凡尔赛和约》规定的最高限额)扩大到30万,海军人数则增加1倍,并秘密建造了两艘2.6万吨级的巡洋舰。1935年3月,戈林又宣布重建德国空军,并威胁性地说,"在这方面我们已经同大不列颠并驾齐驱了"。3月10日,希特勒颁布建立"国防军"的法令,宣布实施普遍义务兵役制,要求在和平时期建立12个军团和36个师,约50万兵力。这无异于公开废除《凡尔赛和约》对德国军备的限制。

希特勒德国的种种违约行动受到英法当局的纵容。英法政府迫于舆论的压力,只是形式上提点抗议,表示一下"遗憾",实际上采取默认、纵容态度。最明显不过的例子是1935年6月,德国和英国背着法国签订了一项《英德海军协定》。协定载明,英国同意德国的海军力量可超过法国海军,即德国可以建造相当于英国水面舰只总吨位35%的军舰和45%的潜水艇。这样,《凡尔赛和约》中限制德国军备的条款几乎荡然无存了。

为了同扩军备战的步伐相协调,希特勒又把德国经济纳入

希特勒是个天才的煽动家。

"总体战争经济体制"。前帝国银行行长沙赫特、军火大王克虏伯、钢铁大王蒂森等垄断资本家和纳粹分子组成一个"德国经济总委员会",其任务是推行国民经济军事化政策,使德国工业迅速转入军火生产轨道。法西斯头目还提出"大炮代替黄油"的口号,加

强对劳动人民的剥削和掠夺，以便加速扩军备战。德国军费的支出很快占到国民收入的 1/3。

希特勒冲破《凡尔赛和约》对德军备的限制并不等于完全废除和约。和约对德国军事的最后一点约束是，和约规定德国西部莱茵区为非军事区。1925 年订立的《洛迦诺公约》也重申：如德军进入非军事区，法国有权对德采取军事行动；英国则有义务以武力支援法国。希特勒在等待时机出兵占领这一非军事区，而侵略者常常具有选择时机的"非凡本事"。

1936 年 3 月 7 日，正当世界舆论的视线都集中在墨索里尼入侵埃塞俄比亚的时候，希特勒突然派兵重新占领莱茵非军事区。这一招大大出乎世人意料之外，使英法一下子要应付两个困难局面。这既减轻了国际舆论对墨索里尼的压力，希特勒也得了实惠。英法乱作一团。德军进驻莱茵非军事区对法威胁最大，少数法国内阁阁员主张出兵，但英国首相鲍尔温却说"英国不能接受战争风险"。法国无奈，只能口头上抗议一阵，行动上却按兵不动。其实按当时的实力，德国是无力与英法抗衡的。进兵莱茵非军事区，对希特勒来说是冒了一次险，当时他心里是很虚的。他事后承认说："在进军莱茵区以后的 48 小时，是我一生中神经最紧张的时刻。如果当时法国人向莱茵区进军，我们就只好夹着尾巴撤退，因为我们手中可供动用的那点军事力量，即使是用来稍作抵抗，也是完全不够的。"然而希特勒居然冒险成功了，这就使他的胆子更大了。进兵莱茵非军事区，表明希特勒彻底撕毁了《凡尔赛和约》，跨出了发动战争的第一步。1937 年 1 月 30 日，在希特勒执政满四年的日子里。他正式宣布德国取消对《凡尔赛和约》所承担的义务，并踌躇满志地说："今天，我必须谦恭地感谢上苍，它的恩惠使我，一度是一个默默无闻的士兵，能够把争取我们民族的光荣和权利的斗争引向成功。"接着他很快地要跨出第二步、第三步，德国也就成了欧洲最危险的战争策源地了。

（四）德意武装干涉西班牙内战

在墨索里尼入侵埃塞俄比亚、希特勒撕毁《凡尔赛和约》并秘密扩军备战初步得逞以后，法西斯又都把视线移到了比利牛斯半岛上的西班牙。西班牙背枕比利牛斯山，北面与法国相邻，南面与非洲大陆遥遥相对，中间隔着仅宽20公里的直布罗陀海峡，是大西洋通往地中海的咽喉。它历来是兵家争夺的战略要冲，英法在这里有很大的影响，特别是英国更是直接控制着直布罗陀要塞，保证了大英帝国"生命线"的安全。德意法西斯觉得自己的羽毛渐丰以后，都想染指西班牙，其矛头无疑首先是针对英法的，但他们打的却是"反布尔什维克"的旗号。因为当时英法统治集团中有一批人正患着"共产主义恐慌症"。

在法西斯势力开始在欧洲蔓延之际，一些国家的共产党及时提出了建立反法西斯统一战线的口号，这种统一战线当时称"人民阵线"。1936年2月，西班牙人民阵线在议会中取得胜利，开始执政；接着法国人民阵线也取得胜利。英法统治者恐慌异常，把它视为将危及自身统治的"共产主义瘟疫"。英国统治者公然认为，"如果让现在正在西班牙和法国流行的共产主义传染病传播到其他国家，那么已经在自己的国土上消灭了此种传染病的两个政府——德意政府就会是我们的有益朋友"。英法统治者不惜借手法西斯来扑灭西班牙革命势力。其实不用英法鼓励，德意自己早已行动了。在对待西班牙的问题上，墨索里尼显得比希特勒更起劲一些，因为他一直希望把地中海变成意大利的"内湖"，而柏林也承认"意大利在西班牙有更多的利益"。早在1934年，墨索里尼就答应向西班牙法西斯提供援助。人民阵线一胜利，墨索里尼就支持叛乱。

1936年7月21日，一架从法国马赛来的飞机抵达罗马。从机上下来两名西班牙记者：一名是《阿贝赛报》主编，另一名是该报驻伦敦记者路易斯·博林。他们是来执行西班牙叛军头目佛朗哥的使命的，四天前西班牙刚发生反对人民阵线政府的叛乱。叛乱刚开始时，叛军头目圣胡尔霍因飞机失事而丧命，群龙无首，叛军可能就要乱阵脚。在这紧要关头，神通广大的博林租了架英国"飞箭"号飞机，把圣胡尔霍的同伙佛朗哥从半流放地加那里群岛接往摩洛哥的得土安。佛朗哥当时手下有3万非洲军，但西班牙人民阵线政府控制着大部分海军，要把非洲军跨过直布罗陀海峡调往本土参与叛乱，实非易事。这时，佛朗哥就想起了墨索里尼，便派博林乘这架租来的飞机前往罗马求援。

佛朗哥的密使抵达罗马后，墨索里尼一口答应全力支持。9天后，即7月30日，20架意大利飞机就从撒丁岛飞往摩洛哥，意大利的空勤人员马上编入西班牙外籍军团，往西班牙空运叛军，直接参加西班牙内战。意大利飞机飞抵摩洛哥时，连意大利空军的标志都来不及涂掉。随后墨索里尼特意成立一个"赴西班牙作战委员会"，以"志愿兵"的名义把整师整师的法西斯军队开进西班牙本土作战。1937年初，墨索里尼透露有4.4万人在西班牙作战，后来实际人数达15万。此外，还提供1000架飞机、2000门大炮、700辆坦克、1.4万辆汽车、24万支步枪。从这些数字中，人们不难发现意大利干涉西班牙内战的规模之大了。

纳粹德国当然也不甘落后。在3年的战争中，德国先后有5

万军队开赴西班牙作战,共花费5亿马克。希特勒虽然和墨索里尼携起手来共同武装干涉西班牙内战。但他也有自己的打算。希特勒并不希望佛朗哥马上胜利。1937年11月,他向纳粹党的头目透露心意说:"从德国的观点看,佛朗哥百分之一百的胜利并不好。我们目前关心的是继续和保持地中海区域的矛盾。"这里希特勒有两重目的:一是企图通过延长西班牙内战来转移英法的注意力,以掩饰他暗中的扩军备战;二是让墨索里尼在全力支持佛朗哥的过程中与英法长期处于对立,以有利于把墨索里尼牢牢拴在自己身边。希特勒对他还是怀有戒心的。

面对法西斯无所顾忌地武装干涉西班牙,头脑清醒的西方政界人士也看出德意的矛头实质是指向英法的,但英法统治集团却醉心于把西班牙事件看成是"德国领导的反布尔什维克十字军进军的第一次战役",因此对法西斯的侵略行为采取"不干涉政策"。不仅如此,他们还四出活动,纠合欧洲27个国家签订所谓"不干涉协定",并成立"不干涉委员会"。"协定"禁止把武器和军用物资输往西班牙。美国则打着"中立"的旗号,与英法串通一气。美英法貌似公正,其实是与德、意一起在共同扼杀西班牙革命。

西班牙人民阵线政府处境虽然十分艰难,但西班牙的反法西斯战争却在人类历史上写下了可歌可泣的一页。各国进步人士组成了一支3.5万人的"国际纵队",其中1万多名各国战士牺牲在西班牙战场上。意大利有3500多名反法西斯战士参加"国际纵队",并直接与意大利法西斯"志愿兵"对阵作战,其中700多名反法西斯战士献出了生命。中国支队有100多人参加,其中不少人也牺牲在西班牙战场上。

由于德、意法西斯的人力、物力源源送往西班牙叛军一方,双方力量越来越悬殊,人民阵线处境日益困难。1938 年春开始,德意法西斯武装配合佛朗哥的叛军发起总攻。同年 12 月,他们集中 30 万兵力围攻人民阵线政府控制的加泰罗尼亚。1939 年 3 月,首都马德里陷落。人民阵线政权被法西斯颠覆。

希勒特和墨索里尼。

在联合武装干涉西班牙内战中,墨索里尼特别起劲。继希特勒进兵莱茵非军事区,西班牙事件使世界舆论对意大利侵略埃塞俄比亚事件进一步"淡化"了。通过这一系列事件,墨索里尼和希特勒这两个独裁者发现,他们联合起来,互相配合,利用英法的弱点,可以双方获利。"领袖"冲刺时,"元首"做旁观;"元首"动作时,"领袖"乘机抓一把。自此,他们逐步靠拢,双方都准备采取"互利"的"新政策"。在这个过程中,墨索里尼与英法的关系疏远了,但他不得不向希特勒靠拢。1937 年 9 月墨索里尼访问柏林时,和希特勒进一步达成谅解:在西班牙,"意大利的利益和潜力将有应有的优先权,非常一般地说来,德国将不在地中海妨碍意大利";而"另一方面,意大利将不损害德国在奥地利的特殊利益"。通过武装干涉西班牙事件,两个法西斯独裁者走到一起来了。然而两人的猜疑并没有完全消除。虽说他们都信奉法西斯主义,但出于利益冲突,他们还是要经常钩心斗角的。

（五）从"欧洲轴心"到"世界大三角"

据希特勒手下的一些大小头目反映，德国法西斯独裁政权建立以后，希特勒一般不去过问政府各部门的日常工作，而听任各部门的头目去扩展自己的势力，从而导致纳粹党内部争权夺利的对抗和争斗，希特勒本人则从中玩弄"平衡"权术，以保持和增强他作为最高主宰的权力和地位。但外交部门和军队是例外，这两个部门希特勒是不容他人来任意插手的。戈林说："首先，外交政策是元首自己独占的领域。"在"重建欧洲新秩序"的设想中，希特勒认为，"欧洲只有两个国家，德国可能与之缔结同盟。这两个国家就是英国和意大利"。鉴于切身的利益关系，德意对《凡尔赛和约》都抱敌视态度，加上两国又都走上了法西斯独裁的道路，于是两国很快就抱成一团了。

墨索里尼在侵略埃塞俄比亚问题上，一度弄得很孤立，希特勒及时地援助了他；在武装干涉西班牙事件上，德意两国也有共同的想法；有关地中海的势力范围，希特勒表示"尊重"意大利的优先地位。所有这一切，促使墨索里尼一步一步地倒向德国，并形成了建立"罗马——柏林轴心"的思想。

1936年6月，墨索里尼起用了一个新的"外交明星"，此人就是他自己的乘龙快婿加莱阿佐·齐亚诺。齐亚诺毕业于罗马大学法律系，后来领有伯爵头衔。20世纪30年代初，他曾出任过意大利驻上海总领事和驻华公使的职务。他和墨索里尼的大女儿爱达结婚后就平步青云，官运亨通。

墨索里尼起用外交新人，也是向希特勒发去一个讯号：意大

利准备推行亲德的新外
交政策。柏林马上传来
希特勒的反应:邀请"领
袖"访德,并希望同齐亚
诺外交大臣"进行个人
接触"。墨索里尼还要搭
一下架子,表示他的访
问将会"引起很大轰
动",就让齐亚诺先去柏
林走一趟,以便做好"充
分准备"。于是齐亚诺上
任伊始,就匆匆赴柏林
去执行墨索里尼的使
命了。

1936年10月,齐亚
诺在柏林与牛赖特签订
了德意"合作协议书"。
两国在巴尔干和多瑙河
流域划分了势力范围,
并决定共同武装干涉西
班牙。墨索里尼对女婿

1936年10月,墨索里尼叫上新
上任的外交大臣、自己的乘龙快婿齐
亚诺赴柏林签订德意"合作协议书",
建立"柏林—罗马轴心"。图为墨索里
尼与齐亚诺、希特勒与戈林。

完成的使命十分满意,他想通过与德国合作来建立自己的势力
范围。11月1日,他在米兰教堂广场发表演讲,说:"一个伟大的
国家最近得到了意大利群众的广泛同情,我说的是德国。""柏林
会晤的成果是两国在某些问题上取得谅解……这条柏林——罗
马垂直线并不是一层隔板,而是一个轴心,可以在这个轴心周围

团结所有愿意合作和维护和平的欧洲国家。"从此,"柏林——罗马轴心"就成了德意法西斯妄图称霸欧洲,乃至称霸全球的代名词。德意两国携起手来后,接着它们又想把东方的法西斯国家日本拉在一起。齐亚诺说:"如果从罗马到东京再拉一条线,这个轴心体系就完善了。"希特勒则想进一步建立起一个包括日本在内的"世界大三角"。

这时,日本也在寻求与德意结盟。1936年8月,日本五相会议通过"基本国策纲要"后就于11月派武者小路公共子爵赴柏林,与里宾特洛甫缔结了《德日关于共产国际的协定》(即"反共产国际协定")。这个协定是针对苏联的,有其真实的一面;但同时也是希特勒掷出的一颗烟幕弹。他私下对其党徒说:"我必须……利用布尔什维克主义的幽灵来遏止凡尔赛诸国,要使他们相信,德国是反对赤祸的决定性堡垒。这是我们度过危机、摆脱凡尔赛和约和重新武装的唯一方法。"

德国与日本签订"反共协定"后就竭力推动日意接近。1937年11月,意大利正式加入"反共产国际协定",于是东西方三个法西斯国家正式形成侵略阵线。希特勒高兴地叫嚷:"三个国家联合起来了。起初是欧洲轴心,现在是世界的大三角。"德、日、意三国通过缔结"反共协定",彼此互相支持各自的侵略政策,德意支持日本侵略中国和南太平洋地区;德日支持意大利侵占埃塞俄比亚;日意则支持纳粹德国撕毁《凡尔赛和约》,支持德国对奥地利和捷克斯洛伐克的侵略政策。

事实上,这个被希特勒称之为"伟大的政治三角"不仅仅是彼此支持对方政策的同盟,而且是共同行动的侵略性的军事同盟。在德意之间建立"轴心"后,希特勒就宣布,德意"现在不仅产生了一个观念的共同体,而且产生了行动的共同体"。在《我的奋斗》中,希特勒也早就说过:"缔结同盟的目的如果不包括战争,这种同盟就毫无意义,毫无价值。我们缔结同盟只是为了进行战争。"

二　德日意法西斯走上侵略扩张之途

三 中国全面抗战开始

（一）从"西安事变"到"七·七事变"

自日本帝国主义发动"九·一八"事变、拉开第二次世界大战的序幕以后,中国国内的政治形势急剧发生变化,要求一致抗日的呼声越来越高。1935年8月,中国共产党驻共产国际的代表团根据共产国际"七大"提出的建立反法西斯统一战线的精神,起草并发表了中共中央《八·一宣言》,呼吁全国人民共同团结,共同救国,要求由各爱国党派、团体共同协商,成立全国统一的国防政府,组成抗日联军及其总司令部。《八·一宣言》表明中国共产党具体提出了建立民族抗日统一战线的建议。同年12月9日,在中国共产党领导下,北平发生学生示威游行的"一二·九"运动,反对卖国的"何梅协定",要求"停止内战,一致抗日"。1936年9月1日,中共中央又明确提出"逼蒋抗日"的口号。从"反蒋抗日"到"逼蒋抗日"两个口号的变化,标志着抗日统一战线思想的重大发展。

中共中央提出的抗日统一战线的主张受到全国各界人士的热烈拥护。1936年5月,全国各界救国联合会在上海成立,并发表宣言,要求"制定共同救国纲领,建立一个统一的抗日政权"。

学生也成立了"全国学生救国联合会"。随后，各种救亡团体如雨后春笋，纷纷成立。抗日救亡思想也深入国民党西北军和东北军的广大官兵心中。

但是，这时的蒋介石却坚持其"攘外必先安内"的政策。他乘红军刚抵达陕北之际，就马上成立"西北剿匪总司令部"，自任总司令，任命撤入关内的东北军领袖张学良为副总司令，代行总司令蒋介石的职权。张学良所能指挥的兵力在 30 万以上，与红军相比，在数量和装备上占绝对优势。张学良满以为可以轻易地取得"围剿"的胜利，博得蒋介石的信任，从而在西北站住脚跟，扩大东北军的实力，以便有朝一日打回东北老家去，收复失地。出乎张学良意料的是，1935 年秋冬，东北军三次在陕北袭击红军，结果三战三败，损失了好几个师的兵力和数名师长、团长。这一连串的"剿共"失败，给张学良以极大的震动。他暗暗觉得，如果继续进攻红军，东北军将会遭到更大的损失；如果东北军实力不存在了，"打回老家去"也成了一句空话；再说红军的战斗力那么强，如果和红军联合起来打日本，该有多好！何必同室操戈，自相残杀呢！这时，张学良开始意识到，"剿共"是死路一条。从此，他便由"积极剿共"一变为"消极应付"了。

北平的"一二·九"运动后，学生的爱国烈火也蔓延到了西安。张学良知道学生运动是共产党领导的，便暗中开始寻求与共产党取得联系。1936 年 2 月，中共中央派李克农与张学良的心腹将领取得了联系。同年 3 月，中共中央副主席周恩来在极端秘密的情况下与张学良进行了会谈。双方在"停止内战，一致抗日"的问题上取得了一致意见。以后也同意不提"反蒋"了。与此同时，在联合抗日的基础上，张学良与西北军首领杨虎城关系也越来越密切了。

1936 年 10 月 22 日, 蒋介石飞抵西安, 督促张学良、杨虎城加紧 "剿共"。张学良和杨虎城恳切地向蒋介石进言, 希望停止内战, 一致抗日。蒋介石听后十分恼火地回答说: "在共匪未消灭之前, 绝不谈抗日的事。" 10 月 29 日, 蒋飞回洛阳 "避寿"。张学良乘向蒋祝寿之际又向他陈述团结抗日才是上策的道理。蒋介石不耐烦地回答说: "抗日, 抗日, 等我死了以后, 你再去抗日好了。"

张学良听到蒋介石逮捕沈钧儒等 "七君子" 的消息后, 十分震惊, 12 月 3 日乘飞机飞往洛阳, 请求蒋释放 "七君子", 以免失去人心。蒋介石断然拒绝张学良的意见。张学良气愤地当面对蒋介石说: "委员长这样专制, 这样摧残爱国人士, 同袁世凯、张宗昌有什么区别!" 这几句话触到了蒋介石的痛处, 他恼羞成怒地训斥道: "全中国只有你一个这样看! 除了你张学良, 没有人敢这样对我讲话和批评我! 我是革命政府, 我是委员长。我这样做就是革命; 不服从我, 就是反革命……" 话讲到这个地步, 已无法再谈下去了, 张学良愤然离去。从此, 蒋介石与张学良之间的矛盾就愈来愈深, 也更加表面化了。

这时, 蒋介石觉得西北形势不妙。12 月 4 日, 他带着陈诚、蒋鼎文、卫立煌、钱大钧等一大帮文武要员从洛阳再次来到西安, 准备向张学良、杨虎城摊牌。蒋介石向张、杨提出两个选择: 1. 服从 "剿共" 命令, 东北军和西北军开赴陕甘前线, 向红军发起进攻, "中央军" 殿后接应。2. 如果不愿 "剿共", 则将东北军与西北军分别调往福建、安徽, 让 "中央军" 进驻陕甘 "剿共"。这两条选择, 无异都是要置东北军与西北军于死地。对张、杨来说都是不能接受的。第一条, 显然是要驱使东北军与西北军去打前锋, "中央军" 在后面督战, 无论胜败, 都是死路一条。第二个方案, 是蒋介石拆散对手、分别整垮的故伎重演。东北军、西北军离开和红军接触的有利位置，无异于自取灭亡。

12月7日，张学良来到临潼华清池，想以他一颗至诚的心来感动蒋介石。他声泪俱下，慷慨陈词，苦苦劝蒋介石放弃内战，联共抗日。张学良出自肺腑的"哭谏"，非但没能感动蒋介石，反而受到一顿怒斥。他训斥张学良"年轻无知"，说什么是受了共产党的"迷惑"，并拍着桌子骂道："现在你就是开枪

张学良(左)与杨虎城(右)

把我打死，我的'剿共'计划也不能改变！"摆在张学良面前的，除了采取行动逼蒋抗日外，别无选择了。当晚他回到西安城内，找杨虎城秘密商量，他们准备共同采取"兵谏"这一逼蒋抗日的行动了。

12月9日，西安学生为纪念"一二·九"运动一周年而举行请愿运动，要求停止内战，一致抗日。游行队伍先到"西北剿总"司令部和"西安绥靖公署"请愿，没有得到圆满答复，随后转向临潼直接向蒋介石请愿。国民党军警荷枪实弹，准备镇压。为避免发生巨大的流血惨祸，张学良驱车追赶游行队伍，劝学生回去，他保证一星期内给学生答复。恳切的言辞感动了学生，游行队伍遂折返城内。当晚，张学良再次向蒋"苦谏"，又被无理拒绝。这更增加了他进行"兵谏"的决心。

12月12日凌晨,张、杨按事先部署派兵拘捕蒋介石。东北军骑兵6师师长白凤翔,该师18团团长刘桂五、卫队二营营长孙铭九和守卫华清池的一营营长王玉瓒等具体负责活捉蒋介石。白凤翔等很快冲入华清池,迅速解决了蒋介石的侍卫队。蒋听到枪声后,披着睡衣,仓皇翻墙,逃到后山一个岩洞里躲了起来。后经部队搜山活捉,并很快押往西安城内绥靖公署软禁。当天上午,张、杨联名向全国发出通电,提出"改组南京政府""停止一切内战""释放一切政治犯""立即召开救国会议"等内容的八项主张。第二天,张、杨又电告中共中央"兵谏"情况,邀中共中央派要员来西安共商救国大计。

蒋介石被软禁后,张、杨亲自前往见他,再次陈述自己的用意,恳切劝他停止内战、一致抗日。蒋依然坚持顽固态度。12月13日,蒋介石给宋美龄写了份遗嘱式的电稿,张学良没让发出去。

中共中央接到张、杨的电报后,马上派周恩来、博古、叶剑英等人赴西安。张学良把他们接到自己的公馆里住下。周恩来在与张、杨交换意见时极力主张和平解决"西安事变",认为说服蒋介石停止内战、一致抗日,可使中国避免混乱;如果杀了蒋介石,不仅不能停止内战,反会引起更大规模的内战,前途不堪设想。张学良提出,只要蒋介石能答应抗日的条件,就可以放他回南京。随后,张、杨和中共代表具体讨论了和蒋谈判的部署。

"西安事变"发生后,举国震动,南京国民党集团陷入了混乱。以何应钦为首的亲日派和以宋美龄、宋子文、孔祥熙为代表的亲英美派之间的矛盾立时尖锐起来。何应钦极力主张讨伐张、杨,并自任"讨逆军总司令",力图扩大内战,欲置蒋介石于死地,以夺取其统治地位。宋美龄和宋子文等人紧急和英美大使馆磋商,并请英国人端纳前往西安探明事实真相,营救蒋介石。端纳当时是蒋介石的顾问，而以前也曾担任过张学良的顾问。端纳带着宋美龄的亲笔信于 14 日飞往西安。宋美龄在信中告诉蒋介石说："目前南京方面，是戏中有戏。"

端纳抵西安后，先和张学良谈了话。张说："只要委员长答应我们的要求，停止内战，一致抗日，我们还要拥护他做抗日领袖。"随后，张学良陪同端纳去见蒋介石。看了夫人的信后，蒋知道了南京方面"戏中有戏"的含义，十分伤心。端纳乘机劝蒋接受张、杨的主张，并说英美也会表示赞同的。蒋介石的态度开始转变。不久，宋美龄、宋子文等人也飞赴西安，和张学良、杨虎城、周恩来在张学良公馆正式谈判，并于 12 月 24 日达成六项协议。协议的主要内容是：改组国民政府，容纳抗日分子；释放"七君子"，释放一切政治犯；停止"剿共"政策，联合红军抗日等。"西安事变"的完满解决，标志着中国抗日民族统一战线的初步形成。

蒋介石被迫接受停止内战、一致抗日的条件后，只愿做口头上的承诺和人格担保，不肯在协议上签字。不少人不放心，认为没做出具体保证外，不能放他回南京。当时东北军、西北军内外杀蒋的呼声很高，张学良生怕节外生枝，影响蒋的安全，遂于 12 月 25 日亲自护送蒋回南京。但一到南京，蒋介石就背信弃义，把张学良软禁了起来。尽管如此，停止内战、一致抗日的历史潮流已不可逆转；张学良和杨虎城的爱国业绩已深入人心，载上史册；"西安事变"已成了扭转时局的关键。

"西安事变"的和平解决使中国的抗日热潮推向了一个新的高潮，使日本分离华北、妄想再搞第二个"满洲国"——"华北国"的阴谋破了产。"冀察政务委员会"委员长宋哲元在全国团结抗日的新形势下，也表示"枪口不对内，凡侵占我土地，侮辱我人民，即是我们的敌人，我们一定要打它"。

另外,"西安事变"的和平解决,一定程度上也反映了英美对日政策的变化,在对华问题上,英美和日本的矛盾开始激化。

面对侵华活动的挫折,日本在和德国法西斯签订"反共产国际协定"后,就决定发动全面的侵华战争。当时任关东军参谋长的东条英机说:"从准备对苏战争的观点来观察中国目前的形势……首先对南京政府加以一击,除去我背后的威胁,此为上策。"

自 1936 年 5 月以后,日本即向华北大量增兵;同年 8 月,日本军部把预定对华作战的兵力由原来的 9 个师团增加到 14 个师团。1936 年秋后,驻华北日军不断进行以进攻北平为目标的军事演习,向宋哲元的 29 军施加压力。华北战云密布,战争一触即发。

1937 年 7 月 7 日夜,侵驻丰台日军借口一名士兵在军事演习时失踪,无理要求进入宛平县搜查。中国驻军拒绝,日军遂炮轰宛平县城和卢沟桥,并占领平汉铁路桥及其附近的龙王庙。我

中国守军在卢沟桥上英勇阻击日本侵略军。

29 军 37 师在全国抗日救亡运动的影响下，不顾国民党政府的不抵抗命令，奋起还击。此为"七·七事变"。

"七·七事变"激起了全中国人民的愤怒，强烈抗议日军暴行，要求坚决还击。事变的第二天，中共中央通电全国："平津危急！华北危急！中华民族危急！只有全民族实行抗战，才是我们的出路。"同日，毛泽东、朱德、周恩来等九人联名致电蒋介石："日寇进攻卢沟桥，实行其武装夺取华北之已定步骤……平津为华北重地，万不容再有丧失。敬恳严令二十九军奋勇抵抗，并本……御亡抗战之旨实行全国总动员，保卫平津，保卫华北，收复失地。红军将士愿在委员长领导之下为国效命，与敌周旋，以达保地卫国之目的。"这时蒋介石态度虽游移不定，幻想"和平解决"冲突，但在全国人民的压力下，7 月 17 日在庐山发表谈话，宣布对日抗战。他说："如果战端一开，那就地无分南北，人无分老幼，无论何人皆有守土抗战之责任，皆应抱定牺牲一切之决心。"

日本挑起"七·七事变"绝非偶然，它妄想实现其 3 至 6 个月内灭亡中国的美梦。7 月 30 日，北平、天津陷落。8 月 13 日，日军又突然进攻上海。由张治中任总司令的第九集团军奋起抗战。随后陈诚的第十五集团军又奉命驰援上海。

上海是中国最大的工商业城市，也是中国"四大家族"的统治中心，这里还是英美在华利益最集中的地方。日军进攻上海直接威胁着"四大家族"的统治地位，也必然引起与英美利益的直接冲突。8 月 14 日，国民党政府发表《自卫抗战声明书》，宣告"中国决不放弃领土之任何部分，遇有侵略，惟有实行天赋之自卫权以应之"。15 日，蒋介石下达总动员令，把全国划分为四个战区，自任海陆军总司令。

自此,中国开辟了世界上最早的反法西斯战场,进入全民族抗战的历史时期。

(二)中国抗日民族统一战线正式形成

"七·七事变"以后,中共中央为了推动全民抗战,实现国共合作,于1937年7月11日,派周恩来、秦邦宪、林伯渠为代表,到庐山与蒋介石谈判。中共中央代表表示,为了国共合作,全民抗战,共产党愿将红军改编为国民革命军,受国民政府军事委员会领导,随时准备奔赴抗日前线。7月15日,蒋介石表示正式承认中国共产党的合法地位。在涉及具体改编红军问题时,蒋介石坚持要求向改编后的3个红军师派遣国民党的参谋,意欲派康泽前往;在3个师的上面不能设总指挥部,而设一个什么政训处,负责指挥与人事。中共中央坚持设总指挥部,由朱德任总指挥、彭德怀任副总指挥;拒绝国民党人员(包括康泽)来共产党领导的部队任参谋。这时华北正面战场局势严重,加上"八·一三"日军进攻上海,蒋介石感到吃紧,急于要求红军出师作战,遂于8月22日公布了把红军改编为国民革命军第八路军的命令,委任朱德为总指挥、彭德怀为副总指挥。蒋介石收回向八路军派参谋的主张,改派联络参谋。

八路军指挥部设政治部,任弼时为主任、邓小平为副主任。下设3个师:115师师长林彪,副师长聂荣臻;120师师长贺龙,副师长肖克;129师师长刘伯承,副师长徐向前。全军共4.6万人。

面对抗日战争的新形势,1937年8月22日至25日,中共中央在陕北洛川召开政治局扩大会议。8月25日,中国共产党发表了毛泽东主席起草的《抗日救国十大纲领》。这是中国共产党全面抗战路线的具体体现。其中指出:"在国共两党合作的基础上,建立全国各党各派各界各军的抗日民族统一战线,领导抗日战争,精诚团结,共赴国难。"9月22日,国民党在拖了一段时间后,终于公布了周恩来递交并要求公布的《中共中央为公布国共合作宣言》。第二天,蒋介石发表了承认共产党合法地位和合作抗日的谈话。至此,第二次国共合作终于实现,这标志着中国抗日民族统一战线的正式形成。

稍后,1937年10月2日,国民党公布新四军改编命令,把在红军主力长征时留在大江南北的红军游击队改编为新四军。1938年1月新四军军部在南昌成立,叶挺任军长、项英任副军长兼政委。新四军成立后立即出发,东进抗日。

陕北红军改编为八路军后就日夜兼程,奔赴山西抗日前线。按朱德总司令和彭德怀副总司令的指令,贺龙率120师驰援雁门关,林彪率115师向平型关疾进,准备予进犯之敌以打击。9月25日,115师在平型关伏击日军,初战告捷,歼敌兵1000余人,毁敌汽车80余辆、马车200余,并缴获不少武器。我军伤亡500余人。平型关战斗是抗日战争以来的第一个取得全胜的歼灭战,鼓舞了中国军民的抗日信心。10月,在以卫立煌为前敌总司令的忻口会战中,朱德率八路军120师、129师为该战区的右翼,配合友军,组织防御,制止日军前进,并相机挺进雁门关,威胁日军左翼。10月19日夜,刘伯承第129师以1个营的兵力夜袭代县西南之阳明堡机场,激战1小时,毁敌机20架,歼日军百余人,使急欲夺取忻口的日军失去了空中支援能力。与此同时,贺龙的120师挺进到大同附近,开展雁北游击战,并几度攻占雁门关,歼敌数百,断敌后方交通,有力地支援了忻口、太原的国民党守军。

八路军上述几次阻击战的胜利初次使日军的气焰受挫,极大地提高了中国共产党及其军队的威望,并推进和加强了抗日民族统一战线。

(三)中国抗战转入相持阶段
和敌后根据地的开辟

日军侵占平津和"八·一三"进攻上海后,妄图速战速决,尽早迫使中国投降,结束中日战争,以便腾出手来对付英美。因此军事上的进攻与外交上的诱降同时并举。1937年11月1日,日本内阁的五相会议决定:"这次事变应以军事行动的成果及恰当的外交措施,互为表里,尽速予以结束。"日本在外交上对国民党政府的诱降,委托德国驻日大使狄克逊和德国驻华大使陶德曼进行。鉴于整个形势和日本的条件过于苛刻,此项诱降阴谋未能得逞。在军事上,华北日军分兵几路同时南犯西进:一路沿平绥线向西北进犯.一路沿平汉线向保定、石家庄进攻,一路

淞沪战役中的中国士兵。

沿津浦线南下济南、徐州等地。西进山西的敌军于11月3日侵占太原。

日本于8月13日挑起上海战役后，于15日从日本派出两个师团的"上海派遣军"，想一举攻克上海。日军方认为，"欲置中国于死命，以控制上海和南京最重要"。然而上海事关"四大家族"的直接利益，蒋介石十分重视。他亲自任作战指挥，任张治中为第九集团军总司令，具体负责上海的保卫战，后又命陈诚率部驰援。淞沪一战，蒋介石调集30万兵力防守，日军动用海陆军20余万。在此次淞沪会战中，中国广大爱国官兵，同仇敌忾，奋勇作战，寸土必争，誓死报国，出现了许多可歌可泣的英勇战绩与英雄人物，体现了中华民族不畏强暴，抵御外侮，坚决捍卫国家独立与自由的爱国主义精神。在上海，中国军民的激烈、顽强的抵抗，是日军未曾料想到的。一名在淞沪战场前线指挥的

日军在南京活埋南京人民。

日军官员在其《作战日记》里写道："在上海阵地攻击战中，此两师团（指最先投入作战的日军中的两个师团）开始参战的步兵已伤亡殆尽，而全部代之以新的补充兵员。这是日俄战争以后从未有过的损失。"由于上海军民的奋力抵抗，屡屡重创敌人，使上海保卫战持续了3个月之久。11月12日，上海陷落。上海

日军对南京人民进行血腥大屠杀。

一战，日军伤亡4万余人。这是日本自发动侵华战争以来伤亡最大的一次战役。

日军侵占上海后，又分兵数路包抄南京。蒋介石自知上海失守后南京难保，遂决定迁都重庆，只留唐生智的10万官兵守卫南京。日军"华中方面令官"松井石根率敌第10军和"上海派遣军"合力围攻南京。12月13日，日军侵占南京。

日军侵占南京后，为了对中国人民英勇的抗日战争进行报复，制造了震惊中外、惨绝人寰的"南京大屠杀"。日本侵略军攻入南京城后，纵兵凶杀、抢劫、强奸、焚烧，以至机枪扫射，集体屠杀。单是强奸案就达2万多起，被奸杀妇女不计其数。在这次屠杀惨案中，被惨杀的中国同胞达30万之众。

侵占上海、南京后，日本统治集团中以武力迅速征服全中国

的思想进一步膨胀起来。为此,他们急于想打通南北战场。因此侵占南京、镇江、芜湖的日军就分兵北上,与沿津浦线南下的日军夹击徐州。南下的日军于10月31日攻占德州。防守济南的军阀韩复榘未放一枪,弃城逃命,被中国军事当局处决。12月23日,日军侵占济南,直逼徐州。

　　徐州位于苏、皖、豫、鲁四省之要冲,为津浦、陇海南北、东西两大交通动脉之交会点,北视冀鲁、南瞰苏皖、西窥豫陕,战略地位重要,为兵家必争之地。当时担任防守徐州一带的是李宗仁指挥的第五战区部队,后汤恩伯、孙连仲等部亦奉命驰援。在徐州会战中,1938年3月台儿庄一役击败了日军2个精锐师团,歼敌2万余人,给日军以沉重打击。台儿庄一役是抗战初期中国军队在正面防御战中取得的第一个比较大的胜利。台儿庄受挫后,日军迅速增援,包围徐州。中国军队为保存实力,避开日军主力,分兵突围。5月19日,日军占领徐州空城。徐州会战是抗战以来历时最长的一次战役,双方都投入了数十万兵力。中国军队虽未取得全胜,但中国官兵作

台儿庄战役中的李宗仁。

战英勇,歼敌数万,并取得台儿庄那样振奋人心的胜利。徐州会战亦为中国军事当局部署武汉战役争取了时间。日军侵占徐州后,沿陇海路西进,连占开封、新郑等城。为阻止日军进占郑州,国民党军炸毁郑州北面的花园口河堤,决堤放黄河水,致使河南、安徽3000多平方公里土地顿成一片汪洋,30万人受灾。

这时,日军已控制了津浦、陇海两条主要交通线,沟通了南北战场,战略态势对它十分有利。遂决定攻占武汉、广州。日军调集35万兵力,500架飞机,120余艘舰艇,由烟俊六大将统一指挥。冈村宁次率11军参战。日军一路由九江出击,沿长江两岸直逼武汉;另一路由合肥、经大别山进击武汉。国民党调集100多个师保卫武汉,由陈诚统一指挥。武汉战役历时3个多月,是中国抗战以来战线最长、投入兵力最多、牺牲最大的一次战役。据日方统计,日军损失3.1万多人。1938年10月25日,日军占领武汉。10月12日,另一支日军在广东大亚湾登陆,21日攻占广州。

抗战初期,举国上下对这场民族战争的持久性、艰巨性是认识不足的。有的悲观失望,认为"中国必亡";有的一看到取得一点胜利就产生性急的"中国速胜论";更有许多人把希望寄托在正面的正规战场上,而轻视游击战。针对上述错误思想,1938年5月,毛泽东发表了《论持久战》和《抗日游击战的战略问题》两部著作。在分析、研究了敌我双方的国力、国情和国际形势等因素后,毛泽东指出,中日战争必然要经历以下3个阶段:日本的战略进攻与中国的战略退却阶段;战略相持阶段;日本的战略防御与中国的战略反攻阶段。《论持久战》的最后结论是:"抗日战争是持久的,最后胜利是中国的。"以后的战争实践和形势发展,完全证明了毛泽东上述预见的正确性。武汉、广州失守后,中国抗日战争转入相持阶段。毛泽东的《抗日游击战的战略问题》系统完整地阐明了全部抗日游击战争的战略战术，为中国共产党和中国军队及广大抗日民众提供了有力的思想武器，也为开辟敌后根据地，依靠人民战争打败日本帝国主义指明了方向。

然而国民党军队在国民党将领的错误思想的指导下节节败退。太原失守后不久，国民党的蒋介石、阎锡山部队很难再在华北组织正面战场上的"决战"。华北抗日的主要责任就很快落在八路军身上。在党中央和毛泽东的正确领导下，八路军广泛地深入敌后，发动群众，建立抗日根据地，开展独立自主的、持久的抗日游击战争。1937年底至1938年，八路军相继开辟了晋察冀根据地、晋冀鲁豫根据地、晋绥根据地和山东抗日根据地等。

新四军成立后，也马上向东挺进到南京、芜湖、镇江、苏州、上海等郊区，并很快创建了以茅山为中心的江南抗日根据地。"抗日旌旗到江南，终夜惊呼敌胆寒"。新四军各路支队的奇袭，有力地打击了日寇，给江南人民以极大的鼓舞。

东北沦陷以后，中国共产党组织了数十万抗日联军，在全东

开赴华北前线的八路军。

北的广大农村地区进行游击战,牵制了数十万敌军,有力地配合了全国人民的抗日战争。抗日联军创立了无数可歌可泣的英雄业绩,如第一路军总指挥杨靖宇,他以树皮草根充饥,但仍坚持指挥作战,最后壮烈牺牲。

抗日根据地的建立,揭开了中国抗日战争史的新的一页。

(四)汪精卫集团叛国投敌

在抗战期间,国民党内部的政治派系十分复杂。长期以来,亲英美的蒋介石集团和亲日的汪精卫集团钩心斗角,互相倾轧,矛盾尖锐。武汉沦陷后,两派的矛盾和斗争日趋表面化。汪精卫当时的身份是国民党副总裁、行政院院长,其名义上的地位仅次于蒋介石。汪手下的主要心腹有国民党中央委员兼中宣部部长周佛海、国民党中委兼国民政府实业部部长陈公博、国民党候补中委曾仲鸣及中央大学教授陶希圣等。日本统治集团通过德国驻华大使陶德曼对蒋诱降阴谋失败后,就积极策动汪精卫公开叛国。汪精卫则早有打算,他暗中通过高宗武(国民党政府外交部亚洲司司长)、梅思平(国民党中宣部驻香港特派员)和日本军方特务影佐祯昭和今井武夫联系。

1938年11月初,梅思平在重庆接受汪精卫的委派,会同高宗武经香港秘密去上海。11月19日至20日,梅思平、高宗武在上海东体育会路七号"重光堂"(日本特务头子土肥原贤二在沪的宅邸)与影佐祯昭、今井武夫秘密会谈,签订了《日华协议记录》。其主要内容有:日华签订"防共协定";中国"承认满洲国";中日双方实现"经济提携"等。双方商定,汪精卫一旦离开重庆,日本政府就见机行事,公布"日华和平解决条件",汪则遥相呼应,宣布与蒋介石重庆政府断绝关系。《日华协议记录》是汪精卫集团投敌叛国的卖身契。梅思平将这份卖身"密约"缝在西装马甲里,偷偷带回重庆呈交汪精卫。经过一番密商后,汪精卫秘密通知日方,承认"重光堂会谈记录",预定于12月8日离开重庆。

为了使叛逃能顺利进行,汪精卫事先派他的妻子陈璧君去昆明活动,利用云南军阀龙云与蒋介石的矛盾,拉龙云下水,为汪叛逃出境提供方便。龙云表示:汪先生来昆明,我很欢迎,如愿由此出国,我也负责护送。陈璧君吃了定心丸,马上飞返重庆向汪报告。

汪精卫想乘蒋介石不在重庆时于12月8日离开重庆。不料蒋介石于12月6日返回重庆,这一下无意中把汪的叛逃计划打乱。这时周佛海等已在成都,原计划由成都去昆明与汪会合。做贼心虚,他们惊恐不安地度过了10天。日本政府也只好推迟发表声明。12月18日,蒋介石召集年轻的国民党中央委员训话,汪精卫是副总裁,可以不必陪同出席。于是汪精卫赶快设法弄到飞往昆明的机票,乘机溜走。汪于18日飞抵昆明。第二天,汪精卫夫妇、周佛海、陶希圣、曾仲鸣等乘一架包机从昆明飞往河内。26日,陈公博也逃到河内。抵河内后,汪急派周佛海、陶希圣去香港联系活动,自己与曾仲鸣暂留河内等待。

日本政府得悉汪精卫已平安抵达河内后,1938年12月22日,日本首相近卫文麿就发表第三次对华声明,表示愿在"睦邻友好""共同防共""经济提携"三原则下,"日满华三国"共同建设"东亚新秩序"。12月29日,汪精卫发表"艳电"(当天的电报代号),响应近卫声明,表示自己愿意投靠日本。他在"艳电"中说什么"抗战年余,创巨痛深",他要求蒋介石根据近卫声明的条件,

"与日本政府交换诚意,以期恢复和平",意在逼蒋下台。他暗中又要求日本主子加快侵华步子,彻底轰炸重庆。

汪精卫投敌叛国受到全国人民的唾弃,追随汪投降的只是一小撮民族败类。周恩来在重庆发表谈话,声讨汪的卖国罪行,《新华日报》亦发表《汪精卫叛国》的社论。1939 年 1 月 1 日,国民党中央宣布永远开除汪精卫的党籍,撤消其一切政府职务。

国民党副总裁兼行政院院长公开投敌叛国,多少使蒋介石有点难堪。为了挽回局面,他先来软的一手,派人送去护照和 50 万元款子,劝汪去欧洲休养。汪精卫冒着生命危险才上了贼船,岂肯中途罢休,因此一口回绝。蒋介石见笼络不成,就来硬的一手,命令戴笠派军统特务潜往河内暗杀

国民党副总裁兼行政院院长汪精卫公开投敌叛国。

汪精卫夫妇。军统特务很快侦悉汪精卫在河内隐居的地点。1939年 3 月 20 日深夜,军统执行暗杀任务的特务翻墙入汪宅,登上二楼主房,认定这是汪精卫的卧室,就用小斧头劈开房门,隐约见一男子趴在床底下,就连开三四枪,粒粒子弹都射入此人腰背,他的身下立时淌了一地的血。其实此人是曾仲鸣,他当了汪精卫的替死鬼。

汪精卫遇刺后,惊魂不定,直接与日本驻河内领事馆联系救

援。这时日本派影佐祯昭等人赶来"慰问"，其实是安排汪等迅速离开河内。1939年5月8日，汪精卫一伙乘日本轮船抵上海，与今井武夫等人商谈秘密亲赴日本事宜。5月31日，汪精卫、周佛海、高宗武、梅思平等人抵东京，与首相近卫文麿、陆相板垣征四郎等人会谈组织伪政权事。日本的方针是"分治合作"，只许汪精卫成立一个空有其名的伪"中央政府"。6月6日，日本内阁决定的"中国新中央政府树立方针"，同意成立一个以汪精卫、吴佩孚为首的傀儡政权，同时把华北的伪"临时政府"头目王克敏、华中的伪"维新政府"头目梁鸿志（北洋军阀出身）也凑合在一起。汪精卫接受日本人的安排，卖力地为其效劳。10月9日，汪写信给吴佩孚，邀其参加伪政权。出乎意料的是，吴佩孚表示拒绝参加。

1940年3月30日，汪精卫粉墨登场，宣布在南京成立伪"国民政府"，自任"代理主席"兼"行政院长"（所谓代理者，意为虚位以待，继续引诱蒋介石入伙），陈公博任"立法院长"，周佛海则当了"行政院副院长"兼警政、财政两部"部长"。汪精卫充其量和"满洲国"的溥仪一样，只不过是日本帝国主义手下的"儿皇帝"。在汪伪政府

东条英机和汪精卫。

之上，日本侵略者给它设立一个"最高军事顾问部"，最高顾问由日本特务组织"梅机关"的头目影佐祯昭充任。凡汪伪政权的重要内政、外交、军事，乃至党务，事先均先征得"最高军事顾问"的批准，否则无效。

汪精卫伪政权的建立，是日本侵略者策动的政治攻势的结果。汪精卫集团的投敌叛国给中国的抗日战争带来一定的危害，使一部分大地主大资产阶级分裂动摇，一时造成了投降反共的危险。但一小撮民族败类认贼作父，为虎作伥，很不得人心，受到举国上下的唾骂。一小批汉奸做贼心虚，日子也不好过。在汪伪政权建立的前夕，日本侵华的情报分析也不得不承认："被汪派所收集的人，大部分是过去党政军界的政客、官僚或者腐败分子，在广大群众中丝毫没有基础。所以，今后汪派的活动……前

东条英机内阁。

途是极为渺茫的。"

东条英机是日本侵华的头号战犯。九一八事变后任关东军宪兵司令，七七事变时任关东军参谋长，随后率军侵战承德、张家口、大同等大片中国领土。他积极主张扩大对华侵略，加紧控制汪伪政府和伪"满洲帝国"。1941年10月组阁后不久，发动了太平洋战争。

（五）百团大战与"皖南事变"

自1938年10月侵占武汉、广州以后，日本对华的策略有所改变。对国民党正面战场的大规模军事进攻告一段落，改为以政治诱降为主，而把其军事行动的重心移到对八路军、新四军解放区的大规模"扫荡"上去了。国民党战场降为次要战场，解放区战场成了主要战场。

为了对蒋介石进行政治诱降，日本指令其驻香港武官铃木卓尔通过香港大学一教授与宋子文的弟弟宋子良接触，商定中日政府派正式代表在香港秘密会晤。对日蒋的这一勾结，日本特工称之为"桐工作"。1940年3月，双方代表正式在香港会晤。日方相当重视，出席会议的是铃木卓尔、中国派遣军参谋今井武夫、日参谋本部谋略课长臼井茂树；重庆方面出席会议的是宋子良、章友三、陈超霖（重庆行营参谋处中将副处长）。日方出示陆军大臣烟俊六的证书，中方出示最高国防会议秘书长张群的证书。同年6月。双方又在澳门举行第二次会谈，日方出示参谋总长闲院宫的证书，中方出示蒋介石的证书。会谈的核心问题是蒋汪合流和承认伪满洲国问题。由于害怕中国共产党和全国人民的反对,蒋介石未敢公开步汪精卫的后尘。后来由于"桐工作"泄密,蒋介石又受到国民党内部一些人的指责,被迫中断与日本的秘密谈判。

在日蒋暗中勾结打得火热之际,蒋介石的抗日态度大幅度的摇摆,开始不断掀起反共高潮,并公开镇压抗日力量。日军则放松对国民党正面战场的进攻,并调集大批兵力向解放区进行残酷的"大扫荡"。自 1937 年七·七事变至 1940 年 7 月,仅在华北战场,日军发动千人以上的"扫荡"就达 109 次,使用兵力达 50 万。1938 年,八路军、新四军总兵力为 18 万人,至 1940 年增至 50 万人,抗击着侵华日军的一大半和伪军的全部。

1938 年 6 月至 1941 年 5 月,八路军与新四军共进行了两万多次战斗,打死打伤日军 12.5 万多人。其中 1940 年 8 月至 12 月八路军在华北发动的"百团大战"更是大长人民军队的威风,沉重打击了日军的气焰。百团大战是在朱德总司令和彭德怀副总司令直接指挥下进行的。八路军共出动 115 个团,近 40 万兵力,同时全面出击,出其不意地攻击正太、同蒲、平绥、津蒲、德石等 5000 公里交通线及沿线日军,持续三个半月。百团大战进行大小战斗 1800 多次,共毙伤日军 2.1 万多人,伪军 2.5 万多人,拔除敌伪据点 2900 个,破坏铁路 470 多公里,公路 1500 公里。百团大战是中日战争进入相持阶段以来日军受到最沉重的一次打击。日军大本营大为震惊,撤换了多田骏的华北派遣军总司令的职务,改由冈村宁次接任。

中国人民抗日武装力量的蓬勃发展不但使日寇胆战心惊,蒋介石也坐卧不宁,千方百计想限制它,消灭它。军阀出身的蒋介石视枪杆子为命根子,看到别人手里握有枪,他就有如芒刺在背,非要除去而后快。就在他和日本人暗中打得火热之际,1939年国民党五届五中全会确定了反共反人民的方针,把重心由对外重新转向对内。国民党先后颁布了"异党问题处理办法""限制异党活动办法"等反动文件。自此,国民党军队一再制造屠杀抗日武装力量的惨案。针对国民党右派这种破坏抗日的行动,毛泽东针锋相对地提出"人不犯我,我不犯人,人若犯我,我必犯人"的自卫原则。在这个原则指导下,八路军、新四军粉碎了蒋介石发动的第一次反共高潮。但蒋介石不甘罢休,过了不久他又掀起第二次反共高潮,并制造了震惊中外的"皖南事变"。

1940年10月,蒋介石指使其参谋总长何应钦、副参谋总长白崇禧命令新四军在1个月内撤往黄河以北,并无理要求在抗日战争中发展、壮大起来的50万人民武装力量压缩至10万人。中国共产党在揭露蒋介石阴谋的同时,从团结抗日的大局出发,同意将新四军的一部开往长江以北。1941年1月4日,皖南新四军军部的9000余人向长江以北开拔。行至皖南泾县茂林山区时遭国民党顾祝同部队7个师8万人马的优势兵力围截。被围新四军官兵在叶挺军长的指挥下奋勇抵抗,浴血苦战七昼七夜,终因弹尽粮绝、寡不敌众,除1000余人突围外,余皆壮烈牺牲或被俘。军长叶挺被俘,副军长项英等牺牲。蒋介石一手制造了这起震惊中外的"皖南事变"后,1月17日他又倒打一耙,说新四军"叛变",宣布取消其番号。

1月18日,中国共产党公布了"皖南事变"真相,有力地揭露了国民党的阴谋和破坏抗日的罪行。1月20日,中共中央军委又针锋相对地发布命令,重整新四军军部,任命陈毅为新四军代理军长、刘少奇为政治委员。重建后的新四军将余部及分散于大江南北的游击队改编成 7 个正规师,继续在长江南北抗击日寇，从而宣告了蒋介石妄图消灭新四军的阴谋的彻底破产。

四 欧洲战云密布

（一）希特勒鲸吞奥地利

《凡尔赛和约》被撕毁并踩在脚下后，纳粹党党魁希特勒决意踏上扩张之途。1937 年 11 月 5 日，希特勒召开了一次重要的秘密军事会议。参加会议的是三军主要头目：武装部队总司令兼战争部长勃洛姆堡元帅、陆军总司令冯·弗立契上将、空军部长戈林元帅、海军部长雷德尔上将、外交部长牛赖特。希特勒的侍卫官霍斯巴赫对会议做了记录，后来整理成文件，即所谓《霍斯巴赫备忘录》。希特勒在会上透露了他的侵略计划，他认为德国重新扩军的目标已达到，武器已现代化，再拖下去武器就有落伍的危险，因此德国问题至迟必须在 1943 年或 1945 年前解决。为了保护德国的侧翼，必须吞并奥地利，也必须占领捷克斯洛伐克。

陆军将领勃洛姆堡和弗立契对希特勒的冒险计划表示担忧。他们认为德军的备战尚未完成，一旦行动，可能招致直接同英法开战。外交部部长牛赖特也劝希特勒暂时放弃这一冒险计划。独裁者都很自负，容不得半点不同意见。希特勒决心搬掉自己前进路上的障碍。勃洛姆堡和弗立契都是普鲁士旧军人出身，怀有强烈的军国主义情绪，他们对希特勒的上台曾出过大力，但仍保持着普鲁士军人的某些"高贵傲气",尚未加入纳粹党。要除掉这几个古板的职业军人,对纳粹党来说易如反掌。陷阱是希姆莱(纳粹特务头子)和戈林设置的。

勃洛姆堡元帅年近花甲,但当时仍是个单身汉。阴错阳差,1937 年他看上了一个名叫埃娜·格鲁恩的女人。格鲁恩出身微贱,"经历可疑"。在德国旧式高级军官层中,结婚是非常讲究门第的。要和一个出身微贱、经历又"可疑"的女人结婚,勃洛姆堡也有些拿不定主意,于是他去请教戈林。狡猾的戈林不仅"热情"地鼓励他结婚,而且还帮他把一个碍事的情敌送往南美洲。1938 年 1 月 12 日,勃洛姆堡和格鲁恩正式结婚,希特勒和戈林亲自出马当证婚人。

可是,也恰好在这时,警察局透露出消息说,元帅的新婚夫人做过妓女,并曾因一度充当春宫照片模特儿而被判过刑。舆论大哗。军官团认为勃洛姆堡娶这样一个女人做妻子,使军官们蒙受莫大耻辱,要求他下台。在戈林的背后鼓动下,弗立契要求晋见希特勒,反映军队的意见:勃洛姆堡必须辞职。希特勒假意接受"民意",同意把勃洛姆堡免职。那么谁来接替勃洛姆堡的职务呢?从当时陆军中的威望来说,弗立契可能性最大。但是,另一个阴谋圈套也早就设计好了。勃洛姆堡被免职后,希姆莱和戈林又抛出一份警察局档案,说冯·弗立契将军犯过"同性恋罪"。1 月 26 日,希特勒召见弗立契,愤怒地指控他的"丑行",命他"无限期离职";希姆莱和戈林还安排一个叫汉斯·施密特的人与弗立契对质。弗立契气得一句话也讲不出来,因为这是子虚乌有的事情。

原来这出戏是希姆莱之流精心安排的。他们从警察局档案中发现一个叫弗里施的退休军官有过同性恋经历。秘密警察把弗里施关起来，然后把他的"罪名"叫施密特硬倒栽在弗立契头上。施密特是个二流子，专门窥探男色活动的秘密，然后对男色癖者进行讹诈。秘密警察按希姆莱的命令，要施密特把同性恋的罪名栽在弗立契身上，不然就要他的命。施密特以为有钱可捞，就按秘密警察的指示行事。希姆莱拔掉弗立契的阴谋得逞后，即把施密特送上了西天。

希特勒撤换掉勃洛姆堡、弗立契后，又让 16 名与纳粹党保持距离的高级军官退休。勃洛姆堡的职位既不是让给弗立契，也不是交给觊觎已久的戈林，而是由希特勒本人兼任。这样，他就直接控制了武装部队的指挥权。在外交方面，希特勒又把不甚听话的牛赖特的职务免掉，任命善于奉承拍马的里宾特洛甫为外交部部长。希特勒把"妨碍"自己行动的几个不听话的人顺利地搬掉了。事后弗立契评论说："希特勒这个人是德国的命运，不论是好是坏。如果他现在走向深渊，他将把我们统统拉下去同归于尽，我们是无能为力的。"

内部的障碍既已扫除，希特勒就着手解决他的所谓奥地利问题了。奥地利是希特勒的真正祖国，因其主要居民是日耳曼人，他就以此为借口，要德奥重新合并。奥地利地处战略要冲，德国如占领它，就可三面包围捷克斯洛伐克，打开进攻东南欧和巴尔干半岛的大门。侵占奥地利，希特勒蓄谋已久。那里的纳粹势力已十分活跃。1934 年 7 月 25 日，希特勒指使奥地利纳粹分子刺杀了亲意大利的奥国总理陶尔斐斯。继任的总理许士尼格被迫从亲意路线转为亲德方针。

《凡尔赛和约》载明，"德国承认并将严格尊重奥地利的独立"；《圣日耳曼条约》也规定，奥国的独立不得损害，英法有义务保证它的独立不受侵犯。但是希特勒已摸透当时英法当权者的心思。英国首相鲍尔温及其继任者张伯伦、法国总理旭丹及其继任者达拉第，都是些软骨头、绥靖迷，他们都把希特勒领导下的德国视为"西方反布尔什维克的屏障"，一心想着祸水东引。

1938年2月12日，希特勒把奥地利总理许士尼格叫到德国伯希特斯加登。许士尼格满腹疑虑地爬上那里的希特勒山间别墅，照例寒暄几句关于当地风光、气候之类的话。希特勒没有心思听这类话，他板下面孔说，"我们到这里来不是要谈风景和天气的"，接着就赤裸裸地表示要吞并奥地利："听着，我要设法解决奥地利问题。只要我一声令下，你们那些可笑的防务一夜工夫就可炸得粉碎。"他又说："不要以为世界上有任何人能使我放弃我的决定。意大利？我同墨索里尼是一致的……英国？英国不会为奥地利动一根指头……法国？法国本来可以在莱茵区制止德国，那么我就不得不后退，可现在对法国来说是太迟了。"最后，希特勒盛气凌人地说："许士尼格先生，我再一次、也是最后一次给你谈成条件的机会。否则事情就无法挽回了……考虑考虑吧，许士尼格先生，好好考虑考虑吧。我只能等到今天下午。"说完，他竟撇下许士尼格，同奥地利纳粹首领赛斯、格拉斯等人谈话去了。原来希特勒为了迅速解决奥地利问题，有意把奥国卖国贼的来访和奥国总理的来访安排在同一时间、同一地点中进行的。

当天下午，里宾特洛甫递给许士尼格一份打印好的"协定"草案。这是一份最后通牒，要求奥地利取消对纳粹党的禁令，把内政部长的职位交给奥地利纳粹头目赛斯·英夸特，国防部长职位让给另一纳粹头目格拉斯·霍尔斯特，财政部长让纳粹分子菲许包克担任；奥地利的军队和经济必须与德国"一体化"。希特勒还威胁奥国总理说："许士尼格先生……你必须原封不动地在这个文件上签字,在三天内满足我的要求,不然我就下令向奥地利进军。"许士尼格屈服了。2月20日,希特勒宣称,由于许士尼格的"谅解",促成了德奥之间"更密切的了解"。英国首相张伯伦为希特勒辩解说:"这只不过是两位政治家商定了改善两国关系的某些措施",奥地利并没有"放弃独立"。法国则一声不吭。

3月11日,希特勒宣称奥地利发生"共产党骚动",把20万德军集结在德奥边境,并向许士尼格下最后通牒,要他把权力全部移交给赛斯·英夸特。赛斯当上总理后马上发去一份电报,"邀请"德军入境,"平定骚乱"。未等电报送到手,希特勒就急着抢先下令德军"应邀"长驱直入维也纳。这样,希特勒使用虚声恫吓手段,不费一枪一弹,就侵占了奥地利。

3月12日下午,希特勒本人也越过边界来到奥地利。他首先来到他的家乡林茨,第二天向他的双亲墓地献了一个花圈。他向周围的人群发表演讲说:"多年前我离开这个市镇时,我当时的信念和今天的完全一样……如果上苍曾叫我离开这个市镇去当德国的领袖,那一定是赋予我一个使命。这个使命就是只能是使我亲爱的祖国重新归并于德国。我相信这个使命,我活着为这个使命斗争,现在我把它实现了。"

13日深夜,赛斯·英夸特赶来向"元首"呈交了奥地利新颁布的"法律文本",其中第一条规定:"奥地利为德国的一个省"。希特勒"感动"得流出了眼泪,他转身对在场的人说:"出色的政治行动能避免流血冲突。"当晚,奥地利全国开始大逮捕,仅维也纳,被捕的人就达7.6万人。14日,他又去当年讨过饭的维也纳转了一圈。他那股得意劲,自可不必去提它了。

希特勒鲸吞奥地利,担心墨索里尼可能跳脚。但墨索里尼深知德国的实力已超过意大利,只好顺水推舟。他通知"元首"说:

"意大利正以完全冷静的态度注视着局势的发展。"希特勒如释重负,去电说:"领袖,对此我将永志不忘。"

西方国家依然推行绥靖政策。4月2日,英国带头承认奥地利正式并入德国。接着法国和美国也宣布承认德国吞并奥国的既成事实。赛斯之流投敌卖国,引狼入室,英法等国一味怂恿、退让,这就使希特勒得寸进尺,胃口越来越大,胆子也越来越大。他下一个目标就是要吞噬捷克斯洛伐克了。

(二)慕尼黑大拍卖

1938年9月13日深夜,希特勒收到一份英国首相张伯伦发来的加急电报,电文是这样写的:

> 鉴于局势日益严重,我提议立即前来见你,以寻求和平解决办法。我提议乘飞机前来,并且准备就在明天启程。
>
> 请赐告你最早能在什么时候见我,并赐告会面的地点。
> 盼尽早赐复为感。

"我的天哪!"希特勒看完电报后这样惊叫了起来。掌握着大英帝国命运的堂堂首相、一个比他足足大20岁的老人,居然在69高龄时肯纤尊降贵,第一次乘坐飞机到德国最僻远的伯希特斯加登山间别墅来向他央求,真使他又惊又喜,希特勒的虚荣心得到了某些满足,他毫不客气地要求张伯伦这个老头于9月15日赶往德国,和他相见。

是什么日益严重的局势迫使堂堂的英国首相肯如此低三下

四地向希特勒央求呢?原来 9 月 12 日希特勒在纽伦堡发表一篇咄咄逼人的演说,把捷克斯洛伐克总统贝奈斯及其政府痛骂一顿,扬言如果捷政府不给予苏台德日耳曼人以"公平待遇",那么德国就要采取行动。纳粹党在捷的代理人汉莱因解释说,唯一的解决办法就是把苏台德地区割让给德国。

原来按希特勒既定的侵略部署,侵占奥地利后他就要染指捷克斯洛伐克,其借口就是苏台德问题。苏台德是捷克斯洛伐克西北部的领土,与德国接壤,那里居住着 325 万日耳曼人。希特勒上台后就在当地物色到一个代理人康拉德·汉莱因,组织了一个苏台德日耳曼人党,充当德国在捷境内的"第五纵队"。德军侵占奥地利后,汉莱因奉希特勒之命,不断制造事端。1938 年 4 月间,苏台德日耳曼人党提出一个以"广泛自治"为幌子的纲领,实际是要求苏台德脱离祖国。自德国吞并奥地利后,捷克斯洛伐克已三面被德包围,如果再把高山环抱可做天然屏障的苏台德划给德国,那捷克斯洛伐克的国防大门就敞开了。因此当时的捷政府没有马上同意,他们寄希望于英法的支持。捷克斯洛伐克和法国订有"同盟条约",规定一旦捷克斯洛伐克的领土完整和独立受到威胁,法国有义务提供援助。

5 月间,希特勒就已制定了进攻捷克斯洛伐克的"绿色方案"。"方案"的第一句话是这样写的:"我的不可变更的决心就是在最近的将来以军事行动扫荡捷克斯洛伐克。"实施"绿色方案"的最迟日期为 1938 年 10 月 1 日。

面对德国入侵捷克斯洛伐克的威胁,法国总理达拉第前往伦敦和张伯伦磋商。张伯伦说,英国是不会为捷克斯洛伐克作战的,他劝法国背弃法对捷承担的义务,向德国妥协。张伯伦被希特勒的反苏反共宣传迷了心窍,认为应竭力防止出现英法联合苏联遏制德国的局面,并应满足德国对捷的领土要求,以便德国进一步去向东扩张。英法会谈后,法国政府告诉德国说,它要竭力摆脱为捷而战的义务。张伯伦则公开告诉记者:"不论英国还是法国,都不会出兵支援……为了和平的利益,英国赞同把苏台德区划归德国。"

希特勒的目标绝不是满足于苏台德区的"广泛自治",他指使汉莱因继续制造紧张气氛。9月10日,戈林叫嚷说:"欧罗巴的一块小小的地方在折磨着全人类……这个可怜的侏儒般的民族在压迫着一个文明的民族,站在他背后的是莫斯科。"接着12日,希特勒又亲自出马,发表了上面提到的那次咄咄逼人的演说。汉莱因马上在苏台德掀起一场叛乱。达拉第得悉后急得如热锅上的蚂蚁,他催促张伯伦赶快去见希特勒,争取一个好一点的结果。张伯伦也无须促驾,当天深夜就给希特勒拍去那份加急的求见电报。

9月15日,张伯伦夹着一把雨伞登上飞机赶往慕尼黑,然后换上汽车驰往伯希特斯加登。希特勒把张伯伦引到二楼他的书房就坐,然后就滔滔不绝地大放厥词,不容客人插嘴,后来总算接触到核心问题。他问张伯伦:"英国是否愿意同意割让苏台德区?"希特勒这一要求并没有使张伯伦震惊,来前他早就做好准备了。他爽快地答应了希特勒的要求,只是要求让他回去商量一下后再做正式答复。回到伦敦后,他先和内阁成员、随后和法国政府商量后,炮制了一个把苏台德"转让"给德国的英法联合草案。"转让"苏台德后的捷克斯洛伐克新国界,由英法共同"担保"其安全。在英法的软硬兼施下,捷克斯洛伐克的贝奈斯政府被迫接受德国的无理要求。

9月22日,张伯伦又风尘仆仆地来到戈德斯堡与希特勒会晤。张伯伦怀着轻松的心情告诉希特勒说，苏台德区可以转让给德国了。希特勒听后说："我极其抱歉，由于过去几天内形势的发展，这个计划已经再也没有什么用处了。"希特勒的行情又涨了。除了苏台德外，他进一步要求一切操德语的捷克斯洛伐克的其他地区统统归并给德国，并限 10 月 1 日前解决问题。张伯伦给惊得目瞪口呆。无奈，他只得再次同意希特勒的要求，只是苦苦哀求先不要动手，让他回去再想想办法。

张伯伦回到伦敦后，一面加紧伙同达拉第逼捷总统贝奈斯接受希特勒的要求，一面又请墨索里尼出面调停，想通过一个国际会议来体面地解决捷克斯洛伐克危机。

墨索里尼对希特勒把自己视为"小伙伴"有几分恼火。在奥地利问题上，"元首"逼着他吞下一颗既成事实的苦果；在捷克斯洛伐克问题上，他发牢骚说："德国人对我们简直守口如瓶。"如今英国人，接着法国人、美国人，都来请他出面调停、"拯救世界和平"，墨索里尼有些飘飘然了。他向希特勒打招呼说，希望 24 小时内不要动手。

希特勒尽管气势汹汹，但他的处境并不很妙：国际舆论对他不利，国内陆、海、空三军一些将领也不主张马上动手。希特勒是个善于选择时机的精明人，他乘机来个顺水推舟，同意召开国际会议来解决危机。就在接到墨索里尼电话的 9 月 28 日的下午，希特勒通知张伯伦、达拉第，建议第二天即 9 月 29 日在慕尼黑召开国际会议，条件之一是墨索里尼必须参加，帝国主义大国宰割弱国捷克斯洛伐克的慕尼黑会议就这样匆匆地决定了。

1938 年 9 月 29 日下午，由希特勒、墨索里尼、张伯伦、达拉第"四巨头"参加的臭名昭著的慕尼黑会议在"元首大厦"举行。会上，原先被丢在一旁的墨索里尼一本正经地提出一份解决苏台德问题的"建议草案"。张伯伦、达拉第都竭力去迎合他的建议。希特勒对他的这位法西斯盟友也奉承一番，而心中却在暗暗发笑，因为所谓墨索里尼的"建议草案"，具体文字是由戈林、牛赖特、威兹萨克炮制的。墨索里尼是在临上火车前才收到从柏林发来的"自己"的这份"建议草案"，会上不过是照章宣读而已。

慕尼黑会议从29日中午进行到深夜，除了几个枝节问题争吵几句以外，其主要内容都是按墨索里尼的"建议书"定下来的。《慕尼黑协定》共八条，主要内容是规定捷克斯洛伐克必须从10月1日起的10天内将苏台德区及其一切设备无偿地移交给德国。签字时已是30日凌晨1时半。由于这帮家伙都已筋疲力尽，协定文件上原来印着的9月29日这个日期也未予改动。签字后，关在门外的两名捷克斯洛伐克代表被带进会议室，并告知说，这是一个"无权上诉和不能修改的判决书"。这时，张伯伦、达拉第之流连连打着呵欠，他们毫不掩饰自己困倦的样子。一个国家、一个民族就这样被他们出卖了。

睡了几个小时后，张伯伦的精神已有所恢复，他为自己一天劳累的成绩沾沾自喜。接着，他离开自己下榻的旅馆，前往希特勒寓所拜访。他与希特勒高谈阔论一阵后，便从口袋里掏出一张纸来。这是他早就盘算好的"英德互不侵犯"宣言，要希特勒在上面签个字。希特勒匆匆看了一眼，很快在上面签上了自己的名字。此时此刻，张伯伦是多么得意啊，似乎一派太平景象就呈现在眼前。但是这不过是一场幻景而已。

（三）墨索里尼捷足抢占阿尔巴尼亚

　　张伯伦从慕尼黑一回到伦敦唐宁街 10 号首相官邸就高呼："我相信这是我们时代的和平……我建议你们安然睡觉去吧！"在这位"和平天使"叫大家去"安然睡觉"时，希特勒可没有去睡觉，侵略者欲壑难填。《慕尼黑协定》墨迹未干，希特勒就把他许下的苏台德区是他"在欧洲最后的领土要求"的诺言抛到了九霄云外，而忙着去"清算捷克斯洛伐克的残余部分"了。在德军侵占苏台德区之际，戈林就叫嚷道："一个没有斯洛伐克的捷克国家更容易受我们任意摆布。斯洛伐克境内的空军基地在对东方作战时十分重要。"

　　1939 年 3 月 14 日，斯洛伐克的败类、前总理提索匆匆来到议会厅，向议员宣读了一份里宾特洛甫交给他的所谓"独立宣言"：不管议员是否乐意接受，斯洛伐克宣布"独立"。希特勒立即派兵占领斯洛伐克。第二天，希特勒在柏林接见继贝奈斯之后上任的捷克斯洛伐克总统埃·哈查，要他立刻在"宣言"上签字，并同意把捷克并入德国版图。希特勒威胁说，进驻捷克的军令已下达，捷克如不投降，两个小时内首都布拉格就将有一半变成废墟。哈查被迫屈服，东欧又一个国家沦于德寇的铁蹄之下。至此，整个东南欧处于希特勒的恐怖之中。德国已打开了从多瑙河通往黑海的道路，地中海也处在纳粹势力的阴影下。

　　德国吞并奥地利、夺取苏台德、继而肢解并侵占捷克斯洛伐克以后，西方舆论认为，"纳粹的屠刀已架在欧洲人民的脖子上"，英法领导人也开始担忧起来了。德军步步进逼的行动还引起意大利的注意。墨索里尼环顾四周,不禁忧心忡忡。他发现,"普鲁士的霸业已确立。"他不甘心自己的盟友步步得势,而自己却一无所获,便想找一个牺牲品来弥补自己的"吃亏"。阿尔巴尼亚被他选中了。他认为,此时意大利攫取阿尔巴尼亚,"既不会遭到局部障碍,也致引起严重的国际纠纷。"机不可失,时不再来。3月15日,也即德国吞并捷克斯洛伐克的第二天,墨索里尼命令意大利驻地拉那公使雅科莫尼"准备暴动"。他的女婿齐亚诺也认为,"德国的霸权目前已渐具令人不安之势",意大利"进入阿尔巴尼亚足以提高国民士气,足以成为轴心国之有效成果"。

但是,墨索里尼在正式出兵之前还想再摸一下希特勒的底。他担心因自己进兵阿尔巴尼亚而把南斯拉夫推到希特勒的怀抱里去。此刻的希特勒从他的全球战略利益考虑,对阿尔巴尼亚与南斯拉夫都感兴趣。不过,希特勒也明白,维持德意"轴心"关系是至关重要的,因此对墨索里尼的企图不敢硬顶,只是婉言相劝,"如果想大干,最好再等两年"。墨索里尼可不愿退让,他竭力要阻止德国人涌进与意大利"休戚相关的地区"。他说:"谁也不容许亚得里亚海出现纳粹的卐字旗"。希特勒当然不愿意在这个时候和这位法西斯盟友闹翻。3月20日,德国驻罗马大使转告希特勒的意思。说"地中海不是德国海,不可能成为德国海,也不应当成为德国海"。这天上午,墨索里尼还在大骂德国人,晚上传来希特勒的回音,他马上重申德意友好,说:"我们不可能改变政见,因为我们毕竟不是娼妓。"

3月24日,墨索里尼命令雅科莫尼去见阿尔巴尼亚国王,"要求意大利对阿尔巴尼亚正式实施保护",理由是说"德国向巴尔干推进,致使采取此项行动成为绝对必要"。3月28日,恰好是德、意伙同佛朗哥叛军侵占马德里的日子,墨索里尼扬扬得意，指着已翻开的地图上的西班牙那一页说："地图这样翻着差不多已经三年了。够了，我已知道必须翻到另一页了。"他心目中的另一页就是侵占阿尔巴尼亚。

4月3日，阿尔巴尼亚新王子呱呱落地，同一时刻，齐亚诺受命从罗马起飞，前往阿尔巴尼亚去收拾国王和王子。4月7日，4万意大利入侵部队突然占领阿尔巴尼亚的重要港口、机场。阿尔巴尼亚国王一无准备，匆匆带着刚出生的王子逃往希腊。

4月12日，阿尔巴尼亚的所谓"制宪会议"宣布意大利国王维克多·伊曼纽尔三世为阿尔巴尼亚国王。伊曼纽尔虽多了一顶王冠，但他的权势并未增添一分。在4月16日献冠仪式致答词时，他"语句含糊，声音颤抖"。他的御座的旁边屹立着一座巨大的墨索里尼铜像。这出丑剧的导演就是意大利"领袖"墨索里尼自己。

墨索里尼捷足抢占了阿尔巴尼亚，希特勒也只好承认这一既成事实，还口是心非地鼓励"领袖把阿尔巴尼亚变成无情统治巴尔干各国的据点"。为了进一步拴住墨索里尼，希特勒决心趁热打铁，顺势一举促成与意大利正式结盟。就在伊曼纽尔国王兼任阿尔巴尼亚国王的授冠仪式这一天，戈林受命飞赴罗马，具体试探德意缔约结盟问题。戈林重申："德国对巴尔干没有野心。"他又透露"德国已经拥有成批生产的远程轰炸机，可以用来进攻英国"。这一招给墨索里尼留下了"深刻的印象"，壮了他的胆。

5月22日，齐亚诺奉命在柏林和里宾特洛甫签订了所谓《钢铁同盟》。但墨索里尼私下却对人说，条约"不会有什么实际结果的"。

《钢铁同盟》规定："如果缔约一方的安全或其他重大利益受到外来的威胁时，缔约另一方将给予受威胁一方充分的政治上和外交上的支持，以消除该威胁"；"如果……双方中一方被卷入同其他一国或数国的战争混乱，则缔约另一方将作为一个同盟国立即予以协助，并以陆、海、空军队支援"。希特勒想通过这个同盟条约把意大利和德国的命运牢牢地捆在一起。

齐亚诺回罗马后向"领袖"汇报柏林之行，墨索里尼再三表示"满意"。其实墨索里尼从一开始就是照他所说的"不会有什么实际结果的"那样去行事的。不久，第二次世界大战爆发时，他果然没有遵守"同盟"的诺言，采取"非战"态度，企图临阵溜走。

(四)欧洲外交战与《苏德互不侵犯条约》签订

德军顺利地侵占奥地利、捷克斯洛伐克以后，纳粹宣传部的一名官员不禁心花怒放地说："我们面前有这么多敞开的门户，这么多可能性，以致真有点不知道该往哪里转，该朝哪个方向走了。"然而希特勒心里却十分清楚他该朝哪个方向走。

1939年4月3日，希特勒向他的军事头目又抛出一个称之为"白色方案"的侵略计划：9月1日进攻波兰，一切准备工作必须在此以前完成。波兰战略地位重要。它东邻苏联，西接德国，南界捷克斯洛伐克，北临波罗的海。占领波兰，德军就有了东侵苏联的前沿基地，也消除了西进时的后顾之忧。但由于波兰与英法有同盟关系，进攻波兰，德国就要冒与英法直接开战的风险。鉴于第一次世界大战的教训，希特勒最害怕陷入东西两线作战、腹背受敌的局面。希特勒绞尽脑汁，考虑两个战略问题：1.进攻波兰时能否避免与英法直接开战？2.与西方开战时，能否暂时稳住苏联，避免同时既与西方打仗又与东方的苏联作战的不利局面？关于第一个问题，在签订了《钢铁同盟》后的第二天，即5月

23日,希特勒对其三军首领说:"我们不能期望重演捷克斯洛伐克事件。这次得打仗了。我们的任务是孤立波兰。能否把它孤立起来是有决定性意义的……决不能同时和西方国家冲突……如果这一点办不到的话,那么最好一方面进攻西方,一方面把波兰结束掉。"这就是说,希特勒想在进攻波兰时尽量避免同时与英法作战,但他做好了同时与波兰和英法开战的准备。不过在与英、法、波开战时,希特勒无论如何不敢再同时与苏联作战,他深知苏联要比英法强大得多。因此,在9月1日前能否暂时稳住苏联成了希特勒能否顺利实施其"白色方案"的关键之一。

鉴于希特勒一步紧似一步的进逼,英法舆论大哗,纷纷指责张伯伦、达拉第的绥靖政策。英法政府被迫声称支持波兰,并在外交上开始改变姿态,于1939年3月开始和苏联接触,妄想以此来对德国施加压力。

在希特勒已下令陈兵德波边境、战争迫在眉睫之际,1939年夏。欧洲出现了一场惊心动魄的外交战,其错综复杂的程度在历史上实属罕见。英法一面同苏联公开谈判,压德国让步;另一面英国又在暗中与德国勾搭,谋求妥协,唆使德国东进,以保护自己。德国欲竭力阻止英法与苏联结盟,因此一面与英法暗中讨价还价,牵制英法,另一面又在努力争取同苏联暂时妥协,以免腹背受敌。苏联则极力主张集体安全。想努力缔结英、法、苏三国互助条约,以此遏制法西斯的扩张,但苏联的诚意一再遭到英法的冷淡、拒绝。鉴于慕尼黑叛卖的教训,苏联不愿让西方国家把自己拖入一场单独同德国进行的战争中去,于是就利用矛盾,在与英法公开谈判的同时,也与德国保持接触。台上台下,一场双线交叉、令人眼花缭乱的三角外交战开始了。

英法同苏联的正式谈判是从4月15日开始的。17日,苏联正式提出建立三国反法西斯联盟的建议，要求互相对等地承担义务。英法一心想让苏联单独卷入对德战争，故意拖延时间，双方谈判拖了两个多月一无结果。到 7 月间，形势日趋紧张，战争一触即发。苏联为了打破僵局，取得谈判结果，要求在举行政治谈判的同时又举行军事谈判，并派出以国防人民委员伏罗希洛夫为首的全权代表团。英法迫于舆论的压力，同意进行三国军事谈判，但派出的代表团成员是些没有实权的次要角色。连签订条约的全权证书都没有带。英国代表团甚至不乘飞机，乘坐一艘走得很慢的邮船，整整航行了一星期，于 8 月 11 日才抵莫斯科。英国政府还指示代表团"不应做任何承诺"，要"使谈判进行得很慢"。人们从这里可以想象得到谈判的命运是如何了。

希特勒是只狡猾的狐狸，这时他几乎是屏住气息，在窥测动向。英国驻德国大使汉德逊在《失败的使命》中说："我对希特勒的主要印象是，一个技术高超的棋手一面在研究棋局，一面在等待对手走出一步可能对他有利的错棋。"希特勒对英法和苏联谈判的矛盾分歧了如指掌，他不失时机地利用了这一矛盾。这个人毕生反苏反共，始终把苏联看作是德国未来扩张的方向，但眼前并不想和苏联打仗，而是要先拿下波兰，打击英法。

就在英法没有诚意，故意拖延与苏谈判之际，8 月 2 日，里宾特洛甫向苏联明确表示，"德国希望改善德俄关系……从波罗的海到黑海，没有一个问题不能加以解决。"他迫切要求与苏联外长莫洛托夫马上会晤。德国要求在 9 月 1 日进攻波兰前与苏联签订一个条约，以便自己放手地去解决波兰问题，而不必忧虑腹背受敌。8 月 18 日，里宾特洛甫指示德国驻莫斯科大使立即去会见莫洛托夫，要求大使向苏联强调"德国的外交政策今天达到了一个历史性转折点"。他对大使说："请你一定要求对方迅速同意我访问莫斯科……你必须牢牢记住一个决定性的事实，即公开的德波冲突可能很快爆发，因此我能立即访问莫斯科将给我们带来最大的好处。"纳粹德国要求立刻签署苏德条约的意图在里宾特洛甫的这封电报中已看得很清楚了。但是苏联的回音却迟迟没有传来。这使希特勒急得如热锅上的蚂蚁。8月20日，他又亲自给斯大林发去一份电报，请求斯大林"在8月22日星期二，至迟在23日星期三，接见我国外长"。

苏联对纳粹德国的反苏反共和侵略扩张是有所警惕的，因此一再提倡集体安全，主张欧洲国家结成反法西斯统一战线。无奈英法当时的统治集团醉心于绥靖主义，竭力想祸水东引，致使英、法、苏的三国谈判走进了死胡同。苏联当时的处境十分危难：

希特勒会见苏联外长莫洛托夫。

在东方，1938年和1939年日本法西斯接连挑起"张鼓峰事件"和"诺蒙坎事件"，和苏军激烈地打了两仗，迫使苏联把大量兵力调往东线对付日军；在西方，德国法西斯已进逼苏联的西大门，大战一触即发，加之英法又在不断纵容德国入侵略苏联。如果和德国开战，苏联势必陷入德日法西斯东西夹击的困境。面对如此险恶的形势，苏联领导人从本国人民的长远利益考虑，为了国家安全和争取备战时间，作为一种权宜的缓兵之计，采取非常措施，决定同意德国的要求，邀请里宾特洛甫访问莫斯科。

8月23日，德国外长里宾特洛甫飞抵莫斯科，并在当天和莫洛托夫签订了秘密的《苏德互不侵犯条约》。条约规定：缔约双方保证决不单独或联合他国相互

斯大林向德国外交官举杯祝贺苏德签订秘密的《苏德互不侵犯条约》。

使用武力；如果缔约一方成为第三国敌对行动的对象时，缔约的另一方决不给予该第三国以任何支持；缔约双方如发生纠纷，双方将通过和平方式予以解决。条约有效期为10年。

苏德外长签订秘密的《苏德互不侵犯条约》。

《苏德互不侵犯条约》的签订使英法统治集团祸水东引的阴谋落了空，为日后苏联战胜德国法西斯争取到了22个月的宝贵时间。但是，这个在极端复杂的特殊历史条件下产生的条约，客观上也带来了某些消极影响：主要是解除了希特勒一直担忧的两线作战、腹背受敌的威胁，从而加快了他发动第二次世界大

战的步伐；同时也掩盖了希特勒预谋好的入侵苏联的计划。另外，条约签订后的一段时间内，以斯大林为首的苏联领导人不再把德国法西斯视为最危险的敌人，从而大大放松了对德军的警惕、戒备，反过来把英法作为主要的打击对象。这就在苏联及各国人民中间引起了思想混乱，模糊了欧洲某些国家的共产党和部分群众反法西斯斗争的方向。同时，苏联的这一行动也是以牺牲主权国家波兰等国的某些权益为代价的，苏德秘密划分了东欧的势力范围，这与社会主义国家对外关系的基本准则是不相符合的。

五 第二次世界大战全面爆发

(一)"白色方案":德军入侵波兰

里宾特洛甫在莫斯科总共只停留24小时,8月24日就回到柏林。这时的里宾特洛甫好不得意,自诩为"第二个俾斯麦",认为他从莫斯科带回来的协定可以让"元首放手地给波兰人一击",使它"半个世纪翻不得身"。希特勒当天就听取了他的外长关于莫斯科之行的汇报。他如释重负,放下了一个包袱。

8月29日,希特勒接见英国大使汉德逊,要求波兰于第二天派一名全权特使前来柏林会谈。他企图重演一次灭亡奥地利、捷克斯洛伐克那样的悲剧。希特勒威胁英国大使说:"我的士兵们问我,打还是不打?……(我们)已经失去了一个星期的时间,不能再损失一个星期了。"这无异于最后通牒。希特勒的如意算盘是:8月30日让波兰人来柏林,8月31日谈判破裂,9月1日如期实施"白色方案",入侵波兰。迫于国内外舆论的压力,这次英法没有强迫波兰代表前往柏林。8月31日中午,希特勒签署了"第一号作战令"。

其实,德军的入侵部署包括"必然会发生的意外事件",都准备好了。8月31日傍晚,位于靠近德波边境的德国格莱维茨电台遭到一批身穿波兰军装的军队袭击,十来名"德军士兵"被"打死","入侵"波军占领电台,并用波兰语发表了一通煽动性的反德广播。原来这是戈培尔、希姆莱精心策划的一出闹剧,代号为"罐头鹅肉"。"入侵"的波兰士兵统统是纳粹党卫队员伪装的;被"打死"的几名德国"士兵"是从监牢拉出来的囚犯,事先给注射了麻醉药。"进攻"格莱维茨的事件发生后,德国"反击"波兰有了"正当理由",9月1日破晓,150万德军全面越过德波边界,向波兰腹地潮水般的压过去。

德军全面入侵波兰的当天上午,希特勒赶往国会发表演说,说:"整整两天,我和我的政府在等待着,看看波兰政府是否方便,能够派遣一位全权代表前来……但是昨天夜间,波兰正规军向我们的领土发起第一次进攻。我们已于今晨5点40分起开始还击,从现在起,将以炸弹回敬炸弹。"

德军入侵波兰后,英法政府还想居间调停。9月1日,英法先后照会德国,要求停止对波兰的进攻,否则英法将履行对波兰

德军拆除德波边境的栅栏。

所承担的义务。德国对英法的照会置之不理。9月3日，英法被迫向德宣战。英帝国的自治领印度、澳大利亚、新西兰、加拿大、南非联邦等，纷纷先后跟着宣战。至此，第二次世界大战由局部战争走向全面战争。

德国进攻波兰，英法向德宣战，表明绥靖主义已经破产。绥靖主义的代表人物张伯伦在下议院无可奈何地说："今天是我们大家都感到痛心的日子，但是没有一个人比我更痛心。在我担任公职的一生中，我所为之工作的一切，我所期望的一切，我所信仰的一切，都已毁于一旦。"

德国法西斯入侵波兰是有充分准备的，它出动62个师，约150万人、2300架飞机、2500辆坦克、6000门大炮。在入侵波兰的战争中，德军第一次运用纳粹将领古德里安的集中飞机、坦克、摩托机械化部队，快速纵深进攻的"闪电"战术。纳粹空军破坏了波兰的铁路系统，并摧毁了波兰空军。德军6个装甲师、4个轻装甲师和4个摩托化师迅速向波兰腹地穿插挺进，不到两天就把波兰主力部队打得七零八落。波兰军队仓皇应战。面对德军的"闪电战"，波军的交通、无线电联系很快被打乱，陷入一片混乱，官找不到兵，兵找不到官。9月8日，德军开始进攻华沙。

波兰资产阶级政府把自身的安全寄托在英法的所谓"保证"上，忽视国防建设，致使德国机械化部队能长驱直入，畅通无阻。在外交上，波兰长期追随英法，敌视苏联，致使自己软弱无力。德军入侵后，大小官员们置民族利益于不顾，纷纷逃往罗马尼亚。9月24日，波兰政府宣布抵抗结束。然而波兰人民没有屈服。华沙的军民表现了高度的爱国主义精神，他们在首都进行了一场英勇的保卫战。战斗持续了20多天，直到9月28日，德军才全部侵占华沙。

波兰在不到一个月的时间内便沦陷于法西斯侵略军的铁蹄下，成为继奥地利、捷克斯洛伐克、阿尔巴尼亚之后又一个帝国主义侵略政策和"绥靖"政策的牺牲品。

纳粹德国集中优势兵力进攻波兰时，在西线只留下35个师防守。而这时波兰的盟友英国在宣战一个月后才向欧洲大陆派出军队，做"象征性的帮助"，驻扎在法比边界；另一个盟友法国当时拥有100多个师，却躲在"马其诺防线"的工事里，按兵不动，坐视波兰的灭亡。英法联军在西线占有绝对优势，如果主动向德军进攻，德军势必陷入腹背受敌的困境，波兰也许可以得救。但英法联军总司令甘末林将军却发布命令说："必须静待敌人进攻，并在由堡垒和壕堑构成的、无法突破的延伸线前遏制住敌人。"

希特勒为了集中优势兵力先拿下波兰，避免东西两线作战，故意向英法发动"和平攻势"。他说，"德国对西方没有领土野心"，因此看不出德国有必要同西方列强作战的理由。德国侵占波兰后，它有一半坦克、装甲车需要修理，弹药需要补充，军队需要休整，而这需要时间。于是希特勒在准备挥师西移的同时，继续一支又一支地高唱美妙动听的"和平曲"，麻痹英法。

因此，当波兰战场上的枪炮声寂静下来以后，处于对峙状态的西线也出奇地平静。从1939年9月3日英法对德宣战直到1940年秋，英法联军和德军没有进行过一次真正的战斗，仅在战争爆发三个月后有一名英国巡逻兵班长被打死。躲在马其诺防线工事里的法国兵无所事事，只好在工事外面搞些文娱体育活动，消遣消遣。继续醉心于绥靖主义的一班法国政客居然大肆吹嘘"静坐政策"的妙处。他们说："我们多亏这一政策，才能不折一兵一卒而保住了国土的完整。"这就是第二次世界大战史上著名的"静坐战争",或称"奇怪战争""假战争""朦胧战争"。

就在英法对德宣而不战、100 多万英法联军静坐在前线消遣的日子里,希特勒却在暗中紧张地调兵遣将,进一步扩军备战:源源不断的飞机、大炮、坦克从工厂运往前线,大量的兵力重新部署到西线。德军在西线的兵力很快从 35 个师扩展到 136 个师。希特勒准备在西线动手,英法很快就要把搬起的石头打在自己的脚上了。

(二)苏联"东方防线"建立

苏联和德国虽然签订了《苏德互不侵犯条约》,但纳粹军队入侵波兰后,使苏联的安全直接受到了严重的威胁。出于战略上的考虑,自 1939 年 9 月到。1940 年 8 月,苏联西部的疆界发生了一系列的变化,扩大了防御德寇入侵的空间构成了一条从波罗的海到黑海的新的"东方防线"。

1939 年 9 月 17 日,在德军已包围华沙、波兰政府官员仓皇逃往国外之际,苏联政府照会波兰驻苏大使,通知他说,为了"保护西乌克兰和西白俄罗斯居民的生命和财产的安全",苏联决定出兵波兰,因为在"波兰国家和政府已不复存在"的情况下,"波兰已成为可能对苏联构成威胁的种种偶然和意外事件的方便场所"。当天,苏联出兵西乌克兰和西白俄罗斯地区;同年 11 月,西乌克兰和西白俄罗斯并入苏联,总面积约 20 万平方公里,居民1300 万人。解决了西乌克兰和西白俄罗斯问题后,苏联就下决心解决苏芬关系问题。

苏芬关系一直不很协调。苏联担心纳粹德国可能利用苏芬紧张关系入侵苏联。列宁格勒距芬兰边界仅 32 公里,为了加强北方特别是列宁格勒的防务地位,苏联一直努力争取和芬兰政府举行谈判。1939 年 11 月,苏芬代表在莫斯科举行双边会谈。苏联提出缔结"苏芬互助公约",被芬兰拒绝。接着,苏联建议:芬兰将汉科半岛租给苏联,作为海军基地,为期 30 年;芬兰把靠近列宁格勒的疆界向北移 20 至 30 公里,作为交换条件,苏联以东卡累利阿两倍于上述土地面积的苏方领土让与芬兰。芬兰依然拒绝,谈判破裂。11 月 30 日,苏联出兵芬兰,苏芬战争爆发。

经过 3 个多月的激战,苏军终于突破芬兰的"曼纳林防线",迫使芬兰政府重开谈判。1940 年 3 月 12 日,苏芬签订"和约"。和约规定,芬兰将苏芬在卡累利阿地区的边界线向芬方一侧北移 150 公里,苏联从芬兰获得 4.1 万多平方公里的土地。同时芬兰将汉科半岛及其水域租给苏联 30 年,作为海军基地,苏每年付租金 800 万芬兰马克。这样,苏联在列宁格勒地区的防务地位大大地加强了。

苏联解决了列宁格勒地区的防务问题后,与该地区接连的立陶宛、拉脱维亚、爱沙尼亚三个波罗的海沿岸国家的防务问题就显得突出了。苏联认为,该三国对苏联列宁格勒及波罗的海地区的安全具有重要战略意义。1939 年 9 月,苏联分别与爱沙尼亚、立陶宛、拉脱维亚三国签订了"互助公约"。

1940 年春夏,纳粹德国在侵占北欧的丹麦、挪威并在西线连连得手后,希特勒企图吞并波罗的海沿岸国家,作为德军东进苏联时的北路集团军的前沿跳板。在这种情况下,进一步完成"东方防线",以改善苏联的战略地位,对苏联来说就显得迫切了。1940 年 6 月 14 日,苏联政府指责波罗的海沿岸三国组织反苏军事联盟。6 月 15 日,苏联出兵进驻立陶宛、爱沙尼亚和拉脱维亚。该三国的共产党组织在苏联帮助下迅速组织了反法西斯阵线,并推翻了本国的资产阶级政府。7月,三国同时宣布成立苏维埃政权,苏联最高苏维埃立即举行会议,宣布吸收立陶宛、爱沙尼亚、拉脱维亚三国加入苏联。

1940年6月下旬,苏联政府连续照会罗马尼亚政府。要立即"归还"比萨拉比亚,同时还要求将北布科维纳一并"移交"苏联,作为罗马尼亚"占领"比萨拉比亚的"赔偿"。6月28日,罗马尼亚政府表示接受苏联的上述要求。当天。苏军开始进驻;6月30日,苏军占领罗马尼亚的比萨拉比亚和北布科维纳。总面积为5.1万平方公里,人口400万。苏联最高苏维埃会议决定将比萨拉比亚并入摩尔达维亚苏维埃社会主义共和国,将北布科维纳并入乌克兰苏维埃社会主义共和国。

至此,从波罗的海至黑海的苏联"东方防线"完成,苏联西部国界向西推进三四百公里。莫洛托夫认为,"从保证苏维埃联邦安全的观点来看,这是十分重要的"。

(三)"黄色方案":希特勒"闪击"西欧

希特勒实施"白色方案"、侵占了波兰以后,原计划马上回师西线,实施"黄色方案",闪击西欧。1939年10月9日,希特勒在发布"黄色方案"作战指令时说,德军的目标"在尽量歼灭法国作战部队以及与其并肩作战的同盟国部队,同时在荷兰、比利时以及法国北部尽可能多占领土地,以作为对英国进行有利的空战和海战的基地……"只是由于纳粹军队内部的原因,希特勒一再推迟了"黄色方案"的执行。

在进攻西欧的计划中，为了防止英法从海上封锁德国并切断从瑞典经挪威港口输往德国的铁矿砂航路，希特勒决定在实施"黄色方案"以前先夺取北欧的丹麦、挪威。1940年4月9日，德国空降部队和舰队突然以闪电般的速度袭击并占领了哥本哈根、奥斯陆及其他一些重要港口。丹麦当天停止抵抗；挪威的国王及其政府撤离首都，转移到北方抵抗德国法西斯的入侵。被德国收买的挪威前国防部长吉斯林配合德寇入侵，里应外合，四处活动，组织卖国政府。从此，"吉斯林"成了"内奸""卖国贼"的同义词。德军入侵挪威后，英法派军前往支援，一度打击了德军的锐气，后因法国前线吃紧，被迫从挪威撤走，挪威国王及其政府流亡伦敦。

1940年5月10日，德国法西斯开始执行"黄色方案"，闪击西欧。希特勒组织了3个集团军群，136个师、3000辆装甲车、3800多架飞机，兵分三路，同时向荷兰、比利时、法国发起闪击。平静的西线顿时变成了一个血海战场。

希特勒闪击西欧，说明推行绥靖政策没有好下场。就在德军攻击西欧的当天，即5月10日，张伯伦下台，65岁的温斯顿·丘吉尔在危难时出任首相。5月13日，他在议院说："我没有别的，我只有热血、辛劳、眼泪和汗水贡献给大家。"出任首相后，丘吉尔改变了张伯伦的绥靖政策，坚持反法西斯战争。他说："英国只有一个念头：打赢战争，消灭希特勒主义"。希特勒也承认，"丘吉尔人阁，这意味着战争真正开始了"。

但法国没有彻底抛弃绥靖主义，而且其军事思想也是十分保守的。它按传统的军事思想，把重兵部署在沿法德边界延伸的"马其诺防线"上。德军有意不去正面强攻"马其诺防线"，在这350公里的延伸线上，只配置19个师发动虚张声势的进攻，以尽量牵制法军的主力。德军担任主攻的是左翼,配置了45个师,7个坦克师担任快速纵深穿插。三天之内,德军坦克师(包括古德里安的3个装甲师和隆美尔的一个师)出其不意地越过崎岖的"天险"阿登山脉,5月14日渡过马斯河,直指迪南、色当等要塞。15日,法国总理雷诺向丘吉尔惊呼:"我们被打败了,我们这一仗打输了。"18日,雷诺政府改组,自己兼任国防部长,让第一次世界大战时的名将、84岁的贝当任副总理,魏刚任总司令。

德军的右翼集团军群共29个师,穿越荷兰、比利时,直插法国,牵制英法联军主力。荷、比原是宣布"中立"的国家,希特勒多次公开声明,"愿意承认并保证两国领土的不可侵犯和中立",但私下却对人说,"破坏比利时与荷兰的中立并没有什么关系。等我们打赢了,谁也不会来提这个问题的"。仅仅五天,德军就侵占了荷兰;5月28日,比利时国王利奥波德三世也宣布向德军无条件投降。

5月19日,德军攻下亚眠,20日攻占阿布维尔,26日占领加莱,直逼英吉利海峡。这样,德军实现了把英法联军切割成两股的计划,北部的36万英法联军被围困在敦刻尔克周围一块很小的三角地带。前临强敌,后背大海,联军处境危急,唯一的生路是强行从海上撤走。

眼看几十万英军将被歼灭,为了保存实力,丘吉尔下令组织撤退。英军搜罗到大小船只850多艘,包括巡洋舰到驳船、渔船乃至泰晤士河上的游艇等,自5月26日晚起,在炮弹横飞中开始分批撤退。经过八天八夜的紧张战斗,共有338226名英法官兵逃出德军虎口。敦刻尔克的成功撤退,保存了一支英陆军实力。

德军占领敦刻尔克后就倾其全力向南压过去。魏刚集结

德军侵占巴黎。

100万大军在松姆沙、安纳河一线阻击潮水般涌来的德军。但魏刚的这条防线不到三天就垮了。6月14日，巴黎城防司令不战而降，把首都拱手交给德军。迁出首都的雷诺政府于16日倒台，贝当出任总理。他准备用"他的名字和威望来为法国换取一个和平条约"。17日，贝当声称法国"应当停止战斗，别无他途"。20日，贝当政府正式要求德国举行停战谈判。希特勒害怕法国舰队落到英国人手里，也担心法国政府迁往海外领地继续抗德斗争，因此同意谈判。

　　签订停战协定的地点特意安排在1918年11月11日德国向法国及其盟国签字投降的同一地点——贡比涅森林中当年福煦元帅的一节火车车厢上。1940年6月21日中午，希特勒全副武装，胸前挂着铁十字勋章，在戈林、凯特尔、赫斯、里宾特洛甫、雷德尔等人的簇拥下不可一世地来到贡比涅。他走到一块花岗石前停住，一言不发地看着，上面用法文刻着："1918年11月11日，德意志帝国在此屈膝投降，被其力图奴役的自由人民所战

败"。看罢,他显出一种极端蔑视的神情。法国代表团到达后,他
在车厢里接见他们。他离开时乐队高奏德国国歌《德意志高于一
切》。此刻,希特勒的事业达到顶峰。他似乎觉得实践了自己"雪
洗"1918年11月"耻辱"的诺言。6月22日,贝当政府宣布投降。
号称欧洲第一陆军强国、拥有300万军队的法兰西第三共和国
在短短的42天中就迅速溃亡了。这是法国统治集团推行卖国主
义的绥靖政策的恶果。

在伦敦发表第一次广
播演说后的戴高乐。

维希政府头目贝当。

就在 6 月 17 日贝当声称法国"应当停止战斗,别无他途"的第二天,法国人民从收音机里收听到了另一种声音:"我是戴高乐将军,我现在在伦敦……无论发生什么事,法国的抵抗火焰不能熄灭,也绝不会熄灭。"6 月 22 日贝当政府签字投降的第二天即 6 月 23 日,戴高乐再次在伦敦发表广播声明。他说:"战争没有失败,国家没有灭亡,希望没有破灭。法国万岁!"在国土破亡、人民沦于法西斯铁蹄下的民族耻辱的日子里,戴高乐的声音犹如在黑暗的大地上举起一把希望的火光。

戴高乐是当时法国政治舞台上的一颗新星,10 天前刚从师长提拔为准将、国防部次长。他与贝当元帅的关系可追溯到第一次世界大战以前。1912 年,他从军校毕业后就来到贝当的团里任少尉。贝当在第一次世界大战期间因指挥凡尔登大战出了名,戴高乐依然是元帅手下的一名下级军官,而今两人分道扬镳了。就在贝当宣布投降的当天,戴高乐突然出奔伦敦,着手组织"自由法国"(后改称"战斗法国")运动,坚持抵抗。贝当政府为此缺席宣判戴高乐死刑。这更激起了人们对他的同情和尊敬,纷纷送来金戒指等钱物,以支援"自由法国"运动。原先"没有名望和地位"的戴高乐,一下子成了一个受人尊敬的人物。

(四)墨索里尼"赖账"溜走和乘机向法国捅刀

希特勒入侵波兰,导致第二次世界大战爆发。那位以老大自居的意大利独裁者的态度如何呢?在入侵波兰以前,墨索里尼害怕德国"元首"把他拖入一场他还没有做好准备的战争中去。1939 年 8 月 6 日,他与齐亚诺讨论形势时的谈话清楚地反映出他的忧虑。他认为，"跟着德国人，我们就会走向战争……但我们的黄金储备已近枯竭，钢铁储备也将耗尽，远未完成在独裁政治和军事方面的准备工作"；在这种形势下参战，"胜利的可能性只有 50%"。

相反，希特勒则竭力想要拖着墨索里尼一起走向战争。他决定把发动战争的意图向墨索里尼"摊牌"。入侵波兰前的一个星期，希特勒向其三军头目动员时说："首先，是两个人的因素：我自己这个人和墨索里尼这个人。一切决定于我，决定于我的存在，原因就在于我的政治才能……但是，任何时候我都可能被一个罪犯或者一个疯子干掉。第二个个人因素是意大利领袖。他的存在也是决定性的。如果他有个三长两短，意大利对这个联盟的忠诚就不再靠得住了……因此，最好现在就摊牌。"

法西斯独裁者都具有一种赌徒的心理，墨索里尼也如此。当他探知德国马上要入侵波兰时，心情矛盾，踌躇再三。一方面，他害怕盲目跟着德国"元首"走将导致和英法的正面冲突，而意大利的困境不容许他这么做；另一方面，他又不甘心德国人可能独占一桩便宜的好买卖，因为英法也许像对待苏台德问题一样，可能再次向希特勒屈服，坐视波兰的灭亡；再有一点，他还担心背离德国人会损害他的"高大形象"，因为德意签订《钢铁同盟》才不久，如果他在战争面前显得畏缩不前，那么他在舆论和法西斯党徒面前岂不显得胆怯？"爬上两千米高的云层也是枉然。也许我们离天上的上帝近了，可是我们离凡人肯定远了"。墨索里尼这句话反映了他当时进退两难的困境。

怎么办呢？墨索里尼想投机。他对齐亚诺说："民主国家（指英法）做出让步虽有困难，但仍有可能。在此情况下，我们不宜捍卫德国，因为我们也须获得自己的一份战利品。因此，有必要寻求一项适合下列条件的解决方案：1. 如果民主国家进攻，我们应能'体面地'摆脱德国人；2. 如果民主国家一味忍让而不反击，我们则应借此机会和贝尔格莱德清算总账"。所谓"和贝尔格莱德清算总账"，就是乘机捞一把，入侵南斯拉夫。这段独白活灵活现地道出了侵略者欺软怕硬、投机取巧的虚弱本性。

实施"白色方案"的日子就在眼前，希特勒发现意大利"领袖"发生动摇，十分着急，只好一味迁就他，千方百计想继续把他拴住。8月26日，墨索里尼给希特勒去信说："在这行动的时刻，我出于非我力所能及的原因而不能给您真正的支援，此种心情，阁下当可想见。"

在关键的时刻拆台，非同小可。第二天，即8月27日，希特勒复信恳求说："先决条件是意大利不应使外人知道他所打算采取的态度，至少在战争开始以前应当如此。因此我诚恳地请求您的报纸和其他手段在心理上支持我们的斗争。我还要请求您，领袖，如果有可能的话，就在军事上采取示威性措施，至少要牵制一部分英法军队；即使不能如此，无论如何也要使他们狐疑不定。"希特勒的请求并未奏效，但他也回绝了墨索里尼想再次当调停人的企图。

纳粹军队全面入侵波兰的当天清晨，墨索里尼给意大利驻柏林的大使打电话，嘱他立刻去见希特勒，要求德国"元首"马上给自己发份电报来，解除他对《钢铁同盟》所承担的义务，要不然意大利将面临英法大军进击的危险。意大利外长齐亚诺对此评论说："墨索里尼不愿意让德国人，也不愿意让意大利人，把他看作是赖赌账而溜走的人"。

希特勒无可奈何，只好满足意大利这位不忠诚的盟友的请求，回答说德国"不需要从意大利获得军事援助"。而在头天晚上,墨索里尼已偷偷通知英法:"意大利政府已做出决定,意大利不会同英国和法国作战。"这一步是背着希特勒干的。在希特勒挑起战争的关键时刻,墨索里尼就这样地溜走了。他宣布意大利采取"非战"态度,妄想两面讨好。但希特勒料定这种"非战"态度是不能持久的,最终这位"小伙伴"还是要和自己走到一块来的。

自开战以来,墨索里尼的这种"非战"态度,一时倒给意大利"结出了硕果",因为英法高兴,争着向意大利厂商大批订货,在经济上"予以诱导"。希特勒心里十分恼火,知道这位盟友在投机,但从他称霸欧洲的全局来看,他需要拉住这个"小伙伴",必要时只得委曲求全。1940年3月8日。他给墨索里尼送去一封长信,向他透露说,德国马上要闪击西欧,劝他参战。信上说:"领袖,我认为,这次战争的结果无疑也将决定意大利的命运……你终有一天会面对今天与德国作战的这些敌人的……我也看到了我们两国的、两国人民的、我们革命的和我们制度的命运,都已不可分割地联结在一起了。"墨索里尼看了希特勒的信,有些飘飘然了,开始动了心了,但他仍想再观望一下。10天后,希特勒又在意大利边境车站会见墨索里尼,进一步做他的工作。最后墨索里尼答应支持希特勒。因为他担心再犹豫下去,意大利可能"降格为欧洲政治足球联赛中的乙级队了"。

6月6日,德军143个师的兵力沿着法国北部400英里的战线,像潮水般的涌向法国中部。巴黎指日可下。意大利趁火打劫。6月10日,齐亚诺召见法国大使弗朗索瓦·庞塞,一见面就说:"你可能已知道请你来的原因。"庞塞回答说:"纵然我并不聪慧过人,但我现在已经知道了。这一击是对一个已经倒下的人再捅一刀。"同一天,墨索里尼在罗马威尼齐亚宫的阳台上发表宣战演说。他挺胸腆肚,神气十足,但听众反应极为冷淡。齐亚诺目睹此情此景,哀叹"悲伤之至"。

墨索里尼为了入侵法国,投入32个师。从背后攻击已溃败的法国军队,本来就没有什么光彩,然而数十万意军居然还被6个师的法军顶住了。而且就在这时,贝当政府向德国求和,希特勒叫墨索里尼立刻前去商谈法国投降的条件。墨索里尼想捞点"战绩"再谈的如意算盘便落了空。

墨索里尼自己没有一点"资本",但胃口却很大:竟异想天开地想占领整个法国领土并要法国舰队投降。希特勒有自己的盘算,他担心对法国逼得太紧,法国舰队可能倒向英国,而海上力量是德国的最薄弱的一环。因此他主张对法国的停战条件宜宽些,同意贝当在维希这小地方维持一个卖国政府,特别对法国舰队更要慎重。仗是希特勒打赢的,一切当然都得希特勒说了算。墨索里尼自知这次"胜利者"的角色是希特勒赐予的,自己缺乏讨价还价的资本,只好一切依着德国"元首"的意志办事。

在同法签订的实质性的条款上,意大利独裁者未能坚持一条,但在外交形式上他还想争点面子,要求和德国盟友一起,在同一地点同一时间,同法国人签订停战协定,与德国"元首"平等地分享"胜利者"的"荣誉"。不料,希特勒一口拒绝。这使墨索里尼十分伤心。他看出,"主要是希特勒认为,在法国人面前,意大利人不能同德国人平起平坐"。

1940年6月22日,希特勒耀武扬威地来到贡比涅转了一圈,似乎报了1918年的一箭之仇。接着德法双方签订了"停战协定"。6月23日,法国代表团再飞赴罗马,于次日签置"法意停战协定"。墨索里尼认为自己丢了脸,满腹怨恨,因此未出席这个签字仪式。他在希特勒面前忍气吞声,在国内就拿部下出气,大骂法西斯军队不争气。他说:"我缺的是材料。就连米开朗基罗也需要大理石才能雕塑。如果他只有泥土,他至多也不过是个陶工。一个在 16 世纪当中一直是铁砧的民族在几年之内是成不了铁锤的"。墨索里尼当然不可能了解意大利法西斯军队缺乏战斗力的原因所在,他哪里知道,他大丢其脸的事还在后头呢。

(五)"海狮计划"与不列颠之战

自 1936 年重新占领莱茵非军事区以来,希特勒充分利用英法统治集团害怕战争的弱点,玩弄外交权术,软硬兼施,在"剃刀边缘上采取危险路线",取得了"一个成功接着一个成功"。"闪击"西线的惊人胜利,多少有些冲昏希特勒的头脑。他以为德军

是战无不胜的,法国屈服以后英国就会不打自倒。然而此刻他却碰到了一枚"硬钉子":在法兰西第三共和国倒坍之际接任英国首相的丘吉尔,上台伊始就公开向他挑战:英国的信念是"消灭希特勒主义"。组阁后第三天,他又说:"我们的政策是什么?我们的政策就是用上帝所能给予我们的全部能力和全部力量在海上、陆上和空中进行战争;同一个在邪恶悲惨的人类罪恶史上还从来没有见过的穷凶极恶的暴政进行战争。"对这位不甘示

丘吉尔入主唐宁街 10 号。

弱的对手，是继续西进把他的国家打掉，还是转身向东进攻苏联？希特勒面临着一场抉择。

法国贝当政府投降以后，1940 年 7 月 16 日，希特勒发布入侵英国本土的第 16 号指令，代号为"海狮计划"。其中说："鉴于英国无视它军事上的绝望境地，依然无意屈服，我决定准备发动对英国的登陆战役。如果必要，就付诸实施。"人们应当注意的是，希特勒在这里使用的是"如果必要"这一假定词，而不是肯定词，可见骨子并不硬。8 月 1 日，他又发布第 17 号作战指令，调门更低了。他说："为了创造必要的条件以最后征服英国，我打算对英国本土继续进行更加猛烈的海空战争。"索性不提"登陆战役"了。可见，希特勒的"海狮计划"有点雷声大、雨点小的味道。为什么呢？原因大体上有两点。

首先，德国要从海上入侵英伦三岛并非易事。英国是个岛国，海军力量强大。对此，丘吉尔颇为自负。他说："在英国，不论我们有什么缺点，我们对海上的事情是彻底了解的"；"应付德军入侵大不列颠的最好的方法，就是在半路上尽量淹死他们，对余下的人，他们一爬上岸，就敲他们的脑袋。"要使入侵的德军不在半路上被淹死，或在爬上岸时不被打死，德国必须拥有绝对的海空优势。而优势在谁手里呢？丘吉尔回答说："拥有海军优势的是我们；掌握制空权的也是我们。"纳粹元帅凯特尔也承认："皇家空军和占绝对优势的皇家海军是不可忽视的因素"。希特勒也自知，在陆上他尚可称雄一时，在海上则是难以横行的。他曾私下坦率地承认："在陆地上我是一个英雄，在海上我是一个懦夫。"因此，希特勒在执行"海狮计划"时不得不斟酌再斟酌，一次又一次地推迟，不敢贸然行动。他认为，即使德国登陆成功，英国政府可能迁往加拿大或别的海外领地，但大英帝国依然存在。再退一步讲,即便大英帝国倒坍,那么大英帝国遗产的"继承人不是他本人或德国",而将是美国、日本或别的国家。希特勒说:英帝国眼前倒坍"对德国是没有好处的。我们用德国人鲜血换来的东西,只将对日本、美国及其他国家有用"。鉴于这种力不从心的现实情况,与其去硬拼,不如迫英媾和。希特勒认为,在这种态势下,大英帝国的存在"是世界均势中的一个重要因素"。

其次,希特勒扩张的战略部署是:第一步"声东击西",先囊括西欧大陆;第二步是"声西击东",回师东进,"摧毁"苏联,席卷整个欧洲大陆;第三步是倾其全力对付英国;最后是扫除称霸全球的最后障碍,对美国发动"洲际闪电战"。

鉴于上述战略部署,打垮法国以后,希特勒的真正目标是回师东进,入侵苏联,"海狮计划"客观上转移了人们的视线,起到了烟幕弹的作用。就在发布"海狮"指令后的两个星期,即7月31日,希特勒在秘密军事会议上做出决定:"俄国必须在1941年春予以消灭。摧毁俄国要越快越好。"他认为,"从长远看,德国控制西欧、中欧,英国的威胁并不是很大的,更大的威胁是其他世界强国——俄国和美国的介入"。他又说,法国垮台后,"英国只有两条路可走:一是靠美国……二是靠苏联"。而"俄国是英国赖以支撑住的最大因素……一旦俄国被摧毁,英国的最后希望也就破灭了。到那时德国就是欧洲和巴尔干的主人了"。正是出于这样的考虑,希特勒在公开大喊大叫要实施"海狮计划"的同时,又向英国发出诉诸"理智和常识"的和平诱降的信号:"丘吉尔先生这一次也许会相信我的预言:一个伟大的帝国——我从来也不想毁灭甚至不想损害的帝国,将要遭到毁灭……在这个时刻,我觉得在良心上有责任再一次向大不列颠和其他国家呼吁,应该诉诸理智和常识……我看不出有任何理由非要将这场战争打下去不可。"这时英国人对希特勒的"理智和常识"已有所认识，因此拒绝了他的"诱降建议"。希特勒转而想用武力"提醒"一下丘吉尔，遂发起了不列颠之战（或称英伦之战）。不列颠之战的目标一是想取得制空权，二是摧毁英国战争经济的潜力，并摧垮英国民众抵抗法西斯的意志。其最终目的是想迫英媾和，以便德国倾其全力东进而无后顾之忧。

　　德国主管空军的"帝国元帅"戈林信奉意大利军事家朱利奥·杜黑的"制空权"理论，认为大规模的战略轰炸在战争中能起

德机轰炸伦敦。

决定性作用，能够摧毁对方的物力资源和作战意志；通过持续密集、猛烈的轰炸，把对方的军事工业、军事设施、交通运输线摧毁，以及把敌方飞机摧毁在地面，从而就能取得制空权。因此，所谓不列颠之战，就是德国在未动用陆军、海军的情况下，主要依靠空军对英吉利海峡的护航船队以及对从多佛尔到朴茨茅斯之间的英国主要工业城市、港口、机场、铁路、桥梁及其他军事设施，进行密集而猛烈的轰炸。在不列颠之战中，德国共调集2669架各类飞机，向英国投下了6万吨炸弹，有8.6万多英国居民被炸死。1940年8月9日至9月7日，德机的轰炸达到了高潮：常常一天出动1000多架飞机，不分昼夜地轰炸。伦敦是受德机轰炸破坏最严重的城市之一。仅9月7日傍晚，德国就出动300多架轰炸机，在648架战斗机护航下大规模地袭击伦敦。整

个城市几乎都淹没在火海之中。有一个时期，伦敦每晚平均遭到 200 架德机的袭击。由此可见当时德军的空袭规模之大了。

但是，英国人民非但没有被法西斯的狂轰滥炸所吓倒，反而在战争中站立起来了。数百万群众参加国民警卫队，他们或手持步枪，或手拿木棍，随时准备与入侵的敌军战斗。对空监视网密布整个英伦三岛。人们手里拿着望远镜和步话机，从四面八方向指挥中心报告敌机的情况，配合防空部队和皇家空军作战。到 9 月 15 日止，参加对空监视的男女青年达 5 万多人。

面对数量上占优势的德国空军，英国皇家空军奋起迎击。英国当时生产的飓风式和喷火式飞机的性能、威力大大超过德机。此外，当时英国已掌握了雷达这门新技术。虽然这个新技术尚处于初期阶段，但英国 1936 年就开始在南部和东部沿海地区建立起一连串的雷达站。德国一名空军上将说："雷达至少使英国自己的战斗机的战斗力增加了一倍。"当然，更重要的是英国军民懂得他们在进行的是一场生死攸关、决定着英国命运的战斗，因此士气高昂，屡屡给敌机以沉重的打击。在不列颠之战中，德国损失了 1733 架飞机，英国仅损失 915 架。德国飞行员的损失更是大大超过英国。因为英机在本土上空作战，飞机被击中后飞行员可跳伞生还，继续参加战斗；德方情况就大不相同，入侵的德机一旦被击中，飞行员不是丧命就是被俘，这也大大影响德军的士气。况且，培养一个飞行员是需要时间的。

1940 年 11 月 14 日夜间，德机群疯狂地轰炸位于英格兰中部的考文垂（当时是英国的航空工业中心）。攻击时间长达 10 个小时。整个城市都在熊熊燃烧，许多建筑物化为灰烬，市中心被夷为平地。德机先炸毁自来水厂，使人们无法扑灭因狂轰滥炸引起的大火。值得一提的是，当时英国首相丘吉尔事先已得到德国

希特勒授予戈林空军元帅权杖后合影。

将把考文垂作为主要目标来轰炸的情报，但他决定不做疏散。因为英国情报部门已把一部纳粹最高层的密码弄到手，从而可截获希特勒与其高级将领之间的大部分通讯。为了保护这部极端重要的密码，不让希特勒警觉其高级密码已可能被英军译破，并考虑到英法在今后整个战争期间的利益，丘吉尔权衡再三，最后才忍痛决定牺牲考文垂。

自袭击考文垂以后，不列颠之战转入低潮，德国空中力量也逐渐东移。希特勒妄想单靠空中力量来摧毁英国的军事抵抗，从而迫其求和，或为海上入侵扫清道路的阴谋遭到破产。他不得不一再宣布推迟"海狮计划"，最后又宣布"无限期推迟"，实际上是化为泡影。不列颠之战是第二次世界大战中时间最长、规模最大的空战。它以希特勒的失败告终。

在不列颠之战中，丘吉尔的首要使命是支撑危局，维持英帝国的生存。英国这一时期所推行的外交被人称之"生存外交"。丘吉尔明白，单靠英国自身的力量是远不能击败希特勒的。他指望依靠美国，全力争取美国的援助。美国当时尚未摆脱孤立主义的束缚，但严峻的局势使罗斯福总统逐渐认识到纳粹德国将是美国的主要敌人,如果德国控制整个欧洲,美国迟早要卷入到战争中去。1940 年 6 月,丘吉尔向罗斯福政府呼吁援助,美国及时地将其库存的 50 万支步枪、800 挺机枪、900 门大炮及 100 万发炮弹运往英国。9 月,美国又以 50 艘旧驱逐舰换取纽芬兰、百慕大等 8 个军事基地,解决了英国海军的燃眉之急。

　　1940 年 12 月 8 日,丘吉尔写信给罗斯福,详细陈述英国的困境,要求改变以现款支付购买美国武器的办法。12 月 29 日,罗斯福发表"炉边谈话",说:"如果大不列颠一旦崩溃,所有我们整个美洲的人即将生活在枪口之下……我们必须成为民主国家的大兵工厂。"1941 年初,罗斯福向国会提出"租借法案",同年 3 月国会批准了这一法案。"租借法案"废除了原先规定的购买美国武器须"现购自运"的原则,而授权总统可向对美国安全具有重大意义的国家出售、转让、交换或租借美国武器及军用物资,美国船只亦可代为运送。美国国会还当即拨款 70 亿美元用于

丘吉尔在工作室。

"租借法案",援助反法西斯国家。

"租借法案"结束了美国的所谓"中立"政策,也是英美在反对纳粹德国侵略战争中结成同盟的标志。随后不久,英美秘密制订了通称 ABC——第一号的"联合作战计划"。该计划规定,欧洲和大西洋是决定性战场,首要打击目标是德国,美国军队的主要力量将先用于该战场。这就是"先欧后亚""先德后日"的总战略决策。美国参战后,其实际战略安排基本上是沿着 ABC——第一号计划进行的。

六 德意法西斯入侵非洲和巴尔干

（一）墨索里尼在非洲和希腊受挫

1940年夏，当希特勒席卷整个西欧大陆，嚷着实施"海狮计划"并发动不列颠空战之际，他的法西斯盟友墨索里尼想和德国一起入侵英国，分享大英帝国的"遗产"。但意大利"领袖"的要求被德国"元首"婉言拒绝了。

墨索里尼的野心并不比希特勒小。他眼看德国人在西线取得惊人的胜利，眼睛发红，坐立不宁。他环视地球仪，盯住地中海沿岸不放，认定此刻是他建立以"地中海为内湖"的"新罗马帝国"的大好时机，决定立即进一步扩张东非和北非的殖民地。

北非的利比亚和的黎波里塔尼亚、东北非的意属厄立特里亚和埃塞俄比亚，都已沦在意大利法西斯的铁蹄下。墨索里尼在北非集结了21.5万军队，由巴尔博统帅，准备入侵埃及；东北非的意属殖民地屯驻着22万意军，司令官为奥斯塔公爵，准备入侵英属索马里、肯尼亚和苏丹。夹在东北非和北非两支意大利军队之间的是由英国中东总司令韦维尔中将指挥的英军，总兵力只有6万左右，数量上明显处于劣势。此时，英国本土又受着德国入侵的严重威胁，难以抽调力量来加强中东的实力。

面对此种形势，墨索里尼认为机不可失，就逼着部下赶快动手。但是两支驻非意军的司令官却迟迟不肯行动。他们认为，意军"在沙漠里必然会迅速而全面地酿成一场灾难"。他们毕竟比较了解情况：意大利部队装备陈旧，只有很少的反坦克武器，而坦克只配有机枪，没有大炮；摩托化运输工具极为缺乏，汽油储存又少得可怜，而意大利飞机则是"博物馆里的极好陈列品"。墨索里尼却无视这一切，大骂部下"胆小怕事"，只求得利而不愿失利。他声称，等打完仗，要"淘汰较弱的人，改进意大利人种"。

1940 年 6 月 29 日，巴尔博从墨索里尼那里接受了入侵埃及的命令，飞返北非。途中，当他的机座飞抵托卜鲁克上空之际，驻该地的意大利高炮部队晕头转向，误认为是英机入侵，竟开火把自己的司令官的座机打了下来，可怜的巴尔博一命呜呼。墨索里尼又赶快任命格拉齐亚尼元帅去接任巴尔博的职务。

在墨索里尼的一再催逼下，1940 年 7 月初，意军从埃塞俄比亚和厄立特里亚出发，入侵苏丹、肯尼亚。苏丹和肯尼亚军队虽奋力抵抗，但因力量过于悬殊，被迫撤退并转为游击战。8 月，意军又向英属索马里进攻，英军也寡不敌众，被迫渡过海峡，撤往亚丁。

北非的意军行动要稍晚一点。9 月 13 日，格拉齐亚尼的部队开始进攻埃及的英军，双方兵力是 6:1。意军很快侵占西迪巴腊尼，并进逼亚历山大港和苏伊士运河。

埃及和希腊在墨索里尼妄想建立的以地中海为"内湖"的"新罗马帝国"的蓝图中占有很重要的地位。1940 年 9 月 20 日，希特勒借口"指导友邦罗马尼亚组织和训练它的军队"，派去了一个庞大的军事代表团，随后德军就占领了罗马尼亚战略要地和石油产区，罗马尼亚很快成了纳粹的仆从国。墨索里尼对希特勒这位盟友事先不打一点招呼就侵占他的"势力范围"十分恼火。他向外长齐亚诺发泄其愤怒情绪说:"希特勒总是把既成事实放在我的面前。这次我要以其人之道还治其人之身。他将从报纸上发现我已经占领了希腊。这样,均衡可以从新建立起来。如果有人反对我们与希腊人打仗,我将申请退出意大利国籍。"希特勒这时的心思主要放在入侵苏联的"巴巴罗萨计划"上。他担心墨索里尼这位盟友把他进攻苏联的侧翼巴尔干搅得乱七八糟,因此在意军动手前匆匆赶往佛罗伦萨会见意大利"领袖",劝他回心转意。不料在月台上墨索里尼笑容可掬地告诉德国"元首"说,意军在希腊初战告捷。希特勒觉得这时疏远他唯一的盟友是不明智的,也只好吞下墨索里尼摆在自己面前的这颗既成事实的苦果,有苦说不出。

这样,墨索里尼不顾及战线拉得过长、分散兵力的后果,在入侵东北非和北非的同时,又于1940年10月从阿尔巴尼亚出兵入侵希腊。开头几天意军利用突然袭击的有利条件,取得了一点进展,但很快被希腊军民所击退,不到10天,意军全线溃退。

控制地中海,维护苏伊士运河的畅通,对英帝国来说十分重要。因为从大西洋经地中海,穿越苏伊士运河,通往印度洋、太平洋,这是英帝国的"生命线"。如果希腊、埃及和苏伊士运河被轴心国控制,那将直接危及英帝国的生存。丘吉尔当然十分重视这一地区的安危。法西斯意大利人侵该地区后,丘吉尔果断地从敦刻尔克撤出来的少量坦克中抽出1/3调往埃及,还把一支由印度人、澳大利亚人、新西兰人组成的英联邦军队迅速调往东非、北非,韦维尔的部队很快增至15万人。1940年11月1日,他又派遣英军在克里特岛登陆,支援希腊军反击。11月11日,英国地中海舰队的飞机夜袭意大利南部的军港塔兰托,炸毁3艘战列舰和 1 艘巡洋舰。意大利上下震惊。希腊军队也乘胜反击,11 月 22 日希军攻占意军占领的阿尔巴尼亚的科尔察,12 月 4 日希军压向发罗拉。到 12 月底,在整个前线,希腊军推进了 30 英里,歼灭法西斯军队 3 万人。

与此同时,英军乘胜在北非和东非开始反击。在北非,1940 年 12 月 9 日,一个英国装甲师和一个印度步兵师奇袭西迪巴腊尼成功。1941 年 1 月 4 日和 22 日,英军占领班加西和贝特富姆。在两个月的战斗中,英军俘获北非的意大利侵略军 13 万,缴获坦克 400 辆、大炮 1000 多门。

在东非,1941 年初英军也开始反击。意军不堪一击,纷纷溃败。2 月初,英军长驱直入埃塞俄比亚与英属索马里,如入无人之地。4 月 1 日,英军攻克厄立特里亚首府阿斯马拉;4 月 6 日解放埃塞俄比亚首都亚的斯亚贝巴。这中间,埃塞俄比亚的游击队发挥了巨大的作用,为英军的胜利推进创造了有利条件。1941 年 5 月,奥斯塔公爵投降。

法西斯意大利军在希腊败北,继而在东非、北非受挫,使墨索里尼时而忧虑焦急,时而暴跳如雷。他把责任全部推给下属,骂总参谋长巴多格里奥是“国家的公敌”“叛徒”;骂与他共事的都是“庸碌之辈,毫无用处,分文不值”;他甚至责怪女婿齐亚诺外长向他“提供的情报不准确”。1940 年 12 月 1 日,他解除了巴多格里奥总参谋长的职务,改任卡瓦莱罗为总参谋长。这时,墨索里尼不得不承认“局势严重,甚至可能成为悲剧性”。别无良策,他只好硬着头皮去向他的盟友希特勒求助了。

（二）"沙漠之狐"登场

墨索里尼在入侵希腊之前不听希特勒劝阻，一味想"以其人之道还治其人之身"，结果是连连惨败，非但未能搞成一个"既成事实"摆在德国人面前，而且如今又不得不去向希特勒求助了。墨索里尼颇感尴尬，不好意思直接出面，就把齐亚诺召来办公室，对他说："别无他法。这事稀奇古怪，却是事实。我们不得不通过希特勒要求停战。"然而这次女婿却不肯去求德国人帮忙，他说："我宁愿子弹打穿脑袋，也不愿给里宾特洛甫打电话。"无奈，墨索里尼只好直接找德国大使。后来双方商定，1941 年 1 月 19 日墨索里尼前往德国会见希特勒。

墨索里尼乘车动身时情绪很坏，他预料要硬着头皮听一通希特勒"恩赐式的慰问"。但出乎他意料之外，这次希特勒却举止得体、态度亲切，既没有奚落他，也没有冷淡他。因为希特勒马上要实施"巴巴罗萨计划"，在这关键时刻他不能疏远他的盟友，也不能让意军再惨败下去。他答应帮助意大利解危。因为德国人在南斯拉夫也遇到麻烦，决意一举解决巴尔干问题，因此事先已就希腊问题制订了详细的"马丽塔"计划。希特勒就即将在希腊进行的"干预"做了长达两小时的发言，说得墨索里尼眉开眼笑。齐亚诺描述说，墨索里尼去时"眉头紧皱，神情紧张"，返回时"欢欣鼓舞"，满面春风了。然而这次希特勒依然没有向他的盟友透露一点他准备入侵苏联的意图。

希特勒拼凑了 32 个德军师入侵南斯拉夫和希腊，墨索里尼调集 43 个师相配合，加上匈牙利的 5 个师，总共是 80 个师。

1941年4月6日，德、意法西斯军突然入侵南斯拉夫。大部分南斯拉夫军队投降，国王、大臣、将军们纷纷出逃。4月13日，德军侵占贝尔格莱德。与此同时，德军从南斯拉夫突入希腊境内，意大利军队乘机从阿尔巴尼亚方面向希腊境内推进。希腊军处境危急，支援的英军又一次丢掉重型武器装备，仓皇地从海上逃命。4月27日，德军侵占希腊首都雅典，不久又攻占克里特岛。

1941年2月，为了帮墨索里尼解围，希特勒把一个轻装摩托化师和一个装甲师派往利比亚的黎波里，组成"非洲军团"，任命埃尔温·隆美尔为"非洲军团"司令官。

隆美尔是个大胆泼辣的坦克指挥官，他依靠"精神作用加速度"，依靠"快攻和奇袭"，连连得手。他的任务是固守的黎波里和确保西尔特湾。抵达利比亚后，他对前线地区亲自做了一次飞行，做出了"最好的防

隆美尔在北非。

御就是进攻"的结论，并在未取得德国统帅部同意之前，提前发起一场迅雷不及掩耳的闪电战。英军猝不及防，连连败退。"非洲军团"的坦克部队会同意大利军，很快重新夺得昔兰尼加和生命攸关的水源地阿杰达比亚。隆美尔不顾意大利最高统帅部的劝阻，率部继续前进。经历了沙漠的风暴和滚烫的乱石的煎熬，隆美尔攻占离埃及只有几英里的巴尔迪亚，直逼埃及大门。隆美尔名声大振，被称为"沙漠之狐"，在两年的时间里使英国人伤透了

脑筋。丘吉尔把隆美尔在非洲战场的出现,说成是"一位新人物跃登历史舞台"。他在下院说:"我们遇到了一位非常勇敢善战的对手,而且如果我可以撇开战争造成的破坏来说,他是一位伟大的将领。"

这时,隆美尔和德国海军参谋部认为,只需再用力推一把,就可把英国在中东的防御体系摧垮。他们认为,发动一场"埃及——苏伊士攻势","要比占领伦敦对英帝国更为致命"。然而,这时希特勒一心想的是入侵苏联,他把北非、地中海只看作是附带的战场,因此不肯再抽调兵力去支援隆美尔。有人认为,"这是希特勒战略上最大的失策之一"。这话恐怕有点道理。丘吉尔最担心的是英帝国的"生命线"落入轴心国手里,现在由于希特勒的"失策",这种可能性就很难成为现实性了。

七　希特勒入侵苏联

（一）"巴巴罗萨"计划

入侵苏联是希特勒蓄谋已久的事。在《我的奋斗》中，他疯狂地叫嚷："必须把俄国从欧洲国家名单中划掉。"囊括西欧大陆后，他就把视线移到东方。法国投降后不几天，即1940年6月30日，希特勒提醒他的将领们说："眼睛必须盯着东方"，"英国的投降将解除我们东进的后顾之忧"。为了解除东进的后顾之忧，迫使英国投降，7月16日，希特勒发布入侵英国本土的"海狮计划"。然而，不到一个星期，即7月21日，他就指示陆军总司令勃劳希契具体研究对苏作战问题；再过10天，即7月31日，他在秘密军事会议上做出决定："俄国必须在1941年春予以消灭。"8月1日，德军参谋总部着手制订入侵苏联的作战方案。12月18日，希特勒最后审定、批准了该入侵方案，并签署了第21号作战令，代号为"巴巴罗萨"计划。

与此同时，希特勒相应地在外交上也为其侵苏战争做了准备。1940年9月27日，他拉拢意大利、日本，签订了法西斯三国的同盟条约，亦称《三国轴心协定》。该条约规定：德意两国承认并尊重日本在建立大东亚"新秩序"中的领导权，日本则承认并尊重德意在建立欧洲"新秩序"中的领导权。在未来的战争中,三国保证"以一切手段互相支持"。不久,罗马尼亚、匈牙利、保加利亚和捷克斯洛伐克的卖国政府加入了法西斯三国军事同盟条约。

希特勒被他西线的胜利冲昏了头脑。这次入侵苏联,他依然寄托于闪电式的速战速决上。他幻想在四个星期,至多两三个月内,解决苏联问题,因此连入侵部队的冬衣都未做准备。他认为德军正处于全盛时期,是有史以来最精良的;而眼下在西线,这支部队只能无精打采地看守海滩,如调往东线定能"击败"苏军。他一再对他的将领说,"必须防止俄国人退入他们国家的腹地",必须在靠近边境的地方"把大部分敌人消灭,不让他们逃跑"。在这里,希特勒确是头脑发昏。他把自己估计得太高了。相反,他又把苏联社会主义制度的优越性及苏军的实力、潜力估计过低,他说:"胜利的希望主要寄托在入侵必然会使俄国发生政治混乱这种前途上……";"我们只要在门上踢一脚,整个腐朽的结构就会倒塌下来"。希特勒对苏军的边防应该说是比较清楚的,但他对苏联人民的觉悟、苏军的后备力量、苏联国防工业的潜力、苏联的地理、气候条件等,可以说是十分无知的。

当然,希特勒也是个十分狡猾的赌棍,入侵苏联是他昔日一再玩弄的投机、冒险手法的再现。为了掩盖他的冒险计划,这次他耍弄"声西击东"的把戏,大喊大叫要入侵英国本土,用以掩盖其入侵苏联的真实意图;同时下令,要外贸部门按所订的合同,尽量满足苏联的订货要求,新闻舆论也暂时停止对苏攻击,装出一副"友好"的姿态,用以麻痹苏联。他眉飞色舞地说:"当'巴巴罗萨'开始时,全世界都会大惊失色。"

但是,希特勒东进时的后顾之忧却一直没有解决,这是令他心烦的事情。在德军入侵苏联的前夕，发生过一件戏剧性的插曲，颇能说明希特勒当时的心情。1941年5月10日（距入侵苏联42天），纳粹党的副手、元首代表赫斯突然只身驾机飞往与德国处于交战中的英国。赫斯在苏格兰汉密尔顿公爵领地跳伞降落。被捉住后，赫斯声称他肩负"元首"重大使命，要求马上会见汉

德国副元首，希特勒指定的"第二号继承人"赫斯突然单独驾机飞往英国，在苏格兰汉密尔顿公爵领地跳伞降落。

密尔顿公爵。赫斯见过公爵后，又会见几名英国内阁大臣。赫斯要求英德妥协，条件是欧洲大陆由德国主宰，英国的势力范围限于英帝国的版图内。丘吉尔没有理睬，而是把赫斯作为战俘关押了起来（战后被移交纽伦堡国际军事法庭审判）。

　　尽管希特勒耍弄各种手段，施放种种烟幕，但各国的情报机关还是把他的入侵苏联的计划侦察得清清楚楚。最先得悉这一情报的是美国。华盛顿驻柏林商务参赞圣·E·伍德斯有一个能接近希特勒参谋总部的德国朋友。早在1940年8月，那个德国人就向伍德斯提供情报说，希特勒的总司令部正在举行高级军事会议，商讨准备进攻苏联的事宜，"空袭英国乃是一种烟幕，用

以掩饰希特勒真正的、计划周密的、准备一个突然凶猛的对俄袭击"。伍德斯还弄到了希特勒进攻苏联的计划要点,包括兵分北路、中路、南路的进攻路线、备战工作的规定时限等等。罗斯福总统和赫尔国务卿得到这一重要情报后,决定通知苏联。1941年2月中旬,美国副国务卿威尔斯受命把上述情报通知苏驻美大使乌曼斯基,大使震惊,表示马上报告本国政府。3月20日,威尔斯再次向苏联大使强调情报的可靠性。丘吉尔政府后来也向苏联提供了类似的情报。

除此以外,苏联本国的情报人员也通过各种渠道,搜集到了希特勒入侵苏联的具体计划。例如,以德国《法兰克日报》驻东京高级记者为掩护的苏联红军总参谋部情报人员理查德·佐尔格,在德军入侵苏联前夕从东京向莫斯科报告说:德军将在1941年6月22日入侵苏联,德军调集的兵力是170个师至190个师(6月22日德国向苏联发动袭击时,纠集的兵力恰好是190个师,其中德军153个师,其他仆从国共37个师)。情报的精确度几乎是100%。

那么苏联政府及斯大林的态度和反应如何呢?

从总体上来说,斯大林和苏联政府是看到了法西斯侵略战争的危险性的。早在1938年2月,斯大林就说:"如果闭眼不看资本主义包围这一事实,而认为我们的外部敌人如法西斯分子并不企图一有机会就向苏联实行武装进攻,那才真是可笑而愚蠢的"。正因为看到了法西斯侵略战争的危险性,一个时期,苏联政府致力于集体安全,只是在和英法的谈判破裂后,才被迫和德国签订了《苏德互不侵犯条约》。为了防止德国的侵略,1939年苏联又构筑了一条从波罗的海到黑海的"东方防线"。在国内,从1938年起,苏联大力加强国防建设。1941年的国防拨款高出

1938 年的 1.5 倍。从 1939 年到战争爆发前,苏联生产了 1.77 万多架飞机、7000 多辆坦克、8.3 万多门大炮和迫击炮。在加速装备现代化的同时,苏联又大力扩充军队。1940 年苏军新组建了 9 个机械师,1941 年又新组建了 20 个机械化师。到 1941 年 6 月德军入侵前,苏联已拥有一支 500 万人的大军了。其中有 170 个师部署在西部国境线上。

尽管苏联政府及其领导人清醒地估计到了战争的危险性,并做了许多必要的战备工作,但对希特勒的整个侵略方针和战略部署却估计不足,对希特勒会在短时期内撕毁《苏德互不侵犯条约》更是缺乏清醒的认识。在苏德战争爆发前,斯大林竭力想避免战争。他对希特勒德国的态度是小心谨慎,甚至迁就退让。1941 年 3 月 27 日至 4 月 18 日。在短短的 3 个星期中,德机侵犯苏联领空达 80 次之多,苏联只发个照会表示一下"抗议",未敢采取有力的自卫措施。一些西方报刊披露德国将进攻苏联的消息时,苏联就立即驳斥说是挑拨苏德关系,是"那些惯于从中渔利的战争挑拨者"妄想把苏联"卷入冲突中去"。当时苏联领导人坚信希特勒不会在短时期内撕毁《苏德互不侵犯条约》,因此不相信各国(包括本国情报人员)送来的有关德军将大举入侵苏联的情报。甚至在德军入侵前夕,苏联领导人仍认为这类情报是假的,是"谣言",是"挑拨",是有意给希特勒发动战争"制造借口"。最典型的例子是,德军入侵苏联前一周,即 6 月 14 日,塔斯社奉命在《真理报》上正式发表"辟谣"声明,说有关德国即将入侵苏联的消息"纯属谣传","是毫无根据的"。在希特勒射向苏联的箭即将离弦之际发表这样的声明,无异是自我解除戒备,自我瓦解斗志。

德军入侵前几小时,德军中的一名司务长冒险越过封锁线向苏军报告:德军入侵即在眼前。这时苏联领导人开始紧张起来了。1941 年 6 月 22 日零点 30 分,苏国防人民委员命令前线部队进入战斗岗位,处于一级战备。命令说:"1941 年 6 月 22 日到 23 日德军可能……正面实施突然袭击。袭击可能从挑衅行动开始";"我军的任务是:不受任何挑衅行动的影响,以免使问题复杂化"。这是战备命令,而不是还击命令,而这时距德军进攻不到 3 个小时了,苏军有的边防部队尚在执行和平时期的日常任务,有的指挥员不在岗位,因此许多苏联部队尚未接到命令战争就爆发了。战争爆发 3 个多小时后,即 6 月 22 日 7 时 15 分,苏国防人民委员才下达对德军还击的第二号命令。这种战略性的判断错误,是导致苏德战争初期苏军失利的重要原因之一。

132

(二)苏德战争爆发

《苏德互不侵犯条约》规定,条约有效期为 10 年。但不到两年,希特勒就动手了。1941 年 6 月 22 日星期天拂晓,希特勒秘密调集的 190 个师、3700 辆坦克、5000 架飞机、4.7 万多门各类大炮、193 艘舰艇,共 550 万兵力,从波罗的海至黑海的两千多公里的苏联国境线上,同时发起猛烈攻击,其机械化部队开始迅速向苏联境内推进。在此之前,德军炮兵已在 3 时 30 分开始对苏边防军驻地、指挥部发起轰击,纳粹空军则对苏联前沿机场、铁路枢纽、海港码头狂轰滥炸。入侵苏联的战争已打响一个半小时, 德国驻莫斯科大使舒伦堡才向苏联外长莫洛托夫递交"战书",声称由于苏军在德国东部边境集结,使德国安全受到"不可容忍的威胁",德国政府已决定采取"军事对策",宣布对苏开战。

希特勒一伙采用他们惯用的贼喊捉贼的伎俩，诡称这次入侵苏联是"预防性的"战争。

按"巴巴罗萨计划"，德军分三路向苏联发起进攻。北路集团军群由冯·李勃元帅指挥，从东普鲁士出发，沿波罗的海进攻列宁格勒；中路集团军群由冯·包克元帅指挥，从波兰出击，沿明斯克、斯摩棱斯克向东北进犯，目标是侵占莫斯科；南路集团军群由伦斯德元帅指挥，向基辅方向进犯，进而向顿巴斯地区推进。

由于德军是集中优势兵力突然袭击，加上德军现代化装备较高，且经过西线的战争积累了许多作战经验，因此苏德战争的初期德军掌握了主动权。相反，由于苏联领导人缺乏"早打"的思想准备，没有制订好周密的战略防御计划，致使在敌人突然凶猛的进攻面前，前线部队一时陷于混乱。战争的第一天，苏联西部边境地区有 66 个机场遭敌人袭击，1200 架飞机被摧毁，而极大部分是在机场地面被击毁的。当天许多苏联飞行员在休假，来不及迎击敌机，也来不及疏散，致使德军在进攻的前线地区掌握了制空权。由于德军炮火的袭击和一些德军事先收买的苏联叛徒的破坏，苏军的许多通讯线路被破坏，加上德军摩托部队的快速切入，许多苏联部队被切割包围，和司令部之间失去了联

斯大林。

系。入侵的第一天,德军就深入苏联国境25至50多公里。

战争爆发的当天中午,莫洛托夫代表苏联党和政府向全国人民发表广播演说,号召苏联人民在这紧急而严重的关头团结在共产党周围,光荣地履行自己对祖国的职责,击退法西斯的侵略。6月30日,苏联成立了以斯大林为首的国防委员会。7月3日,斯大林发表广播演说,号召苏联各族人民奋起反击法西斯侵略者,保卫苏维埃社会主义祖国。他说,这场战争"关系到苏维埃国家生死存亡的问题,是苏联各族人民生死存亡的问题,是苏联各族人民享受自由还是沦为奴隶的问题"。他还说:"这场反法西斯侵略者的全民卫国战争,其目的不仅是要消除我国面临的危险,而且要支援那些在德国法西斯枷锁下呻吟的欧洲各国人民。在这场伟大的战争中,我们有可靠的同盟者。"斯大林号召建立反法西斯的"各国人民的统一战线"。在苏联党和斯大林的领导下,苏联军民在十分不利的情况下,奋勇抵抗,且战且退,陆续撤

希特勒去苏联前线视察入侵部队。

到内地防守地带。

德国侵略者凭借其一时的优势，疯狂地向苏联内地推进。在战争的头三个星期，德军已深入苏联腹地五六百公里。到7月中，德军已侵占拉脱维亚、立陶宛、乌克兰和白俄罗斯的广大地区，逼近列宁格勒、斯摩棱斯克和基辅。苏军有28个师被击溃，70个师的人员、武器损失过半。其中20万苏军官兵战死，约66.3万人被俘。在敌人暂时占据优势的情况下，苏军被迫采取战略防御，在防御退却中消耗敌人有生力量，争取时间从内地调集后备部队，为扭转战局，转入反攻准备条件。

希特勒的"闪电"战术一直是令西方兵家咋舌的，可这次入侵苏联不到一个月，这一战术就不怎么灵了。7月10日，德中央集团军群开始猛攻莫斯科的门户——斯摩棱斯克。要保卫莫斯科，首先得在斯摩棱斯克阻截敌军。这里也曾是1812年拿破仑军队通往莫斯科的一个可怕障碍。德中央集团军群出动29个师围攻斯摩棱斯克，由铁木辛科指挥的苏西方面军只配置24个师来抗击，其兵力武器都不如德军。但苏联红军和人民发扬高度的爱国主义和英雄主义精神，进行顽强的抵抗。几乎每所房子、每条街都经过残酷的争夺战。虽由于力量悬殊，德军于7月16日攻占了斯摩棱斯克，但不久，苏最高统帅部又组织反击，夺回了周围的一些城镇。在斯摩棱斯克会战中，德军损失25万人。7月30日，希特勒第一次被迫命令德中央集团军群"转入防御"。这就为莫斯科保卫战争取到了宝贵的准备时间。

在西南方面和北翼保卫列宁格勒的战役中，苏军也严重削弱德军进攻的锐势。南翼以基辅为中心的保卫战持续两个多月，从7月中开始，到9月19日，基辅才陷落；敖德萨的战役也持续两个多月，使敌军每前进一步都要付出惨重的代价。在北翼，希特勒调集 40 个师的兵力猛攻列宁格勒，其中有 4 个坦克师、4 个摩托化师。希特勒扬言要在 9 月 1 日侵占列宁格勒。9 月中，德军已抵达城郊，并企图困死守城军民。列宁格勒军民在被围困并发生饥荒的极端困难的情况下，仍奋勇顽强地抗击敌人。70% 的党员拿起武器，投入战斗。全城组织了 8 个民兵师协同守军作战。在 900 个日日夜夜中，他们筑成了一道攻不破、打不烂的钢铁长城。不可一世的德国法西斯军队始终没能攻下这座英雄的城市。

在苏德战争最初三个月的战斗中，由于苏军实施斯大林积极防御的战略方针，严重钝挫了德军进攻的锋芒，使希特勒妄想用"闪电战"在二三个月内灭亡苏联的阴谋破了产，并为以后夺回战争主动权创造了有利的条件。

（三）莫斯科保卫战

德国法西斯军队的进攻锋芒尽管在斯摩棱斯克、基辅等会战中被苏联红军钝挫了一些，但希特勒仍陶醉于苏德战争初期的胜利，他自视与拿破仑、俾斯麦、腓德烈大帝齐名。1941 年 10 月 3 日，他在柏林吹嘘说："今天我毫无保留地宣告，东方的敌人已经被打倒，永远也不会再站起来了"。自入侵苏联以来，希特勒的大部分时间是在东普鲁士腊斯登堡附近的大本营"狼穴"里度过的。这时他在"狼穴"里具体设计起在这块被"征服"的东方土地上建立一个"新德意志帝国"的蓝图来了。下面一段话对具体了解希特勒这个法西斯头子的野心和残暴性是不无好处的。他说："印度对英国的意义犹如将来俄国领土对我们的意义一样。

但愿我能使德国人民了解这个空间对我们未来的意义……德国殖民者应当住在漂亮宽敞的农庄里。德国的各种服务事业应设在富丽堂皇的大厦里，总督们住在宫殿里……在城市周围方圆30至40公里，我们要有一片漂亮的乡村地带，用最好的道路连接起来。在乡村地带以外将是另一个世界，在那里我们打算让俄国人爱怎样生活就怎样生活。只有一样是必要的，那就是我们要统治他们"。"我们对于这些人绝对没有义务。和贫民窟做斗争，赶走跳蚤，提供德语教师，出版报纸，少来这一套！……让他们认得我们的公路标志就够了，免得让我们的车子碾死。对他们来说，自由意味着在节日洗涤的权利……我们只有一个责任：通过德国人的移民来把这个国家德意志化，并把本地居民当作印第安人来看待。"

正是怀着这种奴隶主般的殖民野心，希特勒妄想在可怕的严寒来到之前一举攻占莫斯科。他调集了侵苏兵力的180万人、1.4万多门大炮和迫击炮、1700辆坦克、950架飞机，从9月30日开始发动了代号为"台风"的大规模攻势。希特勒扬言一定要在10月12日拿下莫斯科。纳粹宣传部长戈培尔指示德国各报在10月12日这天空出头版位置，以便刊载"特别重要的消息"。

苏联由于7、8两月阻截了德军的攻势，争取到了一段极其宝贵的时间。同时，由于在苏德战争前两个月，即1941年4月13日，苏联和日本签订了《苏日中立条约》。该条约规定双方"互相尊重领土完整和互不侵犯，当一方成为第三国的战争对象时，另一方应保持中立"。此时，中日正式开战已四年有余，苏联"保持中立"；苏德战争爆发，日本亦相应"保持中立"。这使苏联暂时解除了东西两线作战的威胁。因此能调集125万兵力、990辆坦克、677架飞机、7600多门大炮和迫击炮来保卫莫斯科。这里值得一提的是,在德军兵临莫斯科城下之际,苏联在东京的情报人员佐尔格又向莫斯科发回一份头等重要的情报:日美会谈即将破裂,日军决定南下,一时不会进攻西伯利亚。根据这一情报,苏军解除了东西夹击、腹背受敌的后顾之忧。斯大林当即果断下令把远东的 34 个师的兵力紧急调往西线,用于增援莫斯科的保卫战。

在这生死存亡的关头,斯大林镇定自若,亲自指挥。他改任命朱可夫为西方面军总司令,具体指挥莫斯科保卫战。他号召组织坚强的攻势防御,在莫斯科近郊歼灭德国法西斯的有生力量,赢得时间,然后转入反攻。莫斯科全民总动员,组织了 12 万人的民兵师,誓与敌人决一死战。10 月 19 日,莫斯科宣布戒严,重要机关及外交使团暂时撤往古比雪夫。由于莫斯科军民以藐视和压倒一切敌人的大无畏精神去和德寇战斗,使希特勒妄想在 10 月 12 日占领莫斯科的梦想破灭。当时莫斯科军民的口号是:决不让法西斯进入莫斯科!

在战火弥漫、兵临城下的危急情况下,1941 年 11 月 7 日上午,斯大林依然威严地站在红场列宁墓上检阅红军,庆祝十月革命节,并发表鼓舞人心的讲话。他对苏军全体指战员说:"我们的事业是正义的,胜利一定属于我们!"这一壮举极大地鼓舞了苏联人民战胜法西斯的信心。斯大林在苏联人民心目中享有崇高的威信。"斯大林和我们在一起!"成了当时苏联人民用以鼓舞自己去战胜法西斯的口号。走过检阅台后的红军就直接开赴前线作战。

11 月 15 日,德军又发起第二次凶猛的进攻。一股德军一度渡过莫斯科——伏尔加运河,莫斯科市区被置于德军的大炮射程之内,德寇已可以用望远镜看到克里姆林宫的尖塔。苏军及时组织反击,战斗异常激烈。一些战斗组往往战斗到最后一个人。有的红军战士,捆着手榴弹,用自己的身躯阻击敌人坦克。12月初,德寇从正面组织了最后一次攻击,但威力已不大了。

12月初的莫斯科已是严冬,气温降到零下二三十度。德军没有足够御寒的冬衣过冬,许多飞机坦克的马达也因缺乏保暖设备而无法发动。这时,苏军统帅部及时组织后备部队进行反攻。德寇被打得溃不成军,狼狈不堪。12月5日,德中央集团军群司令包克向参谋部报告说,他"已经到了山穷水尽的地步了"。

莫斯科保卫战的胜利是苏军第一次取得的巨大胜利。它歼灭敌人50余万,摧毁德军坦克1300辆、大炮2500门。红军不但保住了莫斯科,而且把敌人往后驱赶了150至300公里。莫斯科保卫战的胜利,宣告希特勒的"闪电战"的彻底破产。德总参谋长哈尔德不得不承认,"德国陆军常胜不败的神话已经破灭了"。希特勒气急败坏,把失败的责任全推给他的将领。陆军总司令勃劳希契、中央集团军群司令包克以及红极一时的"闪击英雄"古德里安相继被希特勒撤职,成了德军在莫斯科战役中溃败的替罪羊。

莫斯科保卫战的胜利使苏联军民和全世界反法西斯的国家和人民都受到了巨大的鼓舞,增强了战胜法西斯侵略者的信心。

(四)国际反法西斯联盟的建立

苏德战争的爆发使第二次世界大战进入一个新阶段,也使反法西斯战争力量的配置和国际格局发生了深刻的变化。苏联参加反对德国法西斯的战争大大加强了国际反法西斯的力量。

纳粹德国席卷整个西欧大陆后,英国在欧洲一度几乎是"孤军"奋战,危如累卵,英国首相丘吉尔忧心如焚,竭力想摆脱困境。1941 年 6 月 22 日德军突然入侵苏联时,丘吉尔和他的外交大臣安东尼·艾登在契克斯别墅度周末。当他获悉德军进攻苏联的消息时, 就马上叫自己的侍从托着一只银盘给艾登送去一支他的大雪茄烟。侍从对艾登说:"首相向你祝贺,德国军队已经进攻俄国了。"艾登穿着睡衣走进首相卧室。事后他回忆说:"我们在品尝宽慰的滋味,此刻我也无心品味雪茄的滋味是如何了。"丘吉尔的侍卫官汤普森说,当时他们有一种"出乎意料的如释重负之感"。丘吉尔确有些喜形于色,因为英国"再也不孤单了"。他指示,当晚他就要发表广播演说。

6 月 22 日晚 9 时,丘吉尔发表广播演说,声明援助苏联。他说:"25 年来,没有哪一个人比我更彻底地反对共产主义。凡是我说过的有关共产主义的话,我决不收回。但是,这一切与展现在我们眼前的情景相比,都显得黯然失色了……任何对纳粹帝国作战的个人或国家。都将得到我们的援助。任何跟希特勒走的个人或国家,都是我们的敌人。"他又说,希特勒"进攻俄国,只不过是企图进攻不列颠诸岛的前奏……因此, 俄国的危难就是我们的危难,也是美国的危难"。原先一贯反苏反共的丘吉尔,此刻出于英帝国自身的安危考虑, 清醒地看到苏德战争爆发使英国摆脱了困境, 因此在希特勒入侵苏联的当天就表示愿意援助苏联。这确实表明他不失为一个具有远见的、老谋深算的资产阶级政治家。

当时美国本土尚未直接受到法西斯入侵的威胁,它国内的政治情况与英国有所不同。美国尚有一股绥靖势力在为法西斯张目,所谓"不与任何国家缔结纠缠的同盟"的孤立主义也还有相当的市场。当时的参议员、后来的美国总统杜鲁门更企图乘苏德战争之机，从中渔利。他说："如果我们看到德国在战争中正在取胜，我们就应当帮助俄国；如果俄国正在取胜，我们就应当帮助德国，这样就能使他们尽量相互残杀。"这是美国一些统治者妄想通过第二次世界大战夺取世界霸权的野心的流露。类似的话，罗斯福总统也表述过。他对其儿子说过："这好比一场橄榄球比赛。我们是坐在旁边长凳上的预备队。现在上场的第一队是俄国人，还有中国人，在某种程度上还有英国人。我们预定要充当……球赛进入高潮时最后得分的跑手。"但是，严酷的现实使罗斯福政府清醒地看到纳粹德国是当时美国最危险的敌人，因此当希特勒入侵苏联的消息传到白宫时，美国领导人顿时觉得给了他们"一个克服希特勒主义的新希望"。当时国务卿赫尔正卧病在家。当他得知这一消息后立即在电话里向罗斯福表示："我们必须力所能及地给予苏联一切援助。我们反复说过，对于任何一个抵抗轴心国的国家，我们将力所能及地给予一切援助。毫无疑问，俄国是属于这一范畴的国家。"

1941年6月23日，美国代理国务卿威尔斯代表美国政府，发表声明说："美国政府认为，任何反希特勒主义的斗争，任何反希特勒主义力量的团结，不论来自何方，都将促进当今德国统治者的灭亡，从而有利于我国的国防和安全。今天的希特勒军队是美洲大陆的主要危险。"第二天，罗斯福总统举行记者招待会，宣布美国将援助苏联。

面对德国法西斯突然凶猛的入侵，苏联迫切需要英美的援助，并力争与英美结成反法西斯联盟。因此苏联十分欢迎英美政府的态度。7月3日，斯大林在广播演说中说："我们为了保卫我们祖国的自由而进行的战争，将同欧洲和美洲各国人民争取他出任总统后，罗斯福第一次在公众中露面。

们的独立、民主自由的斗争汇合在一起。这将是各国人民争取自由，反对希特勒法西斯军队的奴役和奴役威胁而结成的统一战线。因此，英国首相丘吉尔先生关于帮助苏联的历史性演说和美国政府关于帮助我们的宣言，都是十分明显的例证，苏联各族人民对这个演说和宣言只能表示衷心的感谢。"

　　7月12日，英苏在莫斯科签署了两国在对德作战中联合行动的协定。罗斯福为了实地了解苏联的抵抗能力和迫切需要的物资，他派霍普金斯作为自己的特使前往莫斯科访问。7月30日，霍普金斯抵达莫斯科，和斯大林进行了多次的会谈。霍普金斯的莫斯科之行的结果是积极的，使他对苏联的抵抗能力和苏德战争的前途有了新的认识，从而坚定了美国参加国际反法西斯联盟的决心和信心。他向罗斯福汇报说："我对这条战线坚信无疑。这里士气特别旺盛，对胜利充满了坚定的信心。"9月初，美国援助苏联的第一个船队启航，驶往阿尔汉格尔斯克。

为了商讨对德政策和面临的世界局势，1941年8月，罗斯福与丘吉尔在大西洋纽芬兰的阿金夏港举行战时第一次会晤，8月14日，发表了著名的《大西洋宪章》。宪章共八条，其中有关条文说："两国并不追求领土或其他方面的扩张"；"凡未经有关

丘吉尔与罗斯福第一次会晤。

民族自由意志所同意的领土改变，两国不愿其实现"；"尊重各民族自由选择其所赖以生存的政府形式的权利。各民族中的主权和自治权有横遭剥夺者，两国俱欲设法予以恢复……"。在当时的历史条件下，《大西洋宪章》对于动员和鼓舞世界各国人民加强团结，联合起来反对法西斯侵略无疑是有积极意义的。《大西洋宪章》成了后来联合国宪章的蓝图。后来苏联及流亡在伦敦的比利时、卢森堡、荷兰、波兰、捷克斯洛伐克、希腊、南斯拉夫、"自由法国"等国政府，都同意《大西洋宪章》的基本原则。在此前后，苏联先后与捷、波、比、挪等国的流亡政府恢复了外交关系，并正

式承认戴高乐的"自由法国"。在大西洋会议上,罗斯福与丘吉尔还联名致函斯大林,建议召开苏、美、英三国会议,具体商讨对德作战和援助苏联问题。斯大林欣然同意。

1941年9月,以苏外长莫洛托夫、罗斯福特使哈里曼、英国军需大臣比弗布鲁克为首的三国代表团在莫斯科举行会议。斯大林亦亲自参加会议。10月1日,三国签订第一个议定书,规定从1941年10月1日起至1942年6月30日,英美每月向苏提供400架飞机、500辆坦克及其他武器和物资,苏联则向英美提供原料。这次莫斯科会议加强了苏、美、英三国反法西斯的联合行动。同年10月30日,罗斯福宣布向苏提供10亿美元的无息贷款;11月7日,美国又宣布把租借法案扩大到苏联,为向苏提供援助创造了更有利的条件。莫斯科会议标志着美英苏三国反法西斯联盟的初步确立。

太平洋战争爆发后,1941年12月22日至1942年1月14日,丘吉尔率三军代表在华盛顿和罗斯福为首的美国代表团商讨两国联合作战的整个计划,此次会议代号为"阿卡迪亚"。美国还和苏联、英国代表磋商,建议所有对轴心国作战的同盟国家,共同签署一项《联合国家宣言》。1942年1月1日,美国、苏联、英国、中国、澳大利亚、加拿大、新西兰等26个国家的代表在华盛顿签署了《联合国家宣言》。宣言宣布,各签字国保证运用其全部力量击败法西斯轴心国;签字国保证不与法西斯国家合作,不单独签订停战协定或和约。《联合国家宣言》标志着国际反法西斯联盟的正式确立,也为以后的联合国组织的建立打下了基础。

八 太平洋战争爆发

（一）日美在亚太地区的矛盾与各自的对策

　　1941 年 12 月 7 日（星期日），太平洋地区发生了一件大战事：这日夏威夷时间早晨 7 时 50 分，华盛顿时间下午 1 时 20 分，东京时间 8 日凌晨 3 时 20 分，日本海军航空兵和潜艇开始奇袭珍珠港，正式拉开了太平洋战争的幕布。太平洋战争称得上轰轰烈烈，然而这场战争的序幕却显得更为惊心动魄。看一看这场战争爆发前几小时的几个场景，人们就会觉得这场战争的爆发真有点悲喜剧的色彩。

　　12 月 6 日（星期六），夜幕一降临，美国夏威夷的首府檀香山（即火奴鲁鲁）和有"太平洋上的直布罗陀"之称的珍珠港，呈现出一片太平景象：只见万家灯火，五光十色的霓虹灯犹如魔鬼的眼睛在闪烁，舞厅、夜总会里不断传出阵阵刺耳的音乐。美国大兵三三两两地出没于酒楼、夜总会、剧场，有的则搂着日本女郎（夏威夷有 15 万日裔和日侨）消失在海滨棕榈和矮杉的树荫深处。这时，珍珠港外一艘日本潜艇的潜望镜露出水面，艇长中川肇中佐报告说："1230（东京时间 12 时 30 分，相当于夏威夷日落后 30 分）露顶，瓦胡岛已遥遥在望……只见珍珠港、檀香山上空灯火辉煌,毫无灯火管制迹象,敌方情况相当平静。"

稍后,即这天的午夜,美国驻东京大使格鲁匆匆赶到日本外相东乡的官邸,要求东乡安排他马上晋见天皇,面呈罗斯福总统的紧急电报。东乡说:"已是深夜了,晋谒天皇的手续只能在明天早晨办理,而且能否晋谒天皇,还要看电报的内容而定。"格鲁说:"那么请拿去看一看吧!"说罢便把电报抄件递给东乡。原来罗斯福已看到美国截获的日本政府的最后通牒的前 12 部分破译电文,他知道日美战争一触即发,但他不愿意近一年的日美会谈一无所得,因此向格鲁拍发了这封"十万火急的特快"电报。其电文的结尾说:"我衷心希望天皇陛下能考虑一个寻求驱散乌云的办法;同时我相信,我们负有恢复美日两国间传统友谊和阻止世界趋于毁灭的神圣任务。"

外务大臣送走格鲁大使后立即前往首相官邸。东条英机听了东乡的报告后问道:"罗斯福的电报中有什么新的让步?"外相回答说没有。东条听罢便冷笑一声说,"那么就没有什么用了"。接着,他又自言自语地说:"现在这个时刻。轰炸机已从航空母舰的飞行甲板上起飞了。"

就在格鲁向日本转呈罗斯福总统致日本天皇的"十万火急"的电报时,日本偷袭珍珠港的特遣舰队已驶抵夏威夷美机巡航圈内,日航空兵都整装待命。这时,担任偷袭的特遣舰队已收到了联合舰队司令山本五十六拍来的天皇"圣谕":"皇国之兴亡在此一战,全体将士务必血战到底。以尽天职。"充满着法西斯武士道精神的日本将士,听罢"圣谕",顿时热血沸腾。不久,珍珠港就淹没在浓烟火海中,日本奇袭竟获得了成功。

那么偷袭珍珠港事件是怎样发生的?美国既已破译了日本的电报密码,对日本的意向了如指掌,何以珍珠港遭袭击时美国却一败涂地?要回答这些问题,得简单回顾一下战前的日美矛盾和日美关系。

日美争夺亚洲和太平洋地区的斗争由来已久。自明治维新以后,日本军国主义的代表人物都主张推行先侵占朝鲜、后侵略中国的所谓"大陆政策"。美国则打着"门户开放""利益均沾"的旗号,妄想挟持其实力,挤走其他殖民国家,独占中国。在1921年召开的华盛顿会议上,美国迫使日本放弃第一次世界大战时从德国人手里夺取的部分权益,削弱并打击了日本在中国的地位。日本不甘心受美国制约,一旦时机成熟就按自己的侵略部署行事。1927年日本抛出臭名昭著的"田中奏折",亮出了它侵略中国、征服世界的狂妄野心;1931年日本发动九一八事变,侵占了中国东北;1937年它又制造七七卢沟桥事变,悍然向中国发动全面进攻,进一步侵占了华北、华南和华东大片领土,直接损害了美英在华的殖民利益;1940年日本公开鼓吹建立"大东亚共荣圈",把中国、朝鲜、印度、印度支那、马来西亚、缅甸、泰国、印尼、菲律宾、澳大利亚、新西兰以及西南太平洋上的所有岛屿都给圈进去了;.1940年9月,日本进一步与德意签订了法西斯瓜分世界的"三国同盟条约",其目标显然主要是指向当时尚未参战的美国和苏联。

美国统治集团十分明白,日本的扩张行径直接损害着它在中国和远东的利益。日本疯狂地侵略扩张势必导致日美冲突。但是,面对日本咄咄逼人的侵略行径,美国却显得软弱无力和举棋不定。美国对日政策受到多方面因素的制约:孤立主义势力影响着美国的政治气候;美国统治集团中一部分人一心想坐山观虎斗,以便从中得利;一部分人则热衷于利用日本去打击和"遏制"苏联,对日采取纵容、绥靖政策;1939年希特勒入侵波兰和1940

年闪击西欧后,美国政府认识到纳粹德国是其主要的危险敌人,因此采取了先欧后亚、先大西洋后太平洋的战略方针。鉴于以上的多种因素,美国对日本的政策就显得软弱了。

1932年初,日军向锦州推进,美国反对日本南进,但也只是空喊一阵"不承认主义"。1937年七七事变后,美国在发表"维持和平""切戒在推行政策中使用武力"一类的空话的同时,伙同英国企图在东方重演慕尼黑丑剧,想通过"太平洋国际会议",牺牲中国,以换取日本的"谅解",引诱日本去反苏反共。同时,美国又在一定程度上援助国民党政府以牵制日本南下。1940年德日意三国缔结法西斯"同盟条约"后,罗斯福政府进一步确定了对日四原则:"避免和日本发生冲突;改变以往不与日本对话的态度;保留使用经济压力之权,以使日本恢复理智;敞开谈判大门,于美国在远东的历史地位格局之内力求美日协调。"这就是美国对日本所采取的所谓"坚定而非挑衅"的"建设性和解"。美国之所以对日本采取这种软弱政策,是因为美国统治集团中相当一部分决策人物认为,日本主要是急于想解决"中国事变",不会马上对美国开刀,而美国首要而又紧迫的防务是在大西洋,至于"在太平洋上的行动要推迟下去"。

罗斯福政府自认为美国手里有张"经济制裁"的王牌,可以利用石油、钢铁等从经济上"套住"日本,使它"恢复理智"。因此美国在高喊"反对使用武力"的同时仍把许多战略物资源源输往日本。有的人甚至荒谬地认为,美国如削减对日战略物资的供应,"不但不会抑制日本,相反,拥有大量未经动用的战略储备的日本,反倒会铤而走险"。这无异说,对日侵略纵容、绥靖"有理"了。

为了执行"大西洋攻势、太平洋守势"的战略方针。美国向日本频送秋波,一心想调整日美关系。1940年11月,美国"民间代表"、纽约天主教主教华尔什和副主教德劳特跑到东京,向一大批日本军政要员游说,调整"美日邦交",妄想以牺牲中国来换取日美妥协。

日本军阀向来十分狡诈,他们摸清了美国统治集团的意向后,就将计就计,迅速做出反应。他们明白,这时的英国被拖在欧洲战场,自身难保,根本无力顾及亚洲、太平洋地区;美国如能把主要精力集中到欧洲战场去,这更有利于日本在亚太地区的行动。他们也很清楚,日本在亚太地区侵略扩张的主要对手是美国,日美一战势在必行。但是在向美国开刀以前,日本认为可以利用美国来迫使蒋介石投降,以便自己能从中国战场抽出身来全力"南进",同时可以利用"和谈"来麻痹美国,掩盖自己的"南进"备战和偷袭行动。鉴于这样的考虑,因此当美国向日本放出"日美"和谈的试探性气球后,日本马上响应。一方想做笔交易,一方玩弄假谈真打,日美和谈就在这种背景下鸣锣开始了。

(二)山本五十六偷袭珍珠港的计划

1941年1月23日,日本新任驻美大使野村吉三郎乘"镰仓丸"号轮离开横滨途经檀香山赴华盛顿。他是外相松冈洋右三顾茅庐后才答应出使美国的。登上甲板时,他笑容可掬地对记者发表谈话说:"日本和美国没有理由打仗,我打算在本国政府所授予的大使的权限内,努力使两国不发生战争。"他还红着脸补充说:"为什么一定要打仗呢?"美国舆论把野村的出使视为"和平预兆",在他途经夏威夷时,美国太平洋舰队的两艘驱逐舰特意驶到珍珠港口外为他接风。

就在野村这位"和平使者"离开日本前往美国赴任后的三天,即1月27日,美国驻东京大使格鲁向国务卿赫尔发去一份惊人的绝密电报,说日本正准备偷袭珍珠港。格鲁当时无法核实这一情报,美国决策者也把它视为"街头传闻",未予重视。其实这一情报并非毫无根据的街头传闻,而是日本确实正在策划偷袭行动。在野村动身前的半个月,即1月7日,日本海军联合舰队司令山本五十六向海军大臣及川古志郎正式呈上了偷袭珍珠港的计划——"战备意见书"。山本写道:"作为海军,特别是联合舰队,毋庸置疑,应该以对美英作战之决心,转入认真备战并制订作战计划之时期。"山本认为,日本海军应摈弃过去那种正统的邀击作战方针,改为偷袭。他主张,"开战之初就猛攻猛打,摧毁敌人主力舰队,使美国海军与美国人民的士气沮丧到一蹶不振"。山本的具体设想是,通过自己的航空母舰,乘敌不备,用飞机偷袭停泊在珍珠港内的美主力舰队。他说:"经过再三考虑,我认为归根到底只有一个办法,即在开战之初以强大的空军力量摧毁敌巢,在物质与精神两方面给敌人以沉重打击,使其在一个时期内无法复原。"

山本五十六的偷袭计划是经过深思熟虑的。随着第二次世界大战战局的发展,特别是希特勒闪击西欧大陆后,山本等日本军阀认识到,在亚太地区,"日本的主要敌人恐怕就是美国了"。因为英国本土岌岌可危,自身难保;法国、荷兰等殖民帝国,其本土已被希特勒侵占。所以与美国摊牌,是日美争夺的必然结果,也是当时战争形势逼出来的。日本自发动侵华战争以来,深深陷在战争泥潭中,疲惫不堪,战略物资尤感奇缺。1941年9月6日,军令部总长永野修身在御前会议上报告说,"三年后……日本将一筹莫展,不战而屈服于经济封锁"。因为自发动全面侵华战争以来日本财政支出大大超过了日本国力所能承受的限度。大藏相贺屋兴宣在太平洋战争前夕供认,"在支那事件以来的四年时间里,我国支出达500亿日元。这笔支出超过了自明治维新至1936年近70年我国预算的总和"。在这种情况下,东条英机认为,"坐等两三年,(日本)将沦为三等国"。日本军阀认为,要死里求生,唯一的出路就是孤注一掷,把魔爪进一步伸向东南亚诸国,攫取那里丰富的战略物资,"以战养战",并切断中国与英美联系的国际通道,逼蒋介石投降,然后再倾全力对付英美。1940年7月,第二次近卫内阁通过的"基本国策纲要"就决定"南进",并提出了建设"大东亚新秩序""大东亚共荣圈"等口号。日军南进势必要正式与英美开战。日本军阀估计,日本南进夺取东南亚这块肥肉时,美国太平洋舰队会以珍珠港为基地从侧翼出击日军,逼使日本在南洋的舰队去迎击美舰,从而使日本不能顺利地夺取东南亚。同时,从航空母舰上起飞的美机可能要袭击日本本土,这会进一步动摇军心民心。为了能顺利地实施"南进"计划,山本五十六认为必须"孤注一掷,断然对夏威夷的美国舰队进行袭击",拔掉珍珠港这颗"美国鲨鱼的牙齿";随后日本可乘美国恢复元气前捷足先登,抢占东南亚及西南太平洋诸重要岛屿,夺取丰富的战略资源,站稳脚跟后再迫使美国订立城下之盟。

为了掩盖自己的偷袭计划,麻痹美国,日本统治集团就玩弄起和战并用、假谈真打的两手策略起来了。"和平使者"也就在这种背景下出使美国的。野村一到华盛顿,罗斯福就亲切接见。美国国务卿赫尔和野村大使之间的日美会谈就正式开始了。

在日美谈判中,赫尔提出了不改变太平洋现状、贸易机会均等、不干涉他国内政、尊重一切国家的主权和领土完整等四项原则,意在维护美国在亚太地区的既得利益,反对日本独霸。赫尔的四原则是公开的,暗中则想牺牲中国以换取日本妥协,继续推行其"远东慕尼黑"阴谋。4月16日,日美双方通过"私人交涉"拟成了一个"美日谅解方案",作为两国讨价还价的基础。在这个"谅解方案"中,美国同意逼迫蒋介石承认"满洲国",和汪精卫伪政权合并,同日本媾和,日本则同意名义上保持"中国独立";日本表示,在向西南太平洋方面发展时"保证不诉诸武力",鉴于此,美国同意恢复向日本供应汽油、橡胶、锡等战略物资;在三国轴心同盟问题上,美国想拆散三国同盟,日本有自己的打算,想依靠三国同盟暂时稳定北方,以便集中力量南进。1941年4月13日,松冈在莫斯科与苏联签订了"日苏中立条约",暂时维持了日苏之间的和平关系。

松冈自访欧归来后,5月12日向美国提出了一个"修正案",提高要价,坚持"近卫三原则",坚持独霸中国,坚持三国同盟条约,要美国压蒋介石直接同日本谈判,承认"日汪"条约和"日满华"宣言等等。美国虽然想继续坚持拆散三国同盟,也不甘心日本独霸中国,但它仍拉住日本继续"和谈"下去,幻想日本能作些妥协让步。

1941年6月22日苏德战争爆发后,日本统治集团内部又发生了一场"南进"还是"北进"的争吵。结果主张南进的军部实力派占了上风。7月2日,御前会议通过了一项"帝国国策纲要",坚持独霸亚太地区。"纲要"说,"不论世界形势如何演变,帝国均将以建设大东亚共荣圈……为方针"。为此,日本帝国决定"跨出南进的步伐","不辞对英美一战"。这次御前会议是日本向发动太平洋战争跨出的决定性一步。自此,日美矛盾急剧恶化,日美和谈对日本来说几乎完全成了掩盖战争的一种手段了。

7月14日,日本强迫法属印度支那殖民当局答应签订"法日共同防卫印支协定"。26日,"协定"一公布,美国当天就宣布冻结日本在美资金。28日,日军进驻西贡。8月1日,美国宣布对日"全面禁运",并任命麦克阿瑟为驻菲律宾美国远东陆军总司令。9月6日,日本御前会议秘密决定对美开战,10月下旬务必完成一切战备工作。为了做好战备,9月11日至20日,日本海军召集主要的指挥人员和参谋人员,进行了一次最大规模的图上作战演习,最终目标是偷袭珍珠港。在决定对美开战时,近卫首相临阵有点心虚,军部决定抛弃近卫,让坚决主战的东条英机组阁。10月18日,东条出任首相,并兼任陆军大臣、内务大臣,建立了东条独裁体制。

东条英机曾任关东军宪兵司令、关东军参谋,人称"剃头刀",是参与策划"卢沟桥事变"的战犯之一。东条坚决主张对美开战。他说,"与其继续举行毫无意义的谈判,坐视时机飞逝",不如立刻行动。他说:"人生有时不妨闭着眼睛冒一次险。"这样,东条内阁无异于战争内阁。就在东条内阁诞生这一天,日本参谋本部的《机密战争日志》写道:"无论发生什么情况,新内阁必须成为一个战争内阁。开战!开战!除此之外,陆军别无出路。"

(三)"托拉!托拉!托拉!"

东条英机一上台,接连召开了九天的内阁会议,商讨对美开战的最后日期。11月4日,皇宫召开了陆海军最高参谋会议,向与会者宣读"帝国国策实施要点",其中说:"帝国为打开目前之危局,自存自卫,建设大东亚新秩序,现决心对美、英、荷开战。发动武装进攻之时间定于12月初"。也就在同一天,日本宣布加派"和平特使"来栖三郎赴美协助野村进行日美谈判。来栖曾在美国做过领事,讨了个美国妻子,后改任日驻德大使,被称为"外交界的老前辈"。他善于点头哈腰,笑脸相迎。美国有些外交人员把来栖赴美谈判视为"和平的转机",感到"好像是一线阳光刺破乌云,照射了太平洋的海面"。来栖抵达华盛顿的第二天,11月17日,罗斯福马上接见了他。自此直到日美开战的二十天中,来栖协助野村与赫尔进行了九次会谈,着实掩护了日军对珍珠港的偷袭行动。

美国对日本军阀的这套狡诈做法事先并非毫无察觉,相反,倒是十分清楚的。自1938年以来,美国海陆军的情报部门就在着手研究破译日本高级密码的方法。日本使用的最高级的密码称"紫色密码",以26个英文字母和48个日文片假名,根据排列组合原理制成。1940年秋,美国已破译了这套密码,随后还制造了8架破译日本"紫色密码"的机器。这套破译技术代号为"魔术"。借助"魔术"的透视,美国对日本南进的意图动向了若指掌。

然而,尽管美国技术先进,"魔术"也神通广大,但美国最高决策者却一误再误。原因何在?回答是美国在战略指导思想上有重大失误,用人们常说的话来说,美国当权者仍沉醉于绥靖政策中。11月24日(珍珠港事件前两个星期)罗斯福的一席话颇能说明问题。他说:

"(人们问:)为什么你要求我减少汽油的消耗,而我在报上却看到成千上万吨汽油从西海岸洛杉矶输往日本,这岂不是一种帮助日本进行侵略的类似行为吗?回答很简单……从我们自私的国防观点来看,不让南太平洋发生战争是非常要紧的一着……另外我们还要保持从澳大利亚、新西兰到中东的运输线。设法保持南太平洋的和平，对英国也是至关重要的。暂且不论日本有无向南扩张的意图，北方的日本本土是没有石油的。如若我们禁运石油的话，也许日本一年前就进攻荷属印尼了，我们也许眼下早就处于战争中了。所以，把石油输给日本可以说是有道理的。为了我们自己，为了英国的防务和海运畅通无阻，希望战争不致在南太平洋爆发，两年来这一办法一直行之有效。"

罗斯福这席话说得够明白的了。难怪西方有的学者说，对日本的南进，美国"每一步动作都要经过小心计算"，"注意不要激起日本动用武力"。殊不知，侵略者的胃口难以填平，历来的侵略者都是欺软怕硬的。美国对日本法西斯的绥靖，最终也是搬起石头打自己的脚，和当年英法统治者对希特勒的绥靖一样。

就在罗斯福发表这席谈话前一个星期，即 11 月 17 日，山本五十六登上"赤城"号航空母舰的甲板，向即将踏上偷袭珍珠港征程的机动部队将士训话。他说："这次行动就是要在开战之初进攻远在珍珠港的美国太平洋舰队的主力；这次作战的成败将决定我国今后整个作战的命运。"

也在罗斯福发表上述"不要激怒日本"谈话的头一天，即 11 月 23 日，南云中将指挥担任袭击珍珠港任务的 30 艘日本舰只，在北方荒无人烟的渔港单冠湾集结完毕。其中有"赤城"号、"加贺"号、"苍龙"号、"飞龙"号、"翔鹤"号、"瑞鹤"号等 6 艘航空母舰，两艘高速战列舰、两艘重型巡洋舰、1 艘轻型巡洋舰、9 艘驱逐舰、7 艘加油舰。南云的特遣舰队一进单冠湾就实行严格的电讯管制，切断同外界的一切电讯联系，成了一支无声舰队。这天，南云在"赤城"号上召集出征的全体指挥员、参谋人员训话，并发布第一、第二、第三号作战令。其中规定："第一次空袭时间预定为 × 日 0330（即攻击日的凌晨 3 时 30 分）。"

也就在这时,美国的"魔术"破译了东京发给野村、来栖的一份指示,规定谈判最后期限为 11 月 29 日,"过了这个期限,事态就会自行爆发"。赫尔当然明白这句话的含义,因此再次召见两位日本使节,想再拼命努力一下。他事后回忆说:"看到这两位外交官笑容满面、态度谦恭、表面上十分亲热的样子,我就感到他们是在当面撒谎。"24 日,"魔术"又破译一份日方电文:"11 月 29 日这一期限以东京时间为准。"赫尔苦笑说,"这是悬在我们头顶上的克魔里斯剑(危险临头),且附有定时装置"。奇妙的是,这天晚上罗斯福给丘吉尔发去一份电报,对美国即将向日方提出的反建议做了说明。他说:"将要求日本保证既不南进,也不北进,以此为主要条件,美国和其他国家每月向日本供应一定数量的民用石油外,再向日本提供一定数量的粮食、医疗用品、棉花等物资。"25 日,美国果然向日本提出了一项反建议。

在美国提出反建议的同一天,南云率领的特遣舰队迎着飘落的雪花从单冠湾起锚启航,踏上袭击珍珠港的征途。有趣的是,日本航空母舰上的机枪手瞄准着迎风招展的大风筝在做打靶射击练习,风筝上画着罗斯福的头像。

当然,罗斯福对来自日本的危险是知道的。在向日方提出反建议的当天下午,他在白宫召开了一次紧急最高军事会议,商讨对策。他说:"日本人素以不宣而战而臭名昭著,因此美国有可能在下个星期一(12 月 1 日)前后遭到攻击。"会议尚未讨论出个眉目来,这时他们忽然又收到一份情报。说是一支由四五十艘运兵船组成的日本船队正由上海启航,沿着中国海岸浩浩荡荡南下,驶往台湾南部。会议结束后,美国海军作战部长斯塔克给远在夏威夷的太平洋舰队司令金梅尔写信说:"日本向泰国、法属印度支那和缅甸三个方面采取行动的可能性最大。"华盛顿把注意力集中在南方，做梦也没有想到南云的舰队正悄悄地由北太平洋朝着夏威夷逼来。

南云率特遣舰队从单冠湾起航时，并不知道攻击的×日为哪一天。12月2日，山本五十六通知南云："登上新高山1208"。即攻击日期为东京时间12月8日。班官员报告。时间为12月7日，星期日，是美军雷打不动的神圣有一批来此时，太平洋舰队大部分舰艇泊在港内，日军不会扑空。上在天农历是10月19日，从半夜到日出前有下弦月，便于空军偷袭。

12月5日，南云舰队已驶近夏威夷，几乎已能清楚地收听到当地的电台广播，而美方仍一无察觉。日本突击队员得意地说："对我方是值得庆幸的，对敌人则是可悲的。"日本联合舰队参谋长12月6日在日记上写道："夏威夷已成瓮中之鳖。让其再做一天太平梦……此乃一出赌以国家命运与许多人命、决一胜负之人类最大戏剧。"

为了在最后关头不让美国察觉自己的动向，12月5、6日两天，3000名海军学校的学员把学校的帽徽换成"大日本帝国海军"的标志，在教官的带领下在东京闹市区招摇过市，并参观皇宫、神社、《朝日新闻》社。这两天，东京的报纸都以显著的版面报导"水兵"在首都活动的消息，使人觉得日本海军主力依然驻在本土港口。

12月6日傍晚，东京通知野村说，对美方的反建议"备忘录"将分14部分拍发，"你在明天（7日）才能收完全部电文。目前形势十分微妙，收到电文后务请保密"。这份异乎寻常的电文，前13部分的拍发时间，断断续续用了3个小时，而第14部分却隔了14个小时才拍发，美国"魔术"是华盛顿时间12月7日晨5时才收到。第14部分电文很短："日本政府不能不认为，即使今后继续交涉,也无法达成妥协。特此奉告美国政府,并深表遗憾"。这无疑是最后通牒。与此同时,东京又密电野村说:"至关重要,请大使将我方复文于华盛顿时间7日下午1时正递交美国政府(若有可能请直接交国务卿)"。负责"魔术"接收和翻译电文的美海军少校克雷默突然本能地感到,华盛顿时间下午1时,美国基地的菲律宾刚好是午夜,克拉地峡是午夜1时,巴拿马运河基地是中午,唯独珍珠港是清晨天刚刚亮,按兵家惯例,这是偷袭的最好时刻。他把自己的想法报告给海军的两位部长诺克斯与斯塔克。然而他的意见并未引起两位顶头上司的注意。"魔术"的使命至此也寿终正寝。

罗斯福也明白,日本的突然袭击就迫在眉睫,但他以一种绅士风度认为,美国是民主国家,有很好的历史记载,不能放第一枪,只能等待事变的发生。战祸临头,除了亲自出马再向日本天皇呼吁和平外,一无作为。罗斯福可能估计,日本袭击的地区是印度支那或南洋。

美国陆军总参谋长马歇尔在得悉日本的最后通牒后,于华盛顿时间中午零时12分向菲律宾、巴拿马运河、夏威夷和旧金山等美军基地司令官发去如下一道命令:"日本将在今天华盛顿时间下午1时提出实质上等于最后通牒的文件。日本还下令立即销毁密码机。在这个时刻会发生什么情况不得而知,但你们要严密戒备"。这时距日军偷袭尚有1小时13分时间。但令人费解的是,马歇尔的电报没有直接拍往檀香山,而是由西部联合电信公司经旧金山转发。待马歇尔的电报送到夏威夷陆军司令肖特手里时,日本偷袭珍珠港已过去7个小时了。

12月7日清晨7时许,夏威夷瓦胡岛北端山冈上雷达站值班的两名新兵在摆弄雷达,操纵练习。突然,他们发现雷达屏上映现异常景象，显示该岛东北方 220 公里外有一群飞机正朝瓦胡岛飞来。他们立即向基地值班官员报告。值班官员却回答说"不用担心"。因为他想起今天有一批来自美国西海岸的 B——17 型飞机抵达夏威夷，要不就是正在返航的航空母舰上起飞的飞机，反正肯定是自己的飞机。7 时 50 分，泊在港内的美国军舰正准备在甲板上演奏美国国歌，举行升旗典礼。也就这时，成群的日本飞机呼啸而来，接着是一阵阵震耳欲聋的爆炸巨响和随之腾空升起的一团团硝烟。有人误认为是地震，有人则认为是军事演习。被惊得目瞪口呆的太平洋舰队司令金梅尔向海军作战部长发去如下一份特急电报："Air raid on Pear narbour.Ibis is no drill!"（珍珠港遭空袭，这不是演习！）在金梅尔拍发这份告急电报的前几分钟，担任偷袭的日本航空兵已向东京发回"托拉！托拉！托拉！……"（奇袭成功）的甲级电报。伸长着脖子等待来电的山本五十六，这时兴奋得满脸通红，像是得了个"统吃"的赌徒赢家。

日机从 6 艘航空母舰上起飞，分两批袭击珍珠港。第一批 183 架飞机，主要目标是机场上的飞机和泊于港内的军舰。1 小时后，第二批 171 架日机，再次对珍珠港目标狂轰猛炸。日军偷袭珍珠港前后历时 1 小时 50 分，共击沉战列舰 4 艘、重创 1 艘、炸伤 3 艘，此外炸沉、重创巡洋舰、驱逐舰和各类辅助舰 10 艘，击毁美机 188 架，毙伤美军官兵 4500 多名（其中炸死 3300 多名）。美太平洋舰队的主力几乎全军覆没，只有航空母舰"企业"号当时正在从威克岛的返航途中，原定 7 时 30 分驶入港内，但途中遇到恶劣气候，耽误了航时，以致没有按时返港泊位，得以死里逃生。

偷袭珍珠港的一幕"戏剧"按理至此该下幕布了，日本人却还有个尾声尚要演下去。野村和来栖按东京的规定应在下午1时正向美国政府递交"最后通牒",但因译读电文耽误了时间,直至下午2时20分才来到赫尔办公室。美国的"魔术"比日本大使馆还要快就破译了日本电文。赫尔冷淡地接待两位日本使者。野村说:"本来本国政府训令我于下午1时递交这一文件,可是由于电报译读工作超过了原来估计的时间,以致推迟到现在才来拜访。"赫尔有意问,为什么原先规定1时?野村十分尴尬,只好照实说:"我自己也不知什么原因,我是根据本政府训令行事。"日本政府原想把偷袭的秘密保持到最后,直到开战前30分钟才向美国递交"战书",以掩饰其"不宣而战"的丑名。结果因大使馆译读电文误了时间,直到开战后30分钟才下"战书"。

赫尔接过野村递交的"备忘录",匆匆看了几页,其实文件内

日军偷袭珍珠港时击毁美机188架。

日本偷袭珍珠港。

容他比野村还早知道,并且这时已得到了"珍珠港遭袭击"的报告。看完文件后,他转身说:"在我担任公职的50年中,从未见到过这样厚颜无耻、充满虚伪和狡诈的文件。迄今,我做梦也没有想到,在这个星球上竟会有这么多谎言的政府。"说罢,示意日本大使退走。

第二天,罗斯福总统向国会两院发表战争咨文,说:"昨天,1941年12月7日——必须永远记住这个耻辱的日子——美利坚合众国受到了日本帝国海空军突然的、蓄意的进攻。"12月8日,美国正式向日本宣战。

日本偷袭珍珠港并导致太平洋战争的爆发,使第二次世界大战的格局与国际形势发生了进一步的变化。当丘吉尔从收音机里收听到这一消息时,顿时激动万分,他"啪"的一声将收音机关上,并马上给罗斯福挂了个电话。罗斯福对丘吉尔说:"现在,我们大家是风雨同舟了。"丘吉尔并不掩饰他的兴奋之情。他事后回忆说："有了美国在我们这一边,这对我来说,是最高兴的事。"他又说："希特勒的命运决定了。"也就是 12 月 8 日,英国抢在美国前头,向日本宣战。

紧随英美之后的、一下子对日宣战的有 20 多个国家,如澳大利亚、新西兰、加拿大、自由法国、荷兰等。12 月 9 日,中国政府在中日战争实际进行了四年之后也正式宣布对日作战。在太平洋战争的初期,日本虽得逞于一时,但陷入了空前的孤立困境。随着太平洋战争的爆发,第二次世界大战又进入了一个新阶段。

(四)日军南进

日军偷袭珍珠港,目的是为它的南进扫除障碍。日本南进的目标主要是想侵占菲律宾、关岛、香港、印度支那、马来亚、缅甸、泰国、印度尼西亚等,建立"大东亚共荣圈"。因此,日军在偷袭珍珠港得逞的同时,1941 年 12 月 8 日, 又对菲律宾、马来亚、泰国、关岛、威克岛、香港等地发起攻击。日军用于南方作战的总兵力约 40 万人、飞机 2300 多架、军舰 232 艘(其中航空母舰 10 艘、主力巡洋舰 10 艘),分 4 个军,组成南方方面军,由寺内寿一大将任总司令,统一指挥。与盟军相比,日军当时处于优势。

1941 年 12 月 8 日,日军开始进攻香港。自 1938 年 10 月广州失守后,香港已成孤岛,英国无力守卫。12 月 25 日,日军侵占香港。守卫关岛的美军只有 360 人, 对入侵日军没有作什么抵抗。12 月 10 日,全部美军投降,日军顺利地侵占关岛。守卫威克岛的美军不到 500 人,但对日军进行了顽强的抵抗,击沉两艘日本驱逐舰,使日军进攻一度受挫。后来,日本大本营从偷袭珍珠港返航的兵力中抽调两艘航空母舰增援。在日军优势兵力的强攻下,美国威克岛守军被迫于12月22日投降。

日军于12月8日同时进攻菲律宾。负责守卫菲律宾的是美国远东陆军总司令、当时美国唯一的四星上将麦克阿瑟。在麦克阿瑟麾下,有美军1.9万人,菲律宾部队11.2万人。日本负责在菲律宾登陆作战的是第14军。12月10日,日军开始在吕宋岛登陆,美军节节败退。1942年1月2日,日军进入马尼拉。麦克阿瑟退守八打雁半岛,想凭借该半岛的要塞继续抵抗。美国为了避免麦克阿瑟上将被日军俘房而丢失面子,3月11日下令调他到澳大利亚去担任新组建的西南太平洋地区盟军总司令。他离开菲律宾时,恨恨地说:"我还要回来的!"5月间,大部分美军投

被日军俘获的美国和菲律宾的战俘。

降,日军侵占菲律宾。

1941年12月8日,日军从印度支那越过边境进入泰国,未遇抵抗,9日就侵占曼谷。负责进攻马来亚的是山下奉文指挥的日本第25军。马来亚战略地位重要,是英国"生命线"的重要一环,也是它在亚洲的重要据点之一。英军在白西华中将指挥下,调遣了10万军队防守。为了加强力量,英国又调遣3.5万吨的战列舰"威尔士亲王"号和大型巡洋舰"却敌"号到新加坡,组成新的远东舰队,协同陆军阻击日军南进。1941年12月8日,日军在泰国南部和马来亚北部强行登陆。英国远东舰队司令菲利浦斯得知日军登陆的消息后,马上率"威尔士亲王"号和"却敌"号为主力的舰队,从新加坡出发,去马来亚东部海面截击日本运兵船。日本南遣舰队已做好准备,大批日航空兵轮番用鱼雷袭击英舰。"威尔士亲王"号和"却敌"号被击沉,英军受到灾难性打击,日本暂时夺得了东南亚海域的制海权。受此沉重打击后,英军士气沮丧,不堪一击。1942年1月11日,日军攻占吉隆坡;2月8日,日军渡过马来半岛南端与新加坡间的狭窄海峡,在新加坡登陆。在日军的重重围困下。2月15日,白西华中将决定无条件投降。接着,日军又攻下缅甸和荷属东印度。

日军侵占缅甸的战略之一是要切断当时中国的国际交通线——滇缅公路。日本15军侵占泰国后,1941年12月中旬就从泰国向缅甸重镇毛淡棉发起进攻,进逼仰光。英国当时约有4万兵力驻守缅甸,司令为哈罗德·亚历山大中将。英军主要集中在仰光、毛淡棉、曼德勒。应英国之请,1942年春,在罗卓英率领下的中国远征军赴缅,实际指挥是中国战区参谋长、美国的史迪威将军。盟军三方,即英方亚历山大、美方史迪威与中方罗卓英之间不但没有协调一致的统一指挥,而且常常意见分歧,指挥混乱,致使日军轻易取胜。1942年3月8日,日军侵占仰光。随后,日军沿伊洛瓦底江北上进攻曼德勒。5月1日, 日军进占曼德勒。英军退入印度,中国远征军一部分退入印度,一部分撤回云南境内。日军侵占缅甸,切断了滇缅公路,也为日军西进夺取了有利的战略地位。

荷属东印度(今印度尼西亚)有丰富的橡胶、石油、锡等战略物资,日本一直想侵占它,以达到"以战养战"的目的。1941年10月,一支日军先头部队入侵婆罗洲北部。当时荷兰在东印度的总兵力约有10万人,并与盟国的英、美、澳的武装力量组成统一指挥部,联合抗击日军。但兵力分散在3000来个大小岛屿上,指挥不力,收效甚微。1942年2月14日,日本航空兵空降苏门答腊,占领机场,控制油田。3月初,日军在爪哇东西两岸登陆,3月5日占领巴达维亚(即今雅加达),9日占领万隆。3月12日,荷兰总督投降, 万隆以东1.1万人的英美联军也放下武器。3月15日,日军侵占了整个荷属东印度。

这样,从1941年12月7日日军偷袭珍珠港起到1942年5月上旬,在短短6个月的时间里,日军先后侵占了菲律宾、泰国、马来亚、缅甸、荷属东印度、香港以及关岛、威克岛等太平洋上的一些岛屿,一时所向披靡,势不可挡,而美英荷军则被打得一败涂地,溃不成军。究其原因,除了日军做了充分准备、利用突然袭击占了便宜,而盟军兵力分散、缺乏协调和统一指挥外,主要原因在于美英统治集团对日本法西斯长期奉行了绥靖政策。

日本在太平洋战争初期虽然取得了暂时的优势,但也很快暴露出它把战线拉得过长、力不从心的致命弱点。同时日本法西斯这种疯狂的侵略行径激起了亚洲各国人民激烈的反抗,以致在亚太地区处处被动挨打,不久就失掉了战略主动权。

九　第二次世界大战的转折

（一）斯大林格勒保卫战

第二次世界大战打了几年以后，到了 1942 年的下半年和 1943 年上半年，形势发生了有利于盟国的转折，法西斯轴心国开始明显地走下坡路了。其标志是苏联红军在斯大林格勒战役中取得历史性的伟大胜利，盟军在北非战场和太平洋战场也取得巨大胜利。

在苏德战场上，纳粹军队在进攻莫斯科的战役中惨遭失败后，士气大落。但希特勒不甘心失败，他想利用苏德战场上德军仍暂时占有优势的有利条件，再发动一次大规模的攻势，再度夺取战略主动权。这时德军要在苏联战场上再发动全线进攻已力不从心，于是希特勒决定把主要兵力调集到苏联战场的南翼，夺取斯大林格勒和南高加索，切断苏联中部和南部的联系，然后迂回北上，从东面包抄莫斯科，进逼乌拉尔和西伯利亚。1942 年 4 月 5 日，希特勒签署了第 41 号作战令，其中说：“一俟天气和地面条件好转，德国统帅部和军队就要利用自己的优势，再度夺取主动权，强迫敌人接受我的意志。我们的目的是……尽可能夺取他们最重要的军事经济中心……因此，一切可用的军队将集中到南翼的主要战线,其目的是在顿河边消灭敌人,以夺取高加索油田和进入高加索山区的隘口。"

斯大林格勒原名察里津(现名伏尔加格勒),位于伏尔加河的西岸、顿河河曲以东,是苏联南部的工业重心和南北交通枢纽。这座城市当时有 60 万人口,它的西面、南面是物产丰富的顿河流域、库班河流域和南高加索,是苏联的粮食、石油、煤炭的主要产区。夺取它,就等于扼住了苏联南北交通、经济的咽喉。正因为该城的战略地位是如此重要,希特勒就拼着命想夺取它。

这时,希特勒集中在苏联南线战场上的集团军群①分为"A""B"两个集团军群,共 97 个师,约 150 万兵力、1600 多架飞机、1200 多辆坦克、1.7 万门大炮和迫击炮。为了向斯大林格勒进逼,1942 年 5 月底和 7 月初,德国在付出惨重代价后,夺取了哈尔科夫和塞瓦斯托波尔。塞瓦斯托波尔的保卫战前后历时 8 个月,德军被毙伤 30 万。塞瓦斯托波尔陷落后,整个克里米亚半岛被德军侵占。尔后,德军于 7 月 17 日推进至顿河大河湾,第二次世界大战中规模空前宏伟的斯大林格勒战役开始了。

苏军最高统帅斯大林亲自领导指挥了这场伟大的战役。1942 年 7 月 28 日,他发布命令,指出:"现在是结束退却的时候了,寸步不退! 这就是我们当前的主要号召。必须顽强地保卫每一个阵地、每一平方米苏联领土,直到最后一滴血。"为了更便于指挥,8 月 5 日,苏最高统帅部将斯大林格勒方面军一分为二,分别由戈尔道夫和叶烈缅科指挥,后来两个方面军又统一归叶烈缅科指挥。为了实地了解战况和协调指挥,斯大林又委派最高统帅助理朱可夫和总参谋长华西列夫斯基前往斯大林格勒前线

①所谓"集团军群",系指按战役要求,实行兵力高度集中的临时组合。

实地视察。

从 1942 年 7 月 17 日德军进抵顿河大河湾起到 1943 年 2 月 2 日苏军全歼斯大林格勒地区的德军止,激战历时 200 天。在这 200 个日日夜夜里,斯大林格勒人民一齐动员,配合红军,坚守城市。有 18 万余人参加抢修防御工事,10 多万人参加民兵战斗。在拼死争夺斯大林格勒的战斗中,德寇发起疯狂的

苏联军民在斯大林格勒保卫战中逐座楼逐座楼地抗击德国法西斯侵略军。

168

大小进攻 11300 多次。其中出动 10 个师和 500 辆坦克的总攻击有 4 次;出动二三个师和 200 辆坦克的攻击有 50 多次;出动 1 个师和几十辆坦克的攻击也有 50 多次;其他的则是 1 个团或几个独立营或连,在坦克掩护下的冲击。德军的空军对该城进行了 10 万余架次昼夜不停的空袭,投下总量达 10 万吨的炸弹。希特勒疯狂地叫嚷要把斯大林格勒从地图上抹掉。

在战斗最紧张的日子里,德军一度侵入市区,并把守卫斯大林格勒的苏军阵地切割成两部分。双方逐条街、逐幢楼、逐层楼面进行激烈地争夺。为了保卫社会主义祖国,成千上万的苏联军民发扬大无畏的爱国主义精神,建立了不朽的功勋。例如,4 名

苏军反坦克手,用仅有的两支反坦克枪,同敌人30辆坦克搏斗,1天之内击毁敌坦克15辆,未能让敌人越过自己的阵地;雅·巴甫洛夫中士率领的一个24人的战斗组守卫"一·九"广场上的一座楼房达58天之久,始终未让敌人占领;一位身负重伤的电话兵用牙齿咬住被打断了的电话线,恢复通讯联络。"红十月"冶金厂的工人在距敌人只有几百米的危急情况下,依然一面手执武器阻击敌人,一面冒着炮火坚持生产。在战斗最激烈的9月份,他们制造了坦克200辆、牵引车150辆。工人们常常驾着刚装配好的坦克,直接冲出厂门,投入战斗。一个德军团长在日记中写道:"俄国人不是人,而是某种钢铁铸成的东西;他们不知疲劳,不怕炮火。"

在苏联军民顽强的抵抗下,德军损兵折将数十万,既未能夺取高加索油田,也未能攻下斯大林格勒,被迫陷于高山与坚城之下,进退两难。积极的防御使苏军赢得了组织反击的时间。1942年10月,在斯大林亲自主持下,朱可夫和华西列夫斯基制订了一个详尽的反攻计划,大量后备部队向斯大林格勒方向源源集中。11月7日,斯大林宣告:"敌人尝到红军新打击力量的日子已经不远了。"

11月19日,苏军开始反击。瓦杜丁负责的西南方面军、罗科索斯基指挥的顿河方面军和叶烈缅科的斯大林格勒方面军,共110万兵力,向德军发动钳形攻势。11月23日,南北两路苏军会师卡拉奇,把鲍卢斯为首的德第六集团军共22个师、30万人包围于斯大林格勒地区。希特勒闻讯后急忙回到德国大本营,命令鲍卢斯死守;同时他又调冯·曼施坦因元帅从列宁格勒方面率部驰援鲍卢斯。曼施坦因被苏军阻击于距鲍卢斯40公里外的地方。他们尽管互相喊叫"向我靠拢!",但在苏军的打击下,谁也未能向前靠拢一步。

1943 年 1 月 10 日，苏军 5000 门大炮开始猛轰被围德军；1 月 22 日，苏军开始全线围歼敌人。1 月 24 日，鲍卢斯向希特勒哭诉："部队弹尽粮绝……继续抵抗已无意义，崩溃在所难免。部队请求立即允许投降，以挽救残部生命。"希特勒回答是"不许投降！"并命令鲍卢斯继续死守，"直至最后一兵一卒一枪一弹"。苏军向被困的敌人发起歼灭战。

德阵陆军元帅鲍卢斯被活捉。

170

1943 年 1 月 30 日是希特勒上台执政 10 周年的日子。这一天，希特勒授予鲍卢斯元帅军衔，同时给被围在斯大林格勒的 117 名德国军官各提升一级。但是封官晋爵并不能挽救他们灭亡的命运。第二天，即 1 月 31 日，躲在斯大林格勒中心百货公司地下室的鲍卢斯及其司令部的全体官兵被苏军俘获。2 月 2 日，苏军全歼被围德军。这一仗，苏军歼灭德军 30 万，其中生俘 9.1 万，活捉鲍卢斯元帅及将军 24 名。

斯大林格勒战役是希特勒自发动侵略战争以来的最大一次失败，他既惨痛又狼狈。2 月 3 日，希特勒发表特别公报，宣布举国为在斯大林格勒阵亡的纳粹官兵致哀四天。这一举动也足以说明这次对他打击之沉重。但是希特勒哪里知道，这仅仅是法西斯灭亡的开始。

斯大林格勒战役的胜利是苏德战争的转折点，也是德国法西斯走向灭亡的决定点。毛泽东说:"拿破仑的政治生命,终结于滑铁卢,而其决定点,则是在莫斯科的失败。希特勒今天正是走的拿破仑道路,斯大林格勒一役,是他的灭亡的决定点。"

(二)盟军在非洲的胜利

当苏联红军在斯大林格勒进行艰苦卓绝的战斗并取得伟大胜利之际,非洲战场上的盟军也取得了转折性的胜利。其主要标志是两个重大战役:一是英军在阿拉曼战役中第一次在非洲击溃德意法西斯联军的进攻并取得决定性的胜利;其二是英美联军在北非登陆成功。

自"沙漠之狐"隆美尔在非洲战场登台后,英军屡屡败北。1942年6月中旬,正当丘吉尔与罗斯福在华盛顿会晤之际,忽然传来3万多英军在托卜鲁克向隆美尔投降的消息,丘吉尔大为震惊,因为托卜鲁克是德意法西斯军队进入埃及的门户。丘吉尔哀叹"非洲东北部所面临的灾难将更无法应付了",他担心"开罗和亚历山大港很快就要在隆美尔的刀光剑影之下陷落"。就在丘吉尔处于危急的时刻,罗斯福及时伸出手来拉了他一把,答应马上把300辆坦克和100门自动火炮装船运往埃及,并答应再提供一些飞机。

1942年8月初,丘吉尔亲赴开罗,改组了中东司令部,改任亚历山大为总司令,让蒙哥马利指挥第八集团军,负责守卫阿拉曼防线(位于埃及亚历山大港西面,两地相距不到100公里)。

自攻占托卜鲁克以后,隆美尔决意再突破阿拉曼防线,直捣开罗和苏伊士运河。但他缺乏汽油,意大利总参谋长同意提供几千吨。隆美尔认为机会难得,遂决定于8月底向阿拉曼战线发起包抄攻势。意大利"领袖"墨索里尼认为,攻占托卜鲁克是德意联合作战的结果。为了分享征服埃及和苏伊士运河的果实,他匆匆带了一大帮随员亲自前往利比亚视察战情,在离前线800公里的地方逗留了3个星期,声称二三周内就要向尼罗河三角洲和苏伊士运河区挺进。为了在开罗和亚历山大检阅部队,他把自己的一匹白马也运到了利比亚。但德意部队在埃及的门口被挡住了。墨索里尼未能出现在开罗和亚历山大港,白白等了三个星期,只好扫兴回家。他自我解嘲地说,他不久要回来的,为了证明他的决心,他把自己的行李留在利比亚。但墨索里尼的这一美梦很快破灭了。

隆美尔于8月30日向阿拉曼阵地发起进攻,未能得逞。这时,他发现自己的战线拉得太长,而"军需供应如点眼药水一般",只得连连向主子希特勒求援。而这时的希特勒正陷于斯大林格勒战役的困境之中,根本顾不上支援北非。狡猾的"沙漠之狐"见势不妙,便把军队指挥权交给自己的副手施登姆将军,自己溜回德国养病去了。长时间地在沙漠作战,他也确实疲惫不堪了。

1942年10月23日,蒙哥马利指挥英军发起阿拉曼战役。这时苏军在斯大林格勒也正准备发起反攻。德军对英军的反攻没有任何思想准备。战斗刚一打响,施登姆心脏病发作,猝然死去。希特勒命令隆美尔立即飞返北非。可是这次,"沙漠之狐"也不顶用了,等他仓皇赶回利比亚时,局面已不可收拾。希特勒和墨索里尼同时命令德意军队死守阵地,叫嚷道:"不是胜利就是死亡。"但是德意法西斯军阿拉曼战役历时12天,英军歼敌近6万人,其中生俘3万人。隆美尔的助手冯·托马和9名意大利将

北非意大利军投降。

军被俘。阿拉曼战役扭转了非洲战场的形势。丘吉尔说："在阿拉曼战役之前我们是战无不败；在阿拉曼战役以后我们是战无不胜。"继阿拉曼战役之后，德意法西斯军队在北非又遭到了一个更大的打击，那就是 10 万盟军在北非登陆成功。

　　英美联军在北非登陆是丘吉尔与罗斯福精心安排的。英国是个岛国，也是个老牌殖民帝国。它的地理位置使它免遭德军的直接入侵，但他的"生命线"即远洋航线却随时有被切断的危险。纳粹德国也深知，英国的一切都取决于能否控制住"生命线"，"英国的经济和工业，以及英国同大陆的敌人进行战争，全部依赖于这种数量巨大的海上输入"。因此德国就对英国实施一种"慢性绞杀战略"，即发起一场冷酷无情的以击沉英国商船为主要目标的大西洋潜艇战。自 1939 年 9 月至 1943 年 5 月止，德国共击沉英国及其他国家的商船共 2491 艘，总吨位达 1272.7911 万吨。

　　丘吉尔对此坐卧不宁。他说："在纷至沓来的严重事件中，有一件事使我最感不安。战争可胜可负，冒险可成可败，领土可得可失，但是支配我们的全部力量，使我们能够进行战争甚至得以生存下去的关键问题，就是控制自己的远洋航线。"为了确保"生命线"，丘吉尔一再要求罗斯福推迟在西欧开辟第二战场，而先在北非登陆，以便控制地中海和苏伊士运河的航线。1941年英美参谋人员制定的"ABC-1号"计划总的设想是：对德国实行经济封锁、空袭、外围（主要是指地中海地区）的军事袭击，最后对德国心脏地区以最后一击。1941年底和1942年初在华盛顿举行的"阿卡迪"会议上，英美一致同意先在北非登陆。丘吉尔把其在北非的行动称之为"体育家"计划。

罗斯福同意在北非登陆也绝不是简单地迁就丘吉尔。他在给马歇尔、霍普金斯等人的一份备忘录中提醒丢失中东后可能出现的严重后果，担心南美洲会受到直接威胁。要解除德日携手和对南美的威胁，罗斯福认为最有力的战略措施就是占领北非，"包抄隆美尔部队的后路"。因此美国陆军部长史汀生把丘吉尔的"体育家"计划称之为"罗斯福的秘密宠儿"。进攻北非计划既定，英美就任命艾森豪威尔为盟国北非远征军总司令。

1942年11月8日清晨，由500多艘各类舰只组成的一支庞大舰队，载着10万兵马，在飞机掩护下，分三路在北非的卡萨布兰卡、奥兰和阿尔及尔登陆。法国贝当政权在阿尔及尔的军队由达尔朗将军统率。达尔朗（自任法国在北非政府的元首）稍做抵抗后，就同美国达成协议，协助盟军迅速控制了法属北非。由于罗斯福的偏见，英美联军在北非的行动是瞒着戴高乐进行的。不久，达尔朗被一名年轻的戴高乐分子暗杀。美国即派法国另一将领吉罗德继任其元首职位。

盟军在北非的登陆完全出乎希特勒的意料之外，他几乎被这一击打闷了。待他清醒过来后，马上采取两项对策：一是占领法国南部，使贝当原想在希特勒卵翼下保持半壁江山当个儿皇帝的美梦也彻底破灭；二是在北非的法西斯军队迅速抢占突尼斯城和比塞大港,保持一个海空通道。盟军继续进攻。蒙哥马利的第八集团军从东面追击德军,攻入了突尼斯;巴顿指挥的美国第二军则从西面夹击德军。1943年4月20日,盟军向突尼斯城的德意军发起总攻。隆美尔见大势已去,忙溜回德国。5月7日,盟军解放突尼斯城和比塞大港。隔了6天,德意法西斯军全部投降。盟军彻底肃清北非残敌,俘虏法西斯官兵25万人民大会堂。

(三)盟军在西西里登陆,墨索里尼垮台

盟军在北非登陆并对突尼斯的敌军形成东西夹击之际,1943年1月14日至24日,罗斯福与丘吉尔在北非卡萨布兰卡举行了一次两国首脑会议,决定了三件大事。

首先是确定1943年英美联军的战略部署。肃清北非残敌后,英美联军有两个主要可供选择的进攻方向:一是横渡英吉利海峡,在法国登陆,开辟欧洲第二战场,使希特勒陷于两线作战、腹背受敌的困境;二是攻占西西里岛,确保地中海航行安全,迫使意大利投降,然后从巴尔干切入欧洲腹地,这就是丘吉尔竭力兜售的进攻"欧洲柔软的下腹部"的战略计划。罗斯福与丘吉尔最后同意先攻占西西里岛,然后在意大利半岛登陆的战略安排。

卡萨布兰卡会议上引人注目的另一事件是罗斯福与丘吉尔把各自支持的法国两派首脑吉罗德和戴高乐强行拉在一起"和解",有人称之为"强迫婚姻"。美国原先一直与维希政权保持联系。达尔朗被刺身亡后,美国又抬出吉罗德做其代理人;而英国一直支持戴高乐的"自由法国"(后改称"战斗法国")。眼看美英的联合军事行动马上扩及欧洲大陆,势必触及法国政权问题,美

英首脑都觉得有必要把两派合并起来加以利用，并使地中海战役得以顺利进行。经过会谈，双方妥协，拟订了戴高乐与吉罗德合作的方案。但在戴高乐身上体现了"法兰西民族的性格"，他不肯受人摆布，拒不前往卡萨布兰卡。罗斯福催促说："新郎已到，新娘何在？"丘吉尔向戴高乐施加最大压力，威胁说，如果他不去卡萨布兰卡赴会，英国将主张"由别人来接替他那设在伦敦的法国解放委员会主席的职位。"戴高乐当时的实力无法与英美抗衡，无奈匆匆赴会。1943 年 1 月 24 日，戴高乐与吉罗德在罗斯福、丘吉尔面前做了一次"短短的甚至勉强的握手"，两人同意组成统一的法兰西民族解放委员会，戴高乐和吉罗德同任主席。由于吉罗德缺乏政治才干，很快被戴高乐排挤出去。事后丘吉尔感慨地说，这场"强迫婚姻或持枪逼婚"是"费了九牛二虎之力才告成功的"。

最后，在卡萨布兰卡会议上，第一次宣布盟国作战的最终目的是迫使轴心国无条件投降。罗斯福在记者招待会上宣布："只有完全摧毁德国和日本的战争威力，世界和平才能到来……摧毁德国、日本和意大利的战争威力就是说要德国、日本和意大利无条件投降。"

1943 年 6 月，盟军开始实施地中海战役。艾森豪威尔任地中海战场盟军总司令，英国将领亚历山大任副总司令并负责进攻西西里，其部属主要是美国的巴顿将军和英国的蒙哥马利将军。6 月 11 日，盟军先在突尼斯和西西里之间的泰雷利亚岛登陆，1.2 万名意大利守军很快投降。7 月 2 日开始，盟军空军对西西里岛进行猛烈轰炸，为登陆扫清障碍。7 月 10 日，一支由 3200 多艘各类舰只组成的庞大舰队，载着 16 万大军，在 1000 多架飞机掩护下，于西西里东南部实行两栖登陆。

守卫西西里岛的意大利军有23万人、德军4万人。但意大利军装备极差，士气普遍低落，几乎有一半是上了年纪的胡子兵。亚历山大描述说："防守海岸的意大利师，几乎一枪未放就瓦解了，而那些野战师一遇到盟军就像迎风扬糠那样四散逃跑。"拼命抵抗的倒是德军，他们竭力掩护主力撤往意大利本土。7月22日，美军攻占巴勒莫；8月5日，英军占领卡塔尼亚；8月16日，美军进驻墨西拿；8月17日，最后一名德军被逐出西西里。

西西里一役，盟军歼灭法西斯军16.5万人，其中生俘13.2万人。撤回意大利本土的德意军队约有10万人。

盟军在西西里岛登陆和法西斯军节节败退，大大加速了意大利法西斯政权的危机。墨索里尼和往常一样强作镇静，声称他订有一个"把入侵者赶下大海去的计划"，并提醒"一切法西斯分子曾做过誓言，假如有必要，应为领袖去死"。其实他根本没有"把入侵者赶下大海去的计划"，而他的法西斯门徒也早就把"为领袖去死"的誓言丢在脑后，只顾自己逃命去了。希特勒得知意大利军处于"崩溃状态"后，就连忙找墨索里尼来商量对策。

7月19日，两个独裁者在意大利北部菲尔特附近的一所农舍里会晤。据在场担任翻译的施密特说："墨索里尼在一大批意大利军官面前被希特勒狠狠训了一通。"还得耐着性子在一旁洗耳恭听。墨索里尼心里明白，"意大利已不能继续打下去了"，这次会晤也许是让希特勒相信这一点的最后一次机会。但是话到嘴边，"当着希特勒的面，他的勇气又消失了"。

在希特勒和墨索里尼会晤期间，传来了盟国空军在大白天第一次大规模轰炸罗马的消息。会谈没有什么结果，墨索里尼心神不定地回到罗马，一回到家，发现首都的政治气氛极不正常。他的妻子拉凯莱告诉他说，有人正在策划一场推翻"领袖"的阴谋,其中主要成员有格兰迪、巴多格里奥、博塔伊等人。据拉凯莱说,谋叛者想拉着"领袖""倒向盟国",如墨索里尼"企图抵抗或逃跑,就杀了他"。

拉凯莱的情报是有根据的。格兰迪等几个老法西斯骨干确实在酝酿一场阴谋。他们要求召开大法西斯委员会会议,以寻求摆脱困境的途径。自1939年以来,这个会议就没有开过。墨索里尼将信将疑,他没有料到向他宣过誓的"亲密战友"会背叛他。但是他这时已心力交瘁,毫无办法,只好同意重新召开大法西斯委员会会议。为了应付"战友"们的质询,他从办公室里理出了一大堆文件,把公文包塞得鼓鼓的。

7月24日一大早,墨索里尼就起床了。他妻子也是一夜没有睡好,一起床就提醒丈夫说,"今晚召开会议确有必要吗?"墨索里尼朝妻子看了一眼,回答说:"为什么没有必要?无非是同志间讨论讨论罢了,至少我是这样想的。我看不出为什么不应召开。"下午4点40分,墨索里尼提着他那只大公文包匆匆离家开会去了。

会议在威尼齐亚宫的鹦鹉厅举行。墨索里尼的开场白"显得杂乱无章、软弱无力,也缺乏生气,有人还以为他在读辞职书"。坐在他面前的这批昔日的"亲密战友"和忠实奴仆,虽然多数人决定今天对主子发难,但事到临头不免有点畏惧,一时间竟没有人接着发言。后来还是老态龙钟的戴·波诺元帅打破了尴尬的沉默。他为意大利军队做了一番辩护。接着,几个人站起来重申"他们忠于领袖,忠于法西斯主义,并表示只要战争能争取胜利,他们愿意打下去"。但后来有几个人的发言明显地唱了反调。法西斯党前书记法里纳奇指责墨索里尼"歪曲并抛弃了法西斯主义的早期光辉思想"。教育大臣博塔伊跟着说:"战争已打输了,因为墨索里尼把他自己从其他的法西斯领导人中孤立起来了"。这样的指责一开了口子，其势头就不可阻挡了。老牌法西斯头目格兰迪说："独裁的方法失败了……墨索里尼不但疏远公众舆论，而且把意大利带到了灾难的年代；今后应该恢复国王维克多·伊曼纽尔被法西斯主义剥夺掉的某些权力。"他最后还带感情地说："领袖，我们都是一条船上的人，听听你忠诚的战友们发自肺腑的呼声吧！让我们有机会与你分担全部责任，同存共亡！"更令墨索里尼伤心的是，他的乘龙快婿、外交大臣齐亚诺也参与推翻他的阴谋。齐亚诺指责说，"不幸的是我们自1940年6月入侵法国后，就一头栽进了希特勒的怀抱。这是死神的怀抱"。

墨索里尼闷声不响地坐着。争吵继续进行着，会议一直开到次日凌晨2点多，足足开了9个多小时。最后墨索里尼似乎从梦中惊醒似的宣布："会议已进行了很久，大家都很疲倦了。会上提出了三个决议案，先表决格兰迪的提案。"所谓格兰迪提案就是墨索里尼应把统帅三军的权力交还给国王。墨索里尼以为，单凭他"领袖"的威势，决难通过剥夺他权力的议案。但出乎他的意料，表决结果，19票赞成，8票反对，1票弃权。这时墨索里尼脸色铁青，霍地站起来，边收拾公文包边说："你们制造了危机，你们毁灭了法西斯主义。散会。"法西斯党最后一任书记斯考扎习惯地、机械地喊了一声："向领袖敬礼！"墨索里尼无力地举起僵硬的右手还了礼。这时会议大厅像坟场一样寂静。

墨索里尼拖着疲惫的身子回到家里，心烦意乱。这时已是25日清晨。他妻子劝他赶快动手把格兰迪一伙捉起来。墨索里尼认为大法西斯委员会会议没有法律效力，不必着急，他准备明天再逮捕他们。他给王宫打电话，要求马上会见国王。他万万没有料到国王早已做好安排了。

7月25日下午,伊曼纽尔国王在萨伏依王家别墅接见墨索里尼。一坐下来,国王就说:"我亲爱的领袖,再这样下去不行了。意大利处境艰难。军队被彻底打败了,士兵也不愿再为你打仗啦……现在你是意大利最令人憎恨的人。领袖,眼下你没剩下一个朋友。只有一个人还是你的朋友,此人就是我。因此你不必为你的安全担忧。我已决定邀请巴多格里奥元帅接替政府首脑职务。他会组织自己的内阁治理国家并进行战争的。"墨索里尼对国王说:"陛下,您做出的是一项非常严重的决定。它将产生灾难性的后果……您引起的这场危机,只意味着丘吉尔和斯大林的胜利。"

国王无意再谈下去,全部谈话不到20分钟。随后国王就起身送客。到了门口,国王即转身回屋去了,墨索里尼朝自己的汽车走去。这时一名持枪的中尉走到他面前,说自己是奉国王之命前来保卫他的。墨索里尼回答说"我有自己的警卫"。不容墨索里尼辩解,中尉硬是把他塞进一辆救护车,在数十名士兵押送下驶向他不知的去向。墨索里尼先是被拘禁在地中海上的一个叫蓬察的小岛上,因怕德国人来劫持,不久又把他送往荒无人烟的马达莱纳岛囚禁。

巴多格里奥组织内阁后,不久宣布解散法西斯党。9月初,盟军已渡过墨西拿海峡,向意大利本土南部挺进。巴多格里奥的代表和盟军秘密谈好了停战条件。9月6日艾森豪威尔在广播中宣读了停战宣言。事后,巴多格里奥也宣读了停战宣言。10月13日,巴多格里奥政府向德国宣战。美、英、苏三国同时发表声明,承认意大利为共同作战一方。

墨索里尼法西斯政权的垮台和意大利对德宣战,标志着法西斯轴心体系开始瓦解了。

（四）美军在太平洋上开始取得主动权

1942 年下半年开始，美军在太平洋战场上取得了主动权。其标志是三个战役：珊瑚海之战、中途岛海战和瓜达尔卡纳尔岛争夺战，其中中途岛海战尤为重要。

日军偷袭珍珠港和侵占南亚诸国得逞后，其野心进一步膨胀。日本海军主张，为了阻止美军反攻和进一步击败美国，必须切断美国和澳大利亚之间的交通线，占领萨摩亚、新喀里多尼亚及新几内亚东南部的莫尔兹比港；同时夺取中途岛，妄想再重温一次奇袭珍珠港那样的美梦，一举击溃美国舰队。对此，山本五十六的态度最为坚决。

美国在太平洋上的战略思想是，先守住从阿留申群岛至中途岛、萨摩亚群岛，再至新喀里多尼亚和新几内亚一条漫长的防线，而后积极准备，以澳大利亚为跳板，进行反攻。对盟军来说，守住莫尔兹比港是至关重要的。为了实施在太平洋上的战略计划，美国分别设立了西南太平洋地区盟军总司令部，由麦克阿瑟上将任总司令；太平洋地区（不包括西南太平洋）盟军总司令由太平洋舰队司令尼米兹担任。两个司令部的行动由美国参谋长联席会议协调，目的是加强盟军在整个太平洋地区的作战能力。

从这时期日美两国太平洋战略安排来看，它们正好是针锋相对的。这就导致了珊瑚海之战、中途岛海战及日后的一系列战争。

珊瑚海位于澳大利亚和新几纳亚以东、所罗门群岛以南、新喀里多尼亚以北。夺取所罗门群岛的图拉吉港和新几纳亚的莱城、莫尔兹比港，切断美澳交通，是日军的第一步计划。1942年4月，井上成美率领的日军第四舰队在得到3艘航空母舰（"瑞鹤"号、"翔鹤"号、"祥凤"号）增援后，实力大增。5月3日，日军轻易地占领了图拉吉岛，揭开了珊瑚海战的序幕。

美国在珊瑚海域活动的是由弗莱彻指挥的一支特混舰队，拥有"约克顿"号、"列克星敦"号2艘航空母舰，141架飞机。日军占领图拉吉后，于5月4日，美机在图拉吉海域击沉了4艘日本小型舰艇。

5月4日，日本一支运兵船队从腊包尔出发，去攻打莫尔兹比港。为了掩护这一行动，井上成美的第四舰队在珊瑚海域搜寻美国舰队；美国特混舰队则在搜索、截击前往莫尔兹比的日本运兵船队。5月7日，日美两国的航空兵在新几内亚东面海域上空进行了一次空战。美机击沉了日本航空母舰"祥凤"号。5月8日拂晓，日美舰队在珊瑚海域相遇，发生一场海战。美机重创日本航空母舰"翔鹤"号，使其失去作战能力。但美国"列克星敦"号被击沉，"约克顿"号受轻伤。

珊瑚海战，日本损失1艘航空母舰、105架飞机、1000余人；美国损失1艘大型航空母舰、81架飞机、500余人。双方损失可以说是大致相当。但从战略上来看，这一次海战是日本自发动太平洋战争以来的第一次受挫，被迫无限期推迟入侵莫尔兹比港的计划。同时，日本大型航空母舰"翔鹤"号受伤，需要补充飞机，未能参加不久进行的中途岛海战，这无疑削弱了日军的实力。

珊瑚海战后不到1个月，日美海军舰队又发生了中途岛之战。

中途岛位于夏威夷的西北方，相距仅1130海里。山本五十六认为，攻占中途岛后可以解除美军袭击马绍尔群岛、腊包尔、威克岛、南鸟岛乃至日本本土的威胁；同时可以引诱美国太平洋舰队出来迎击,一举以优势兵力歼灭之。为此,山本五十六进行了精心的策划。他调集了 350 艘各类舰艇,1000 架飞机,进攻日期定在 1942 年 6 月 5 日。这支庞大的舰队,山本五十六把它分为 6 个战术支队。其中山本五十六亲自率领的一支主力舰队,拥有 3 艘大型战列舰和 1 艘轻型航空母舰,准备与美军舰队决战;南云忠一率领的第一航空母舰队拥有"赤诚"号、"加贺"号、"飞龙"号、"苍龙"号 4 艘大型航空母舰,运载 261 架飞机,担任主攻;另一支入侵舰队护送 5800 名官兵,准备在中途岛登陆。还有三支做了这样的安排:一支担任警戒;一支进攻阿留申群岛,以转移美军视线;一支是海岸基地航空部队,协同海军作战。

这时美国太平洋舰队所能集结的是"企业"号、"大黄蜂"号、"约克顿"号 3 艘航空母舰、8 艘巡洋舰和 15 艘驱逐舰。与气势汹汹的庞大日本舰队相比,美国舰队的实力处于劣势。但美军事先截获了日本海军电报密码,对山本五十六的作战部署、舰队实力和人员配置了若指掌。日本舰队前来偷袭中途岛时,美国舰队在弗莱彻指挥下事先悄悄地隐蔽在中途岛东北海域,而山本五十六还误认为美国舰队还远在所罗门群岛。

1942 年 6 月 4 日清晨,从南云率领的 4 艘航空母舰上起飞的 108 架日机空袭中途岛,妄想一举摧毁岛上的美机和其他军事设置。美军因事先已得到情报,岛上的 100 多架美机腾空迎战,使日机未能命中目标,需做第二次轰炸。第一批日机飞返航空母舰后,南云命令甲板上待命的飞机全部卸下鱼雷,换上炸弹,准备对中途岛做第二次攻击。不久,日军侦察机报告,在日本舰队东北方 200 英里处发现美国舰队。南云十分震惊,又急忙命令把炸弹卸下,重新装上鱼雷,准备迎击美舰。卸下装上,装上卸下,日本航空母舰的飞行甲板上忙得不可开交。卸下的炸弹来不及搬回底下的弹药库去,都堆放在甲板上。这时(上午 10 时许),两批美机前来袭击,50 架日机升空迎战,击落美机 30 余架,其余美机仓皇逃去。正当日机飞返加油、水兵们在欢呼胜利之际,从"企业"号上起飞的 37 架俯冲轰炸机突然朝"赤诚"号、"加贺"号航空母舰俯冲过来,一颗颗炸弹呼啸而下。与此同时,从"约克顿"号上起飞的另外 17 架轰炸机直扑"苍龙"号投弹。南云尚未反应过来,3 艘日本大型航空母舰已先后中弹,并引起甲板上堆放着的炸弹连锁爆炸,弹片横飞,顿时成了一片火海。不久,3 艘航空母舰都先后沉入洋底。

南云的 4 艘航空母舰只剩下 1 艘"飞龙"号了。这时,他像输红了眼的赌徒,决心孤注一掷,进行报复。当天中午,从"飞龙"号上起飞的日机两次袭击"约克顿"号。经两次打击,"约克顿"号受重创,于次日沉没。但美军马上进行报复,又击沉"飞龙"号。南云的 4 艘航空母舰全军覆没。

山本五十六得悉惨败的消息后如遭晴天霹雳,顿时呆如木鸡。败局已定,只好收兵,中止进攻中途岛。但为了稳住日本军心,他撒了一个弥天大谎:"敌舰几乎全军覆没,正向东败退"。

中途岛一战,美军以少胜多,击沉 4 艘日本航空母舰、1 艘重巡洋舰,击毁日机 400 多架,毙敌 3500 人。美军损失 1 艘航空母舰、1 艘巡洋舰、147 架飞机、307 人。日本海军开始在太平洋上失去优势,日本承认"太平洋上的主动权从此转入敌人手中"。

中途岛海战以后,紧接着日美又展开了一场长达半年之久的瓜达尔卡纳尔岛的争夺战。

瓜达尔卡纳尔岛(下称瓜岛)位于所罗门群岛南面,面积 2500 平方英里,森林密布,地势险要。1942 年 5 月日军侵占所罗门的图拉吉岛后,发现瓜岛可修建机场,是一个理想的军事基地。日军这时的战略目标仍是侵占莫尔兹比港，切断美澳交通线、威胁澳大利亚。侵占瓜岛并把它修建成军事基地，就像一把利剑插进珊瑚海。于是日军占领瓜岛，并调遣工程兵加紧修建机场。8月初，机场初步竣工。

这时，美国总的战略仍是"先欧后亚""先大西洋后太平洋"。美军在太平洋地区的近期战略目标是确保美澳海上交通，巩固澳大利亚这个反攻基地。为此，美军要占领澳大利亚东北方向的一系列海空基地，瓜岛是其中一个重要目标。为了抢在日机进驻瓜岛前下手，8月7日，美海军陆战队1.9万人，在罗伯特·戈姆利率领下同时向瓜岛和图拉吉岛发起进攻。两个岛上只有少量日军驻守，美军没有遇到什么抵抗就占领了这两个岛。

美军攻占瓜岛完全出乎日本人的预料。日军估计美军反攻起码要在1943年下半年以后开始，这次只是美军的"侦察性进攻"，因此决定反击。日军认为，"重新占领瓜达尔卡纳尔的成败……是敌胜或我胜道路上的转折点"。8月16日，日军增援部队在瓜岛登陆；21日，2000名日军向岛上美军发起反攻，结果惨遭失败。骄横的日军这时的侵略气焰仍十分嚣张，川口旅6000人向瓜岛反扑，进行了一场血战。岛上2万多美军居险防守，并拥有坦克。结果川口旅的3000名精锐兵力被美军打得血肉横飞，尸体遍野，血染山岭。美军驻守的这座山岭后来被称之为"血岭"。

日军虽在瓜岛连连惨败，但似赌棍一样，越输越不甘心。10月24日，日军调遣2万多兵力，再次向瓜岛反扑。但美军装备精良，以压倒的火力优势，歼敌数千人。

日美双方不仅在瓜岛上展开激烈的争夺战，而且在瓜岛海域也进行多次海战。双方增援瓜岛的兵力和给养，全靠海运，都派出巨大的舰队护航。日本还企图利用护航，引诱美国舰队出战，以报中途岛海战失败之仇，出动了"龙骧"号、"瑞鹤"号、"翔鹤"号等航空母舰。美国出动的航空母舰有"企业"号、"大黄蜂"号、"萨拉托加"号。较大的海战有 4 次，开头日军还占了点便宜，后来制海权和制空权都落到了美军手里。不久，瓜岛上的日军补给中断，只好吃树叶、草根，加上疟疾蔓延，死于饥饿与疾病的日军数以千计。瓜岛成了"死亡岛""饥饿岛"。

12 月底，日本大本营决定撤走瓜岛士兵。1943 年 2 月 1 日，瓜岛上的日军残兵败将在 300 架飞机和 20 艘驱逐舰的掩护下开始撤退，至 2 月 7 日最后撤离这天时，共撤走 1.083 万人。

瓜达尔卡纳尔一战，日军损失舰艇 30 余艘（其中 1 艘是航空母舰）、飞机 1900 架、官兵 2.46 万人。自此，日军在太平洋上由进攻转为防御，而美军则由守势转为攻势。日本侵略者的日子越来越不好过了。

✚ 世界各国人民的反法西斯斗争

（一）中国人民在极端艰苦的条件下坚持抗战

日本在全面发动侵华战争 5 年后，发现自己已深深陷入了侵华战争的泥潭中。为了摆脱困境，它不惜孤注一掷，冒险发动了太平洋战争，结果一下子又招致了 24 个国家对日本的宣战，使它处境更为孤立。这时，日本大本营深感自己兵力不足，想抽调部分侵华兵力去支援太平洋及南洋各战场，但又害怕中国乘机反攻，真是进退维谷，狼狈不堪。不过，日本军阀仍幻想尽快解决"中国事变"。大本营在给中国派遣军的命令中说，"为了建设大东亚新秩序，在进攻南方要地的同时，迅速解决中国事变"。为此，日本在加紧对蒋介石的政治诱降的同时，进一步对解放区进行更为残酷的"清乡""扫荡""蚕食"。这时，日本侵略者已认识到中国共产党领导下的人民武装力量已构成它的主要威胁，冈村宁次在给其部下的训示中说："为了适应大东亚决战的要求，必须首先迅速扫荡、消灭中共势力。"

1942 年以前，日军对解放区的"扫荡"多半集中在交通要道及其两侧地区。1942 年以后，它"扫荡"的地区扩大了，规模更大了，持续时间也更长了，其重点是在华北。一些大的"扫荡"，时间长达二三个月，出动的兵力多达 5 万乃至 10 万。1942 年 1 月，日军对解放区的"扫荡"就达 1600 多次，平均每天五六十次。1942 年 5 月开始，日军调集 5 万多兵力，对华北冀中平原进行了为期两个月的"全面扫荡"。这次"扫荡"由日寇"华北方面军"总司令冈村宁次亲自督阵，妄图一举"剿灭"八路军主力。日军在"扫荡"中实行残酷的杀光、烧光、抢光的"三光政策"，例如敌人在冀中一次"扫荡"中就残害和抓走 5 万民众，致使当地一时出现"无村不带孝，到处闻哭声"的凄惨局面。

日本法西斯侵略者疯狂残暴的行径并没能吓倒中国人民，相反，更激起了中国人民对日军的仇恨和反抗。解放区军民在反"扫荡"、反"清乡"的斗争中，经受了最严酷的考验和锻炼。他们应用毛泽东打人民战争、机动灵活的战略战术，机智勇敢地打击敌人，在斗争中继续壮大成长。在 1941 年至 1942 年间最困难的岁月里，解放区人口虽有压缩，但 1943 年以后又很快发展壮大了。1943 年，八路军对日伪军作战 2.4 万多次，毙伤日伪军 13.6 万多；同年，新四军对日伪军作战 5000 余次，消灭日伪军 6.6 万余人。解放区在反"扫荡"、反"清乡"、反"蚕食"的斗争中进一步巩固、扩大了。

日军在加紧对解放区进行大规模"扫荡"的同时，也不放松对蒋介石的政治诱降。东条英机一再表示愿与重庆媾和，对"重庆政权还在做无意义的抗战"表示"遗憾"。为了逼蒋"媾和"，动摇军心，日军对陪都（临时首都）重庆实施长期的战略轰炸，对人口密集地区进行野蛮轰炸，使城区不时的陷入一片火海，遇难同胞的尸体堆积如山。据统计，从 1938 年 2 月至 1943 年 8 月，在长达 5 年多的连续轰炸中，日军共出动飞机 9513 次，投弹 21593 枚，炸死重庆市民 3.6 万多，炸毁房屋 3 万余间。重庆人民

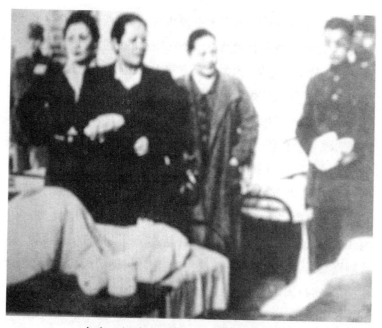

宋氏三姐妹去陆军医院慰问伤病士兵。

饱受了战争的苦难，但毫不屈服。其间，宋氏三姐妹，即宋蔼龄、宋美龄、宋庆龄都在重庆。他们经常结伴外出视，慰问难民，鼓励军民士气。日军在1942年还对国民党战场采取了一些军事行动。1941年12月至1942年1月，日军调集3个师团对长沙发动第三次进攻。国民党第九战区司令官薛岳采取诱敌深入的战术，使日军非但未能占领长沙，反倒吃了亏。第三次长沙战役以日军撤退告终。1942年5、6月间，日军为了打通浙赣线，发动了浙赣战役，金华、兰溪、衢州、上饶相继陷落。至7月初，浙赣线被敌人打通了。自此直至1943年止，整个国民党战场都做有作有力的抵抗。

　　在日本侵略者的政治诱降和军事威逼之下，大批国民党文武官员打出"曲线救国"的旗号，纷纷投敌，其中民党中央委员、候补委员有 20 人,旅以上的高级将领 58 人,投敌部队达 50万之众。这时的蒋介石当然不敢步汪精卫的后尘。同时他也聪明地看了战争的趋势。因为从双方实力来比较,盟国是必然会取胜的。自太平洋战争爆发后,英美急需中国战场来牵制日军以减轻其压力,因此增加了对中国的援助。蒋介石自认为他手中所握的牌对他十分有利,就想为日后独吞抗日胜利果实做些准备,于是掀起了第三次反共高潮。1943 年 3 月,蒋介石以自己的名义抛出了《中国之命运》一书,其实该书是陶希圣代为炮制的。蒋介石在书中声称:"中国从前的命运在外交……今后的命运则全在内政。"他诬蔑八路军、新四军为"新式军阀",抗日根据地为"新式割据",扬言要在两年内解决中国"内政",即消灭共产党,取消根据地,实行国民党"一党专政"。《中国之命运》一出笼,国民党的舆论就跟着大喊大叫,胡说什么"解散共产党"和"交出边区"

重庆遇难同胞的尸体堆积如山。

等等。蒋介石还指使胡宗南，调集数十万兵力封锁边区，不断挑衅。面对这种严峻的局面，以毛泽东为首的中国共产党沉着地领导陕甘宁边区军民，严阵以

宋氏三姐妹察看遭日军轰炸后的废墟。

待，随时准备痛击来犯的国民党军队，同时通电全国，"呼吁团结，反对内战"，得到了全国各阶层人民的广泛同情和支持，终于迫使蒋介石不敢轻举妄动。

1941年至1942年，陕甘宁边区和各抗日根据地，在日军大规模"扫荡"和国民党军队的封锁下，财政经济上发生了极大的困难。粮食、布匹、日用品和军用品普遍匮乏。在严重的困难面前，党中央和毛泽东主席领导边区军民掀起了一个轰轰烈烈的大生产运动。毛泽东提出"生产自给""自己动手，丰衣足食"的口号。在中共中央的正确领导下。边区军民的大生产运动结出了丰硕的果实，使解放区军民顺利地度过了最艰难的岁月。

与此同时，1942年中共中央在延安又掀起了一个整风运动。由于种种原因，党内存在着许多非无产阶级的思想倾向，当时突出的表现为主观主义、宗派主义和党八股的不良倾向。延安整风是一次普遍的马列主义教育运动。在整风期间，毛泽东同志发表了《整顿党的作风》《反对党八股》等报告，对马克思主义的建党学说的发展做出了重要的贡献。这次整风运动提高了全党的马列主义水平，使全党达到了前所未有的思想统一，大大增强

了党的战斗力,从而使党能更好地领导人民战胜一切艰难困苦,坚持抗战,直到最后胜利。

1943年之后,反法西斯盟军在东西各个战场上取得节节胜利,形势急转直下,胜利的曙光显现。中国共产党领导的各个抗日根据地开始局部反攻。在日本必败的形势下,战后的中国建立一个什么样的国家的问题摆在全国人民的面前了。蒋介石坚持"军令政令统一","坚持一党专政,坚持独裁统治"。以中共为代表的进步势力,坚持要求把战后的中国推向和平、民主、统一、独立的道路。中共提出,战后要成立民主联合政府,取消一党专制的政府。成立民主联合政府的主张,得到全国人民和各民主党派的热烈拥护和支持。

美国政府担心,中国内部分裂会削弱抗日实力。他们深知要最终击败日军,特别是打垮日本陆军,势必要依赖中国战场和中国抗战,因为美国和英国不可能调派几百万陆军到远东战场来。以中国战区参谋长(蒋介石任中国战区最高统帅)兼美国总统代表、驻华美军司令史迪威和美国驻华使馆外交官谢伟思为代表的一部分军政官员,目睹国民党军政的专制、腐败、无能,切身感受到中共及其领导的军队是一支强大的军事、政治力量。在罗斯福总统的支持下,他们对蒋介石的反共行为采取过一些抑制的态度。1944年7月,美国派鲍瑞德上校为首的一个美国军观察小组到延安访问,受到中共领导人的热情接待。但不久,美国政府对华政策改变了航向,转向逐渐支持蒋介石反共。

（二）亚洲各国人民的抗日斗争

朝鲜 朝鲜人民受日本奴役最早，时间最长。中日甲午战争以后，日本把朝鲜变成了它的保护国；日俄战争后，日本进一步把俄国势力赶出朝鲜，由日本"统监"直接统治朝鲜；1910年日本又强迫朝鲜签订"日韩合邦条约"，干脆把朝鲜吞并了。日本帝国主义侵占朝鲜后，朝鲜人民就开始争取民族独立的斗争。1931年九一八事变后，朝鲜人民抗日斗争进入了武装斗争的新时期。1932年4月25日，金日成将军领导的朝鲜第一支人民武装力量——抗日游击队诞生了。它在中朝边境地区广泛出击，袭击日军。1934年3月，金日成又在日益扩大的游击队基础上创建了朝鲜人民革命军，自此与中国共产党领导的东北抗日联军进一步合作，并肩战斗，生死与共。

为了更广泛地动员朝鲜各阶层人民投入抗日斗争，1936年5月，朝鲜抗日民族统一战线组织"祖国光复会"成立，金日成被推选为会长。"祖国光复会"发表"抗日救国十大纲领"，号召朝鲜人民实现广泛的抗日统一战线，为争取民族独立而战。"祖国光复会"一成立，马上得到了朝鲜人民的广泛响应，一下子就有20多万人参加。在广泛开展游击活动和在群众中创建祖国光复会的过程中，金日成领导创建了新型的长白山根据地。

1937年6月4日，金日成率领朝鲜人民革命军从长白山出发，突破鸭绿江，奇袭咸镜南道日军战略要地普天堡，捣毁敌伪机关，控制市区，敌人惊慌逃窜。人民革命军战士广泛散发"祖国光复会十大纲领""告朝鲜人民书"。金日成还对当地朝鲜民众发表演说,号召朝鲜人民奋起反抗日本侵略者。第二天,朝鲜人民革命军带着战利品胜利返回根据地。1938年1月,金日成召开会议,决定把人民革命军编为三个方面军,分散活动,向朝鲜境内出击。1940年8月,金日成又召开人民革命军党政军干部会议,决定把军队化整为零,编成几十个小部队和小组,深入各地,开展斗争。

朝鲜人民在坚持武装斗争的同时,也展开各种形式的抗日斗争。罢工、怠工和破坏设备是经常采用的斗争形式。1940年1月至8月,罢工623次,参加人数达4.9万人。1942年3月,济洲岛空军基地400名朝鲜工人举行暴动,烧毁敌机70架、油库2个,杀死日军142名,沉重打击了日本侵略者。

太平洋战争爆发后,日寇加紧对中国东北和朝鲜各地军事"清剿"。朝鲜人民革命军在金日成的领导下,克服重重艰难险阻,坚持抗战,直到日本侵略者投降。

越南 越南原是法国殖民地。由于法国殖民当局同日本妥协,致使日本于1940年9月很快地侵占了印度支那北部,1941年7月又侵占印支南部。从此,越南人民身受日、法两个帝国主义的双重统治和压榨。1940年9月27日,谅山省北山人民在当地共产党领导下首先爆发了抗法驱日的武装起义。1940年11月,印度支那共产党决定建立"印度支那反对法、日法西斯民族统一阵线",确定了举行武装起义、夺取政权的计划。1941年5月,在胡志明领导下,印支共产党决定把"反对法、日法西斯民族统一阵线"改称"越南独立同盟"(简称越盟),由共产党领导的16个越南救国会组成。同年10月,越盟发表宣言、纲领,明确宣布越盟的目标是反对法、日帝国主义,争取民族完全独立,建立民主共和国政府。

在越盟宣言和纲领的指引下，越南驱法抗日的运动蓬勃发展，武装斗争也迅速扩展，救国军在印支北部首先建立了高平和北山——武崖根据地。1943年8月，越盟的救国军把高平省根据地和北山——武崖根据地连成一片，为以后解放区的诞生创造了条件。随着盟军的节节胜利，1944年8月，印支共产党发出了"准备武器，赶走共同敌人"的号召。越南人民的抗日斗争即将进入最后阶段。

泰国 日军于1941年12月侵占泰国后就扶植披汶·颂堪的卖国政府，妄想把泰国变成其侵略东南亚的一个桥头堡。泰国民族的抗日斗争分两股势力进行。以摄政王比里·帕依荣为首的"自由泰国"运动代表民族资产阶级势力，以泰国共产党为领导的"抗日义勇队"体现工农大众的抗日要求和精神。

比里·帕依荣作为当时的摄政王，反对披汶·颂堪加入"轴心国"，拒绝在向英美的宣战书上签字，转而领导"自由泰国"运动，积极和英美盟军联系、合作，并准备组织反对日本侵略者的武装起义。参加"自由泰国"运动的约有5万人，主要是爱国将领、政府官员、中下级公务员和知识分子。国外的"自由泰国"成员组织对泰国的广播宣传，培训谍报人员。英美出自各自的打算，都支持"自由泰国"运动。

泰国共产党人在极端艰苦的条件下秘密组织了"抗日义勇队"。创办地下报纸，宣传抗日。1942年泰国共产党正式宣布成立，颁布十大纲领，高举起争取民族独立和民主革命的大旗。鉴于当时泰国人民抗日斗争处于低潮，泰共只能从做群众工作入手，以经济斗争为手段组织广大工人怠工、罢工和破坏日军的军需品生产。创造了一定条件后，泰共先在曼谷等地组织一些工会团体，积聚力量，迎接抗日斗争新高潮的到来。

缅甸 日军占领仰光后，缅甸共产党人就在缅北组织游击战，并先后在缅甸中部、西部和南部建抗日根据地。1943年初，缅共召开第一次代表大会，确定当前的首要任务是抵抗日本侵略者，争取民族独立。为此，缅共积极争取和民族资产阶级合作。1943年8月1日，日本侵略者玩弄新花招，让巴莫出任国家"元首"，妄想用缅甸人来做其代理人。爱国将领昂山和缅共领导人德钦丹东出于策略上考虑，也参加了巴莫政府。昂山任国防部长，德钦丹东任农业部长。1944年8月，在共产党的创议下，缅甸正式成立了"反法西斯人民自由同盟"，昂山将军任同盟主席，德钦丹东任总书记。"自由同盟"是广泛的反法西斯统一战线组织，入盟的成员达20多万人，其中武装人员就有5万人。由10人组成"自由同盟"最高委员会，下辖缅甸革命军，由奈温任总司令。"自由同盟"成立后，缅甸的抗日斗争具有更广泛的群众基础，很快把抗日斗争推向了新高潮。

马来亚 日军入侵马来亚后，马来亚共产党就号召并组织各民族、各党派进行广泛合作，组成抗日民族统一战线，武装保卫马来亚。英国殖民当局出于自身利益的需要，承认马共的合法地位，释放被监禁的共产党人，接受马共关于共同抗日的主张。日军全面侵占马来亚后，在马共倡议下，分散各地的游击队联合组成统一的马来亚人民抗日军，人数达7000多。从1942年2月新加坡沦陷后至1943年春，抗日军进行20多次战斗，歼敌600余人。

在抗日斗争中，马共坚持民族统一战线政策，团结马来人、华人和印度人三大民族共同斗争。华人是马来亚抗日的一支重要力量。日本帝国主义发动侵华战争后，广大马来亚华侨积极捐款捐物，支援祖国抗日。日军侵占马来亚后，华侨又拿起武器，参加抗日游击队。马来亚抗日军的大部分成员是华人,其中"星洲华侨义勇军"全部由华侨组成。华侨在马来亚抗日斗争中起了重要作用。

印度尼西亚 日军侵占印度尼西亚后,为了最大限度地掠夺印尼丰富的资源以供侵略战争之用,把印尼分割成三部分,置于 3 个军政府直接控制之下。爪哇、马都拉归日陆军第 16 军管辖,苏门答腊归日陆军第 25 军管辖,荷属婆罗洲和东印尼各岛归日海军南方舰队管辖。为了加速其殖民统治,日军当局推行"三亚运动",鼓吹日本是"亚洲的灯塔,亚洲的领导者,亚洲的保护者"。日本一面疯狂掠夺印尼的丰富资源,奴役印尼人民,成立"保卫祖国军""兵补"等军事性和半军事性组织,驱使印尼青年为日本侵略战争当炮灰;另一面又伪装同情印尼人民,声称将"给予印尼自治"。印尼的民族资产阶级领导人物长期受荷兰殖民统治者的压迫,许多人长期被监禁或流放。太平洋战争爆发后,他们中的一些代表人物,如苏加诺、哈达等幻想依靠日本人来实现印尼的民族独立。日本侵略者也竭力利用印尼这批有影响的政治活动家来欺骗印尼人民,维护其殖民统治。1943 年 8 月,日本占领当局终止"三亚运动",代之以一个"民众权力中心"的政治组织,苏加诺、哈达等都参加了这一组织。后来日本当局发现"民众权力中心"有民族独立倾向,就于 1944 年 3 月解散了该组织。苏加诺等人又组织了"特别先锋队",继续从事日本人所允许的争取印尼独立活动。

在苏加诺等人进行"合法"的争取民族独立的同时,印尼共产党领导下的民众爱国组织正在进行地下的抗日斗争。印尼共产党著名的领导人沙利佛丁,亲自领导印尼最大的一个抗日地下组织,活跃于中爪哇、东爪哇一带。抗日地下组织一直渗透到了农村,乃至"保卫祖国军""兵补"内部。农村不断发生夺回土地的斗争,"保卫祖国军"也爆发起义。由于叛徒出卖,1943年11月,沙利佛丁等53位抗日志士不幸被捕。其中4人英勇就义,沙利佛丁在苏加诺等人的大力营救下,幸免于难,但一直被监禁狱中,直到第二次世界大战结束才获释出狱。印尼共产党中央主要领导人遭逮捕后,中央领导处于瘫痪状态,但基层组织的党员在极其艰苦的条件下坚持斗争,争取抗日胜利的到来。由于上述原因,苏加诺、哈达等人的"合法斗争"在群众中有较大影响,而印尼共领导的抗日斗争显得软弱无力。

菲律宾 日本占领菲律宾后就物色菲奸,组成了以前国防部长霍尔赫·巴尔加斯为首的"执政委员会",推行法西斯统治。菲律宾大地主资产阶级的原统治集团,一部分随麦克阿瑟逃往澳大利亚后转赴美国,一部分则参加了日本人的傀儡政权"执政委员会"。除原国防部长外,其他高级官员还有原司法部长劳雷尔、马尼拉市长瓦尔加斯等。1943年劳雷尔出任菲律宾"独立"后的伪总统。

1940年成立的菲律宾共产党担负起了领导民族抗战的重任。1942年2月,在菲共的倡议下,菲律宾各反法西斯团体建立了抗日民族统一战线。同年3月,菲共领导的一支游击队打响了抗日武装斗争的第一枪。不久,菲律宾人民抗日军宣告成立。到1942年底,这支抗日武装很快发展到42个支队,共5000人;1944年秋,人民抗日军发展到1万人,在日军崩溃的前夕又迅速扩展到10万人。在整个抗日期间,人民抗日军作战1200余次,歼敌伪军2.5万余人。

旅居菲律宾的广大华侨也积极参加菲律宾的抗日斗争。在菲人民抗日军的统一指挥下,旅菲华侨组成一支称之为"四八支队"的抗日游击队。所以起名"四八支队"，是出于对中国共产党领导的抗日武装新四军和八路军的尊敬。"四八"支队在菲律宾人民的抗日斗争的事业中做出了自己的贡献。

（三）欧洲人民的反法西斯斗争

南斯拉夫　希特勒诱迫南斯拉夫首相茨维特科维奇加入德、日、意法西斯三国同盟条约后，南斯拉夫人民群众就奋起反抗，高呼："宁死不做奴隶！""打倒签订协定的卖国贼！"在人民反法西斯情绪高涨的情势下，空军司令西莫维奇于 1941 年 3 月 26 日发动政变，逮捕了茨维特科维奇一伙，组织了新政府。希特勒的计划落空，遂于 1941 年 4 月 6 日伙同墨索里尼大举入侵南斯拉夫。4 月 10 日，纳粹摩托化部队开进萨格拉布市这天，南共中央就在该市秘密举行会议，决定建立军委会，准备武装起义。6 月 27 日，铁托被选为南斯拉夫人民解放游击队总司令。7 月 7 日，塞尔维亚打响了武装起义的第一枪，接着武装起义席卷全国，并在塞尔维亚西部山区乌日策创建了南斯拉夫第一个解放区，游击队总司令部就设在该地。

在以铁托为首的南共中央的领导下，由于政策对头，组织工作出色，南斯拉夫反法西斯游击队在斗争中迅速壮大。到 1941 年底，游击队已发展到 8 万人，解放了不少

1942 年 8 月的铁托。

地方和城市。1943 年秋,武装人员已发展到 30 万人,解放了全国 2/3 的国土。1942 年12 月,游击队正式改称南斯拉夫人民解放军 1943 年 11 月,铁托被授予元帅称号。

南斯拉夫人民解放军在四年的战斗中不但解放大部分国土,而且牵制了大量德、意法西斯兵力。1941 年德、意在南斯拉夫的驻军是 51 万人,1942 年底增加到 66 万人,1943 年意大利投降前,兵力又增至 70 万人。在整个民族解放战争中,南斯拉夫人民解放军经历了无数次战斗,粉碎了敌人 7 次大规模的围剿,最高峰时敌人出动数十万兵力。南斯拉夫人民解放军英勇善战,总计歼敌 45 万人。到 1945 年纳粹军队崩溃的前夕,南斯拉夫人民解放军已发展、壮大到 80 万人,主要依靠自己的力量解放自己的国土。

南斯拉夫人民是欧洲人民反法西斯斗争的一面光辉旗帜。在反法西斯的事业中,南斯拉夫人民献出了 170 万人的生命,其中有 5 万南共党员为国捐躯。南斯拉夫人民的光辉斗争在战时就获得反法西斯同盟国的承认和援助。

阿尔巴尼亚 总人口不过百万的阿尔巴尼亚,在反法西斯的战争中也做出了重大的贡献。1939 年 4 月意大利法西斯侵占阿尔巴尼亚后,阿尔巴尼亚人民就起来反抗斗争。1941 年 11 月,阿尔巴尼亚共产党成立,以霍查为首的临时中央一开始就注重武装斗争,提出"消灭法西斯! 自由属于人民!"的战斗口号。1941 年底,阿尔巴尼亚各地出现游击队,广泛出击,破坏敌人的军事、交通、通讯设施。1942 年 9 月,在共产党倡议下,阿尔巴尼亚成立了"民族解放阵线"。1943 年 7 月,阿尔巴尼亚民族解放军总司令部成立。这时阿尔巴尼亚已拥有 20 多个游击营,抗击着 10 万意大利法西斯军队。

1943年7月墨索里尼倒台以后，德国法西斯又接踵而来，阿尔巴尼亚民族解放战争又进入一个更为艰苦的阶段。德军入侵阿尔巴尼亚的兵力达7万之众。拥有现代化武器装备的纳粹军队不断向解放区发动大规模的扫荡。阿尔巴尼亚军民在食不果腹、衣不蔽体的艰苦条件下，一次次粉碎敌人的进攻，并解放了大片国土。1944年秋，全国有2/3的国土已被解放；1944年11月，解放首都地拉那。在整个民族解放战争中，阿尔巴尼亚军民歼灭德意敌军约7万人。

法国　巴黎沦陷后，戴高乐出奔伦敦，组织"自由法国"运动，在海外举起抗击法西斯德国的旗帜，1942年7月，"自由法国"改称"战斗法国"。"法兰西民族委员会"是当时"战斗法国"的临时行政机构。为了加强和统一领导法国本土的抵抗运动，戴高乐派让·穆兰回国，"统一那里抵抗组织的行动"。让·穆兰具有卓越的组织才能和坚强的意志，是一个著名的反法西斯战士。在"一个战斗，一个领袖"的口号下，让·穆兰逐渐把法国南部维希卖国政府辖区和北部沦陷区的各种反法西斯抵抗组织统一到戴高乐"战斗法国"的行列中去。

在法国本土的抵抗组织中，力量最大的是法共领导的人民抵抗运动。法共走在法国人民反法西斯斗争的最前列，纳粹军队入侵法国后，法共就组织城乡劳动人民进行各种形式的斗争。1941年5月间，法共组织10万矿工大罢工，坚持斗争3个星期。从这批矿工中，法共组织了国内最早的一支"游击队员"和"自由射手"。同年5月15日，法共发表建立民族解放阵线的宣言，号召各个抵抗组织团结起来，建立反法西斯统一战线。

1943年5月27日，法国共产党、社会党、激进党等16个政党团体成立了法国国内统一的"全国抵抗运动委员会"，推选让·

穆兰担任第一任主席。1944年3月，各党派的抵抗组织的武装力量统一编为"内地军"，由抵抗运动委员会领导。大家公认戴高乐是法国抵抗运动的灵魂。1944年6月6日盟军在诺曼底登陆后，法国"内地军"迅猛发展壮大，没有几天工夫，内地军一下子成了一支拥有50万人的战斗队伍了。这支队伍在最后击溃法西斯军队和解放全法国的过程中起了巨大作用。

希腊 1941年4月德国侵略者占领希腊以后，希腊各地城头都挂起了令人切齿的卐旗。5月31日深夜，两名希腊爱国青年冒着生命危险扯下了卫城的一面纳粹旗帜，升起希腊国旗。这一英勇的举动成了希腊人民反抗法西斯侵略的战斗信号。从此，希腊人民纷纷组织游击队，到处袭击侵略军。

1941年9月27日，在希腊共产党的倡议下，希腊民族解放阵线宣告成立，参加的有共产党、统一社会党、农业党、激进党等组织。在解放阵线的统一领导下，各种抵抗组织的武装力量统一组成全国人民解放军。至1943年，人民解放军已发展到7万人。在整个战争期间，希腊人民解放军牵制了30万人的法西斯正规军，击毙近两万名德军，俘敌5000多人。至1943年夏，已有2/3的国土得到解放。由于希腊人民解放军在全国广泛发动攻击，德军被迫从西西里抽调3个师增援希腊驻军，从而削弱了西西里岛的防御，有力地支援了英美盟军在西西里岛的登陆作战。与人民解放军并存的尚有其他几股势力的武装力量，但其影响远远不及人民解放军。

1944年3月，希腊民族解放阵线成立了民族解放政治委员会，行使临时政府的职能，希共在其中起着举足轻重的作用。英国为了能在战后恢复它在希腊的势力，经多方策划，1944年9月在意大利的卡塞塔举行了一次统一希腊武装力量的会议，确

定所有希腊的武装力量统一服从所谓民族团结政府的命令,而
希腊政府又把所有武装部队交给英国中将罗·斯科比指挥。从此
希腊人民解放军失去了独立作战的权利和自由，这不能不说是
一大失策。

希腊民族解放阵线在组织武装斗争的同时，又组织大规模
的罢工、示威等活动来打击侵略者。如,1943 年 3 月和 7 月,雅
典曾爆发 20 万人和 30 万人的示威游行，并一度占领劳动部大
厦。希腊人民的斗争沉重打击了敌人,为欧洲反法西斯战争做出
了自己的贡献。

波兰 德国法西斯侵占波兰后实施"从人种上对波兰人进
行淘汰"的残酷政策,疯狂地迫害和屠杀波兰人,其中犹太人的
命运最为悲惨。纳粹匪徒在波兰设置犹太人区,妄图灭绝犹太人
种。他们还在波兰各地设立 280 个各类集中营,使用毒气消灭人
体的办法大批屠杀波兰人。华沙西南方的奥斯威辛集中营,有一
个时期,每天约 1 万人被送进毒气室。估计有 300 万来自欧洲各
国的无辜人民在奥斯威辛被毒死。大战期间,总人口为 3500 万
的波兰人,有 530 万人被法西斯杀害,250 万人被送往德国当苦
力。由此可见波兰人民在二次大战期间所承受的灾难之深重了。
但是,波兰人民没有被吓倒,更不甘心当亡国奴,他们选择了反
抗德寇、拯救祖国的道路。国土沦亡后,各种抵抗运动的组织纷
纷建立,其中具有一定规模的组织就有 50 多个。被击溃后的波
兰国家军队的残部,许多官兵也先后加入抵抗运动组织,其中多
布让斯基少校领导的一支游击队曾给法西斯占领军以沉重的
打击。

1939 年 9 月初弃国土出亡的波兰政府,于 9 月底在巴黎组
成流亡政府,次年迁往伦敦。1941 年,流亡政府在国内组织"武

装斗争联盟",1942年改称"地下军"。1941年7月底,苏联与波兰流亡政府建立外交关系,并签订"互助协定"。按协定,苏联同意波兰在苏国土建立一支波兰军队,招募到7.5万人。这支波兰军由安德斯指挥,后来离开苏联,与盟军联合作战,参加过意大利战役等,人数扩大到15万人左右。另外,一批居留在苏联的波兰爱国人士,以共产党人为骨干,在苏联组成"波兰爱国者"同盟。这个同盟建立了一个波兰志愿军师团,后来以此为核心扩大成一支约10万人的波兰军队,归苏军统一指挥,在苏德战场上参加了对德作战。

在波兰国内,经前波兰共产党人的努力,1942年初,波兰工人党宣告建立。工人党一成立,就立即组织人民近卫军,大力开展游击战争,四处袭击德国法西斯占领者。1943年已有80支人民近卫军战斗在波兰领土上。这年,近卫军进行大小战斗约200次,歼灭德军1300多人。同年4月,华沙犹太区爆发起义,德国党卫军出动坦克、飞机和大炮进行残酷镇压。后终因力量悬殊,起义失败,大部分起义者英勇就义。

1944年,在盟军节节胜利的形势下,波兰流亡政府及其地下军决定在首都华沙发动武装起义。8月1日,起义者开始袭击占领者,起义队伍很快扩大到5万人。德军进行残酷的镇压。起义者坚持街垒战63天,最终因双方力量对比过于悬殊而告失败。在这次华沙起义中,波兰人民又牺牲了20万人,许多共产党人和人民近卫军的领导人也为国捐躯。华沙人民这一壮烈行动在欧洲人民反法西斯的战争中写下了悲壮的一页。

欧洲人民反法西斯的斗争不仅在上述诸国蓬勃展开,在其他各国也都纷纷展开。例如1943年2月,挪威人民破坏了当时德国法西斯设在该国的用来制造原子弹的重水厂,一年后又破坏了德寇把重水运往德国的计划。捷克斯洛伐克人民在反法西斯斗争中涌现出了尤利乌斯·伏契克这样一位反法西斯英雄。尤·伏契克给人类留下了一份无价的精神财富——《绞刑架下的报告》。其他如罗马尼亚、保加利亚、荷兰、比利时、德国、意大利等国的人民，都在反法西斯的斗争中做出了不朽的贡献。

纳粹集中营中的犹太人。

十一 盟国关于战后世界的安排

(一)苏美英三国莫斯科外长会议

第二次世界大战，在经历了最黑暗、最迷乱的岁月之后，1943 年，同盟国迎来了胜利的曙光。其标志是非洲战场上阿拉曼战役的胜利、盟军在北非登陆成功并把轴心国部队逐出非洲、盟军攻占西西里岛、墨索里尼垮台、美军在太平洋战场上取得中途岛海战和瓜达尔卡纳尔之战的胜利，特别是苏军在斯大林格勒取得了伟大的胜利。以上这一些胜利构成了第二次世界大战的转折。

但是，当胜利临近之时，盟国间的猜忌和不信任的潜在危机也日益显露出来了。丘吉尔很坦率地说："一场由盟国所进行的战争，愈是接近胜利，战争的政治方面就愈加突出。"他进一步解释说："从此以后，日益临近的胜利所提出的问题，其复杂性比起最严重的战争危险来是有过之而无不及。"作为资产阶级政治家的丘吉尔，其信条之一就是实用主义。当大英帝国面对希特勒的疯狂扩张而岌岌可危之机，他曾低三下四地竭力争取同美国结盟，并谋求同苏联结盟。而一旦胜利在望，丘吉尔担心苏联将变得过分强大，也担心美国将取英帝国而代之。他在考虑如何保持战后欧洲的均势问题。

关于战后世界的安排问题,罗斯福比丘吉尔考虑得还要早。第二次世界大战刚全面爆发、美国尚未参战之时,1939 年 12 月 27 日,罗斯福就指令赫尔建立一个"和平与改造问题委员会",专门筹划、研究战后世界的安排与"改造"问题。罗斯福战时的外交政策明显地具有两重性,即在反对法西斯侵略扩张的同时,罗斯福又追求战后美国的霸权地位。他对英国的政策亦是如此。一方面,出于美国自身利益的考虑,援助英国抗击希特勒;另一方面,又觊觎着大英帝国的遗产。他曾坦率地说:"就纳粹主义来说是可憎的, 而我们的天然利益以及我们的潜在利益是要与英国合作。可是事情还有另一方面。我们应该一开头就对英国讲清楚,我们不愿意做一个老好人,被利用来帮助英帝国摆脱危机,而事后又被忘记得一干二净。"他进一步扬言说:"我可以以美国总统的身份告诉他(丘吉尔)说,美国帮助英国绝不是单单为了它能继续残暴地欺压殖民地人民。"罗斯福这话的弦外之音就是要在战后取英国而代之,成为战后第一个强大的霸权国家。丘吉尔心里当然也明白,因此时时警惕着。

美国参战后,在苏美英三国首脑之间,罗斯福扮演着超然于英苏之上的仲裁人的角色,"而美国的实力和政策也往往有利于缓和或延缓斯大林同丘吉尔之间的冲突"。罗斯福本人直截了当地说:"确保我们继续充当俄国与英国之间的仲裁者的角色,是目前我们最大的任务,也将是我们明天的最大任务。"正是怀着这种意图,罗斯福在与丘吉尔个人之间建立了密切关系的同时,又想甩开丘吉尔,单独与斯大林会晤。早在 1942 年 2 月间,罗斯福通过私人代表哈里曼向苏联透露了这一想法。苏方暗示白令海峡可做合宜的会晤地点,以便把丘吉尔甩掉。罗斯福还就此事向丘吉尔打招呼说:"我知道你不会介意我冒昧直率地告诉你,我个人能比你的外交部和我的国务院更好地应付斯大林……"这次会晤虽因故未能举行,但罗斯福的意图也看得很清楚了。

1943年夏秋,第二次世界大战的形势进一步发生了有利于盟国的转折,罗斯福就更迫切地希望同斯大林会晤。1943年5月5日,他致函斯大林说,我们两人都不带参谋人员,"您和我可以非常不拘形式地交谈,进行我们的谈心"。罗斯福把会晤的地点仍选在白令海峡苏美边界地区。

丘吉尔不甘心被排除在苏美首脑会谈之外,8月7日,他以英国政府的名义向斯大林发去一信,说首相希望举行三国政府首脑会谈。斯大林原则同意,但建议先举行三国的负责代表的会议,为首脑会议做准备。罗斯福、丘吉尔表示同意,苏美英三国外长会议就这样定下来了。

1943年10月19日至30日,莫洛托夫、赫尔、艾登在莫斯科举行外长会议,实际是三国首脑的预备会议。会议首先就在欧洲开辟第二战场问题交换意见。苏联认为,尽早在欧洲开辟第二战场是缩短战争最有效的措施。英美原则上同意于1944年春在法国北部开辟第二战场。

英美所特别关心的是如何处置战后欧洲问题,因此就如何处置德国、奥地利、意大利问题交换了各自的看法。会议决定在伦敦成立欧洲咨询委员会,具体研究、处理战后的欧洲问题。

莫斯科三国外长会议通过了四项宣言,其中包括有中国政府代表签字的"关于普遍安全的宣言"(亦称"四国宣言")。中国作为四大同盟国之一的国际地位,在这次三国外长会议上得到了确认。这与美国的努力是分不开的。赫尔说:"不能把中国从四国宣言中删去。我的政府认为,中国已经在世界范围内作为四大国之一进行战争……"莫洛托夫表示理解,后来中国驻苏大使傅秉常受权与三国外长一起在宣言上签了字。四国宣言为后来的联合国确定了一些基本原则。三国外长会议为三国首脑会议做了较充分的准备。10月30日会议结束时,斯大林明确表示,在同盟国打败德国以后,苏联将参加对日作战。

(二)《开罗宣言》发表

苏美英三国首脑会议的地点是通过罗斯福与斯大林的多次函电往来商定的。斯大林坚持三巨头会议在伊朗首都德黑兰举行,理由是他要亲自指挥红军作战,不能离国境太远。另外,伊朗当时驻有苏、美、英三国军队,安全有保障。罗斯福有求于苏联,最后同意以德黑兰为举行会议的地点。丘吉尔想在三国首脑会晤之前先和罗斯福个别交换一下意见,以便争取罗斯福理解并支持他的一些设想。罗斯福不太乐意先单独会晤丘吉尔,后来虽勉强同意,但坚持要蒋介石参加,并希望莫洛托夫代表斯大林参加,变成四国会议。会议在开罗召开。苏联获悉蒋介石参加开罗会晤,就拒绝参加。因为这时苏联因新疆等问题和中国政府发生了争执。

罗斯福所以热衷于把蒋介石拉到四强首脑的位置上来,自有他的打算。一方面,罗斯福想压蒋介石让出中国东北的某些权益给苏联,以换取苏联出兵对日作战;另一方面通过开罗会议让中国获得四大国之一的地位,既可稳住蒋介石的抗战,又可使中国在以后的联合国组织中成为美国的有力支柱。丘吉尔对把蒋介石抬高到四大国首脑位置的建议反应冷淡,但最终还是同意在开罗举行中、美、英三国首脑会议。

1943 年 11 月 22 日至 26日，罗斯福、丘吉尔和蒋介石及其幕僚在开罗举行会议，会议讨论的主题是中国问题及三国联合对日作战问题。宋美龄以第一夫人和秘书身份随蒋介石出席开罗会议。并亲自为蒋翻译，周旋于罗斯福、丘吉尔之间。

宋美龄身材修长，头发乌黑，皮肤细白。在开罗会议期间，她身着黑色旗袍，外披一件精美的白色短衫，雍容优雅，光彩夺目。她不仅仅是蒋介石的秘书、翻译，更是顾问、

1943 年宋美龄访美期间的言行，唤起了美国政府和美国人民对中国人民抗战事业的理解和支持，征服了美国朝野。美国《时代》杂志特地把她作为封面人物。

参谋。她善于交际，精于使用软实力，是个外交高手。有人说，她是蒋介石与"西方人交涉的嘴巴与耳朵"。就是她随丈夫赴开罗前几个月，她代表蒋介石出访美国。罗斯福总统把她待为上宾，邀她住白宫。后她又应参众两院邀请，在美国国会发表演说。这次演说把整个美国打动了。在她丈夫的事业和她的国家民族最危难的时候，她暴发出生命中最灿烂、最辉煌的光华。此次访美，历时 7 个月。她访美时期的言行，唤起了美国政府和美国人民对中国抗战事业的理解和支持，征服了大洋彼岸长期袖手旁观的山姆大叔，为艰难抗战中的中国赢得了大笔宝贵的援助。在开罗

会议期间,她又协助丈夫争取罗斯福、丘吉尔支持,要求把日本侵占的中国东北、台湾、澎湖群岛归还中国。事后,丘吉尔对罗斯福说:"这位中国女人可不是个弱者。"

开罗会议做出了三国联合在滇缅路发动对日作战的决定,以打通滇缅公路,增加盟国对华援助,使中国战区发挥更大作用,加速击败日本。会议还讨论了战后处置日本的原则,三国首脑签署了《开罗宣言》。这份宣言被带到德黑兰,征得斯大林同意后于1943年12月1日向世界公布。宣言说:"我三大盟国此次进行战争之目的,在于制止及惩罚日本之侵略。三国决不为自身图利,亦无拓展领土之意。三国之宗旨在剥夺日本自1914年第一次世界大战开始以后在太平洋所夺得的或占领之一切岛屿,在使日本所窃取于中国之领土,例如满洲、台湾、澎湖群岛等,归还中国。"(钓鱼岛亦是日本窃取中国之领土)。并"决定在相当期间,使朝鲜自由独立"。最后三国明确宣布,"将坚持进行为获得日本无条件投降所必要之重大的长期作战"。

《开罗宣言》是战后处置日本问题的重要法律依据。中国人

罗斯福、丘吉尔、蒋介石和宋美龄在开罗会议上。

民收复失地并取得相应的国际地位，是中国人民八年抗战争取得来的，是理所当然的。但罗斯福认为这是他的"恩赐"，欲以此换取蒋介石对他的效忠，并要蒋介石同意把大连作为国际自由港等。蒋介石因在自己的头上戴上了一顶"四强首脑"之一的桂冠，有些飘飘然了。他不但同意罗斯福的要求，而且多少有些感激。临别时，蒋介石通过宋美龄给罗斯福写了封告别信。宋美龄在信上说："……委员长要我再次转告你，他对你已经和正在为中国所做的是多么的赞赏……他希望你把他视为是一个可信赖的朋友。"罗斯福在和蒋介石做了一笔交易后，于11月27日就和丘吉尔飞赴德黑兰，去和斯大林举行苏、美、英三巨头会议了。

（三）德黑兰会议

德黑兰是当时近东的一个国际间谍中心。盟国情报人员已获悉纳粹间谍妄想破坏苏美英三巨头会议，出于安全的考虑，建议三国首脑分别下榻在各自的使馆内。而三国的大使馆都是由各自的武装部队守卫的。苏联和英国的大使馆相距不远，但美国使馆离得很远，来回开会，途中很不安全。于是，斯大林邀请罗斯福一行搬到苏联使馆大院来住，让出单独的一座楼房供美国客人用。罗斯福欣然接受，第二天，11月28日就搬进苏联大使馆。

德黑兰会议从11月28日至12月1日，开了四天。这是苏美英三国首脑在战时的第一次会晤。11月28日下午，斯大林从自己的住地走到罗斯福的别墅，做礼节性的会晤。在谈话中，罗斯福向斯大林通报了他与蒋介石会晤的情况；斯大林认为"中国人的仗打得很糟"，"这是中国领导人的过错"。接着，他们又谈了戴高乐问题，斯大林认为，"戴高乐的政治活动是非常不现实的"，他的"运动同实体上的法国没有联系"。斯大林说，战后"法国不应当再回到印度支那，法国必须为他们同德国的罪恶合作付出代价"。罗斯福说，"他百分之百地同意斯大林元帅的意见"，并说他"曾同蒋介石讨论过在印度支那实行托管制度的可能性"。最后，苏美首脑又谈及印度问题。罗斯福说，"最好不要同丘吉尔先生讨论印度问题，因为丘吉尔先生对那个问题没有解决办法"。斯大林表示同意，认为"这是一个触及英国人痛处的问题"。罗斯福说，"将来有一天他想同斯大林元帅商谈印度问题……"两人谈了半个多小时，丘吉尔一行来了，遂正式举行第一次会议。四天的首脑会议，主要讨论了以下几个重大问题。

1. 会议首先就加速击溃德国法西斯、尽快开辟欧洲第二战场（所谓"霸王"作战计划）问题进行了讨论。在这个问题上再次暴露了盟国间的严重分歧。丘吉尔竭力兜售他的"柔软的下腹部"战略，要求把重点放在地中海战役上，想通过这一战役从意大利切入巴尔干，以抢在苏联红军之前，使西方盟军先攻占巴尔

斯大林、罗斯福、丘吉尔在德黑兰会议上。

干,从而阻止苏军进入中欧、西欧。他说:"放弃攻占罗马,意味着我们的失败,我将无法向议会对此做出解释。"斯大林坚持认为,在意大利方面作战,对德国威胁不大,也不会太大地减轻苏军的负担,因巴尔干离德国心脏很远,最有效的办法是从法国攻入德国本土,这对德国威胁最大。斯大林的战略思想应该说是正确的。罗斯福出于美国的全球战略利益考虑,主张第二战场的开辟"应在 1944 年 5 月 1 日左右付诸实施"。他说,"我是不想推迟霸王战役的"。罗斯福对丘吉尔的用意看得很清楚,他私下说:"当丘吉尔为他入侵巴尔干的主张辩护时,房间里每个人都明白他的真正用意何在。大家都知道,他迫切想攻入中欧,使红军无法进入奥地利和罗马尼亚,假如可能的话,甚至匈牙利也不让红军进入。斯大林明白这一点,我明白这一点,每个人都明白这一点……"丘吉尔看到自己的主张不可能被盟友接受,就做了妥协。最后,三国首脑决定,"霸王战役"将于 1944 年 5 月实施。这是德黑兰会议取得的最令人鼓舞的成果。

2. 就战后如何处置德国问题,三国首脑交换了意见,从中也暴露了三大盟国间的分歧。罗斯福主张战后把德国分割成五个部分,"分别实行自治","要使德国人忘掉'帝国'这个概念",因为一个强大的德国会把世界再次拖入战争。丘吉尔认为"普鲁士是发动战争的祸害,应予严惩,但对其余部分应宽容些"。斯大林认为,"要分割德国,那就应当是真正的分割",他不认为"德国人之间有什么不同"。最后,三国首脑决定,由欧洲咨询委员会再进一步研究处置德国问题。

3. 罗斯福来德黑兰的一个重要任务是想就未来的国际组织问题取得英苏两国首脑的支持。关于战后建立这一国际组织(即后来的联合国)问题,罗斯福已考虑很久了。1942 年 1 月 1

日美、英、苏、中等 26 个国家签署"联合国家宣言"时，罗斯福已在着手对外界宣传他的主张。当时他有想在战后仿照美利坚合众国的样子建立新的国际秩序的意思。"联合国家"（United Nations）一词是罗斯福想出来的。可能是从"合众国"（United States）一词派生出来的。他的一个重要设想是，认为战后只有美国等少数几个大国才能维持世界秩序。他把美、英、苏、中四大国称之为有能力维持世界秩序的"四警察"。

　　罗斯福在德黑兰会议上说，"要有一个由大约 35 个联合国家成员国组成的庞大机构，这个组织定期在不同地方开会"。这个组织有一个"执行委员会"，其成员"由苏、美、英、中四大国，再加上欧洲两个国家、南美一个国家、近东一个国家、远东一个国家和英帝国一个自治领国家组成"。第三个机构就是美、英、苏、中四国组成的"四警察"，它"将有权立即处理对和平的任何威胁"。斯大林赞成这个未来组织应该是世界性的，而不是区域性的。但他认为欧洲一些小国不会喜欢"四警察"这个机构；他又认为"中国在战争结束时不会是非常强大的"。丘吉尔倾向于设立地区委员会。在德黑兰会议上，这个问题未做出最后决定，留待会后继续磋商研究。

　　4. 关于波兰疆界问题的商讨，主要是在斯大林和丘吉尔之间进行的。1939 年德军入侵波兰，苏联乘机出兵占领历史上划在波兰疆域内的西乌克兰和西白俄罗斯地区。英美政府认为苏联这部分领土的取得是不合法的。在德黑兰会议上，斯大林明确表示，苏波边界应是 1939 年的边界，即苏联继续保有西乌克兰和西白俄罗斯。眼看苏联红军将很快把德寇逐出国门，并追击至东欧、中欧，这次丘吉尔迎合苏联的要求，提出波兰的东界以"寇松线"①为准,波兰西部边界向西推移,用德国领土补偿波兰在东部失去的领土,使波兰国家东西领土定在"寇松线和奥得线之间"。丘吉尔想以此换取苏联尊重英国在巴尔干的传统利益。斯大林原则上同意丘吉尔的意见。罗斯福接受丘吉尔提出、后经斯大林同意的上述划定波兰边界的方案,但他要求在美国大选前保密,因这关系到六七百万美籍波兰人的选票问题。

5. 在德黑兰会议上,斯大林明确表示,击垮德国法西斯后,苏联将参加对日作战。罗斯福、丘吉尔试探了苏联参加对日作战的条件。苏联要求归还库页岛,并得到千岛群岛。罗斯福利用他在开罗会议期间与蒋介石达成的默契,提出中国大连港可作为"自由港"。斯大林认为,中国人可能会反对这样的决定,但罗斯福确信蒋介石在美国影响下不会反对三国做出的这项协议。

德黑兰会议至 12 月 1 日结束。会后发表《德黑兰宣言》,声称"我们已经议定了关于将德军消灭的计划";"我们曾检讨了将来的诸问题"。公报最后说:"我们怀着希望和决心来到这里。我们作为事实上的朋友,精神上的朋友,和志同道合的朋友而在这里分手。"德黑兰会议是第二次世界大战时的一次重要的国际会议,它对大战的进程、结局和战后的国际格局都产生了巨大的作用和影响。斯大林评价德黑兰会议说:"德黑兰会议关于对德国共同行动的决议以及这个决议的光辉实现,是反希特勒联盟战线巩固的鲜明标志之一。"

---

①1919 年巴黎和会协约国最高委员会提出的波兰东部国境假定界线。1920 年 7 月,苏俄红军击败波兰干涉军,英国外交大臣寇松照会苏俄政府,要求红军停止进攻此线,因而有"寇松线"之称。1945 年 8 月,苏、波在莫斯科签订边界条约,以此线为基础划定苏波边界。

十二 德国法西斯彻底崩溃

（一）德军被逐出苏联国门

1943 年，苏军取得斯大林格勒的全胜以后，又乘胜发动库尔斯克等重大战役，收复了沦陷的三分之二国土，解放了基辅、斯摩棱斯克等一批名城。仅库尔斯克一役，德军就损失 50 余万兵力、3500 架飞机、3000 门火炮、1500 辆坦克。从此，希特勒被迫转入战略防御，苏军完全掌握了战略主动权。

1943 年，苏德战场上双方力量的对比也发生了转折性的变化。这年夏天，苏军兵力已发展到 640 万人，而法西斯兵力仅520 万。在武器装备方面，苏军的坦克、大炮、飞机这时已超过德军一倍以上。到 1944 年初，双方力量对比进一步向有利于苏军方面转化，苏军已占压倒优势，稳操战略主动权。这时尽管前线武器弹药消耗数量惊人，但苏军能源源不断地得到补充。高度集中的计划经济体制在战争时期显示了它的威力。苏联经济已完全转入战时轨道。工人阶级发扬高度的爱国主义精神，生产率成倍增长。在整个战争时期，苏联共生产了 49 万门火炮和迫击炮、10.2 万辆坦克和强击火炮、13.9 万架飞机。这就从物质上保证了战争的胜利。

应该提一笔的是,在战时,西方盟国,特别是美国,向苏联提供了巨大的援助。这对苏军战胜法西斯产生不容忽视的影响。据统计,战时西方盟国总共向苏联提供了 110 亿美元的军事物资援助。仅 1943 年 7 月至 1944 年 3 月,盟国就从北路给苏联运去坦克 5000 辆、飞机 7000 架、各种车辆 7000 辆,其他是粮食、药品等。

鉴于苏德战场上发生上述有利的变化,1944 年苏军发起全面反攻,接连发动了 10 次重大战役,使卫国战争进入决定性胜利的新阶段。

1944 年苏军的全面反攻首先是从列宁格勒方面开始的。1 月 14 日,苏军从南北两面向诺夫哥罗德发起进攻,20 日解放该城,然后全线反攻,到 2 月底向西和西南推进了 150 至 250 公里。完全解放了

列宁格勒蔬菜配给站的丰收景象。

列宁格勒州。德军对列宁格勒长达 900 天的封锁、围困完全被解除。这一战,苏军歼敌 9 万多。

与此同时,苏军在南部战场发起第聂伯河西岸的重大战役。苏军一举投入的有乌克兰第一、第二、第三、第四四个方面军,由朱可夫和华西列夫斯基负责协调,总兵力达 177 个师。3 月底胜利结束此次战役。苏军向西推进了 400 公里, 进入罗马尼亚国

境,解放了第聂伯河以西的全部乌克兰土地,歼灭德军66个师。随后,苏军又一举解放了敖德萨和克里米亚半岛。

1944年6月开始,苏军配合西方盟军在法国诺曼底开辟欧洲第二战场,发动了强大的夏季攻势。6月10日开始,苏军向芬兰方面反攻,20日解放维堡,到7月底把德军逐往芬兰境内。不久,芬兰退出法西斯阵营。

与此同时,苏军发起白俄罗斯战役,一举投入250万兵力、4.5万门火炮和迫击炮、6000辆坦克、5000架飞机。而德军投入此次战役的仅150万兵力。经过一个多月浴血奋战,苏军歼敌54万,向西推进五六百公里,解放了全部白俄罗斯土地、立陶宛的大部和拉脱维亚的一部,一直推进到波兰东部领土,并进逼东普鲁士边界。德国"中央"集团军群遭到毁灭性打击。

正当白俄罗斯战事方酣之际,乌克兰第一方面军在科涅夫指挥下发起收复西乌克兰的战役。7月27日,苏军解放利沃夫;8月,攻入捷克斯洛伐克境内。乌克兰第二、第三方面军则于8月至9月间在黑海舰队配合下,发起雅西—基什尼奥夫战役。解放雅西、消灭境内敌人后,苏军分头攻入罗马尼亚。

罗马尼亚人民在罗马尼亚共产党领导下,配合苏军的进攻,在布加勒斯特等城市发动武装起义,推翻了安东尼斯库的法西斯政权。新的罗马尼亚人民政权很快宣布退出法西斯阵营,并对德宣战。8月30日,苏军进入布加勒斯特。

9、10月间,苏军波罗的海第一、二、三方面军,在波罗的海舰队的配合下,粉碎了敌人的顽强抵抗,解放了爱沙尼亚的全部和立陶宛、拉脱维亚的部分领土。这方面的苏军同时攻入德国本土——东普鲁士的大门。10月,苏军攻入匈牙利和南斯拉夫领土。11月,苏军追击德军至挪威境内。

1944 年底,苏联本土的战役基本结束,全部领土获得解放。这一年,苏军歼灭法西斯军队 200 万人,不但把法西斯全部逐出苏联国土,而且进入东欧各国,为东欧各国人民反法西斯斗争高潮的到来创造了条件。

1944 年,夏季以后,苏军各战役所以能顺利地取得胜利,与以下两件事亦是分不开的。1944 年 6 月 6 日西方盟军在诺曼底登陆,开辟了第二战场。这就使德军陷于东西夹击、腹背受敌的不利境况。斯大林说:"无可怀疑,如果没有在欧洲组织第二战场牵制住德军达 75 个师的话,我军是不能在那样短的时期内击破德军的抵抗并把他们驱逐出苏联国境。"其次,由于德军受到东西夹击,处境更为不利,统治集团内部矛盾加剧,1944 年 7 月 20 日发生企图谋刺希特勒的事件。这两件事无疑对苏军的反攻是有利的。

(二)欧洲第二战场开辟

1944 年 6 月 6 日凌晨,盟军 3 个空降师在法国北部诺曼底德军防线背后空降着陆,随后首批 5 个盟军远征师在空军与炮火的掩护下出其不意地在诺曼底登陆,对希特勒自 1942 年 9 月下令修建的从诺得角到西班牙海滨的所谓"大西洋壁垒"发起了总攻击。诺曼底的隆隆炮声宣告了历史上规模最大的一场两栖作战行动的开始。这炮声也结束了盟国间就开辟欧洲第二战场问题所进行的长达三年之久的争斗。

要求开辟第二战场是苏联提出的。在苏德战争爆发后没几天,苏联出使英国的军事代表团就向艾登表示,"最最重要的问题是在欧洲开辟第二战场"。1941 年 7 月 18 日,斯大林又亲自致函丘吉尔,正式要求英国开辟第二战场。9 月间,他又两次紧急催促英国从速开辟第二战场,认为只有这样才能使苏军处境"大大地改善"。自此以后,开辟第二战场问题成了战时苏联与英美盟国间外交谈判与斗争的主要问题之一,前后差不多持续了三年之久。

尽早开辟第二战场,无疑是援助苏联的最有效的措施。苏联当时承受着三分之二的希特勒侵略军的压力。美军参谋长马歇尔也承认,在苏军处境最困苦的时刻开辟第二战场,"将会给俄国前线提供最有力的援助"。

丘吉尔在危难时刻接任英国首相,他的首要使命是支撑危局,渡过难关,维持英帝国的生存。他当时所推行的外交被称之为"生存外交"。因为单凭英国自身的力量是难以抗击纳粹德国的。丘吉尔指望依靠美国,全力争取美国的援助,但又处处提防美国挖他的墙脚;他要利用苏军来抗击德军,消灭德军的有生力量,但又害怕苏联从此强大起来。为着英国的生存及以后不被人削弱,他在战时风尘仆仆地奔走于华盛顿与莫斯科之间,在夹缝中求生存。罗斯福称他是"一个维持现状的伟大人物"。丘吉尔有关第二战场的战略思想就是建立在这种极端复杂、矛盾的利害考虑之上的。这就是英国战时政策的两重性。

英国是个岛国。作为一个资本主义国家,它长期以来依靠其庞大的殖民体系求得生存。离开了这一体系(或所谓"生命线"),英国就难以生存,要抗击纳粹法西斯有很大的困难。在苏德战争初期,即 1941 年和 1942 年,英国的战略安排首先关注其"生命线",考虑在地中海、北非采取行动,正是从这点出发的。但是自1943 年 5 月突尼斯战役以后,盟军完全控制了北非,英美已有

150万兵力可供调遣，同时英美海上的防卫措施已足以对付德国潜艇。在这种情势下，丘吉尔继续拖延开辟第二战场，那就是别有用心了。丘吉尔所考虑的是不让苏联红军进入中欧、西欧。早在1942年10月，他就忧心忡忡地说，苏军推进到西欧，"将是一场无可估量的灾难"，"欧洲是我们的主要关心所在"。

对于美国来说，它有其自己的全球战略考虑。罗斯福的战略安排是先欧后亚，先大西洋后太平洋。他也害怕丢失中东后，德日携起手来；担心德国在非洲站住脚跟后入侵南美。要解除美国的后顾之忧，最有力的措施就是攻占北非，"包抄隆美尔部队的后路"。这样，大战初期美国的战略思想与英国不谋而合。

北非战役胜利结束后，英美在开辟第二战场问题上就出现了明显分歧。那些"掌握美国命运的人"觉得，再推迟开辟第二战场，就要失去"上场夺取最后一分，以决定全局胜利"的机会了。他们发现，这时"即使不开辟第二战场，希特勒也顶不住俄国的进攻了"。另外，美国决策者认为，这时开辟第二战场，利用英美的海空优势，在击败德国后可以换取苏联在远东出兵对日宣战，这样就可大大减少美国士兵的牺牲。因此自德黑兰会议后，美国就催促丘吉尔放弃进攻"柔软的下腹部"计划，抓紧部署"霸王"行动。丘吉尔明白，"没有美国，英帝国是站不住脚的"；"要发动进攻，非需要美国部队不可"。于是，他只好忍痛割爱，会同美国实施"霸王"行动。

德黑兰会议结束后，罗斯福与丘吉尔返回埃及，举行了第二次开罗会议，具体商讨了实施"霸王"战役的各项问题。他们任命艾森豪威尔为盟国远征军统帅，负责"霸王"战役的准备与指挥。他的副统帅是英国的泰德空军上将、英国的地面部队司令为蒙哥马利，美国的地面部队的司令为布莱德雷。海军总司令是英国的拉姆齐,空军总司令是英国的利·马洛里。参加远征欧陆的除英美部队外,还有加拿大、法国、波兰等国的部队。盟国编入远征欧洲大陆的总兵力达287万多人,配有1.5万架飞机、6000多艘各类舰艇。登陆地点选在诺曼底,而不是距英伦三岛较近、对德国威胁更直接些的加来海峡沿岸。因为加来海峡沿岸德军有重兵把守,登陆不易成功。

1944年6月5日,英吉利海峡狂风大作,恶浪滔天。艾森豪威尔决定推迟一天登陆。6月6日凌晨,盟军数千只大小舰只不顾依然不佳的气候,驶过狂风怒号、波涛汹涌的英吉利海峡,逐渐向诺曼底靠近。由于盟军事先采取种种声东击西的迷惑策略,所以德国没有估计到盟军会在诺曼底登陆。当盟军的炸弹和炮弹如雨点般倾泻在德军阵地并开始登陆后,德军仍认为盟军是佯攻,目的是要把防守加来地区的德军主力引过来,因此未能及时组织反击部队阻止盟军在诺曼底的登陆。结果坐失良机,待发现盟军的真实情况时,已为时过晚,无法挽回了。

盟军的诺曼底战役分两个阶段,第一阶段是从6月6日至7月25日,为争夺、巩固滩头阵地和集结部队、战争物资阶段;从7月25日至8月25日,是向纵深内陆发动大规模进攻的阶段。6月6日,3个空降师着陆后,成千架的盟军飞机轮番猛烈轰炸敌海岸阵地,短短的一两个小时内投弹7000多吨。接着,盟军战舰又朝敌海岸阵地猛轰。霎时间,炮火连天,地动山摇,德寇龟缩在坚固的掩体里,个个被惊得目瞪口呆。随后盟军开始在奥马哈、朱诺等5个滩头阵地登陆。当天,盟军近10个师的兵力连同坦克、大炮等装备已经上岸;头48个小时,登岸的盟军扩大到25万人;一个星期后,登陆的人数增至32.65万多人,上岸的各类军车达5.4万多辆、军用力已达145万人;到8月中旬,登陆的兵力估计增至 200 万人左右。在诺曼底登陆战中,盟军也付出了沉重代价,仅美军就有 9300 百余人战死滩头,英军阵亡 5000 余人。

诺曼底登陆对法西斯德国是兜底一拳,彻底打乱了希特勒的战略部署。当这个法西斯头子清醒过来,明白盟军的意图,再组织反击时,已无法再把盟军驱回大海了。其时,希特勒歇斯底里大发作,命令部队要拼死顶住,要"每个人战斗到与阵地共存亡",但是他昔日大肆吹嘘的"大西洋壁垒"还是顷刻间瓦解了。

负责防守西线的德军总司令是冯·伦斯德元帅,下辖"B""G"两个集团军。隆美尔指挥"B"集团军,拥有 39 个师;勃拉斯科维茨指挥"G"集团军,指挥 17 个师。盟军登陆时,隆美尔恰好回家度假去了。希特勒的"大西洋壁垒"大体上是步兵在前、坦克在后的防御体系。英国有一位著名军事史家评论说:"整个防御体系实际上是马其诺防线的翻版,而且希特勒和隆美尔还坚信这一防线,就像法国人在 1940 年坚信马其诺防线坚不可摧一样.无论如何这是令人惊讶的。"

"大西洋防线"瓦解之际,希特勒命令向伦敦发射 V-1 飞弹。这是他手中的最新式武器。V-1 飞弹是导弹的雏形,时速 600 公里,具有很大的破坏力。V-1 飞弹使伦敦遭到很大损失,2.5 万幢房屋被炸,6000 人丧命。然而希特勒的垂死挣扎并未能挽救其失败的命运。

诺曼底登陆加速了法西斯德国总崩溃的到来。正是在这种困境下,7 月 20 日发生了企图谋刺希特勒、发动"宫廷政变"的事件。希特勒进行报复,处死了 700 余名受牵连的将领。隆美尔元帅也是在这次事件中受牵连而被希特勒处死的。

隆美尔这个带有传奇色彩的第三帝国元帅之死,却是一出完美的人间悲剧。这出悲剧并非出自某个杰出的剧作家的惊人之笔，而是活生生的历史事实。

艾森豪威尔指挥的盟军在诺曼底登陆之时，隆美尔任德军西线"B"集团军司令，肩负着希特勒"寸土不让"，要不惜一切代价阻止盟军登陆、"驱敌下海"的重托。无巧不成书。盟军在诺曼底登陆的 1944 年 6 月 6 日，恰巧是隆美尔的爱妻露西的 50 岁生日。隆美尔是个老派军人，对妻子十分忠诚，从不在外拈花惹草。在露西生日来临之际，他早早地从巴黎为她购买了一双新鞋作为生日礼物送给她。尽管此时西线军事形势万分紧张，但身为司令官的隆美尔还是从诺曼底前线驱车赶回德国老实为爱妻庆祝生日。他预计盟军最早也要在 6 月 20 日以后才有可能发起登陆进攻。6 月 6 日，正当隆美尔喜气洋洋地在家为妻子举行喜宴之际，突然接到前线电话，被告知盟军已于是日凌晨在诺曼底登陆。他顿时脸色煞白，惊得一时说不出话来。他急忙赶回前线指挥部。就在隆美尔指挥着驻法国的西线德军与盟军进行着殊死搏斗的紧要关头，两件晴天霹雳的事件降临到了他的头上。

7 月 17 日，在隆美尔从前线返回总部的途中，他的座车遭到两架盟军飞机袭击，司机的左肩被弹片削掉，急驶中的汽车撞在路旁的一棵大树上，汽车立时腾空而起，隆美尔被抛出汽车，摔进沟渠，顿时昏迷过去。隆美尔被送往野战医院紧急抢救。他头部被发现有四块碎骨，经抢救，他奇迹般的活了过来。

在隆美尔挨炸受伤两天后，即 7 月 20 日，德国统治集团内部又发生了谋刺希特勒的政变事件，即"七·二〇"事件。这天，希特勒在大本营听取汇报，研究前线战况，并准备接待墨索里尼的到访。当希特勒正在听取汇报时，放置在会议桌下的一枚炸弹爆炸了。希特勒的衣裤和头发被烧焦，但没有丧命。两小时后，墨索里尼的专列恰好到达。死里逃生的希特勒一副狼狈相地出来迎接墨索里尼，并引他观看爆炸现场，做现场讲解。他说："我站在桌子旁边，炸弹就在我脚前面爆炸。""瞧我的衣服！瞧我烧伤的模样……不用说，这是我命大。"两个独裁者的最后一次会晤就是在这样富有戏剧性的情况下进行的。

　　放置炸弹的施道芬堡是隆美尔的老部下，在西非作战时受伤致残。隆美尔的参谋长斯派达尔中将是这次密谋活动的积极策划者之一。令人难以置信的是，隆美尔的死亡书正是由这位新任其参谋长才几个月的斯派达尔中将间接签发的。如不临时调换参谋长，这场劫难也许与隆美尔无缘；而调换的原因又几乎让人啼笑皆非。隆美尔原来的参谋是高斯中将。数年来他们一直合作得十分愉快，隆美尔视其为知己，很是器重。然而前不久，元帅夫人露西认为，高斯将军的太太搞得她心烦意乱，要求丈夫撤销高斯的参谋长职务。隆美尔为了取悦夫人，竟顺从地照办了。德军总参谋部向隆美尔推荐两名人选，元帅挑选了同乡斯派达尔中将。殊不知斯派达尔自斯大林格勒战役惨败后就积极参与推翻希特勒的密谋活动。他赴任新职前曾与密谋集团战员商讨如何争取隆美尔也来参与他们的密谋活动。他们商定，要借隆美尔在军队里的威望，一旦密谋成功，要让隆美尔取代希特勒。除斯派达尔外，密谋集团还选派霍法克中校去做游说工作。后者的父亲是隆美尔的老朋友。作为一名职业军人，隆美尔对政治显然是外行。据说，隆美尔对斯派达尔、霍法克等人的活动，全然没有察觉。但有一点是清楚的，即随着德军的节节失败，隆美尔开始意识到，德军要全面取胜已无望，该是"政治起作用"的时候了。隆美尔的所谓政治，就是德国单独与西方盟国媾和，联合一致击败布尔什维克的苏联。他对周围的人，也对希特勒阐述过这一观点。但希特勒只许他谈军事,不许谈政治。

隆美尔躺在前线野战医院里,害怕落到盟军手里,便请求希特勒准许他回德国老家就医疗养。希特勒马上同意,并回电说:"元帅,请接受我的好意,我希望你早日恢复健康。"殊不知此刻希特勒正准备对隆美尔下毒手,隆美尔这一请求,正中希特勒的下怀。

"七·二〇"案发后不久,斯派达尔、霍法克等人被捕,在他们的供词中都把隆美尔及他的上司、西线总司令克鲁格元帅都牵连进去。克鲁格服毒自杀,加上在大本营放置炸弹的是隆美尔的老部下,所有这一切的一切,都使隆美尔有口难辩,真是跳进多瑙河也洗不清了。

10月13日,隆美尔接到一个长途电话,说明天有两位将军前来晋谒元帅,商量他的"新职安排"。悲剧的最后一幕拉开了。

第二天一早,隆美尔换上了他在非洲指挥作战时最爱穿的开领制服。非洲那段军事生涯是他最为得意、最引以自豪的,从那时起他成了希特勒的红人。隆美尔意识到今天会有重大事情发生。他对儿子说:"今天有两种可能,要么平安无事,要么今晚我就不在这儿了。"但万万没有料到,他说话的当儿希特勒送给他的一只巨大的花圈已从柏林运到乌尔门车站。他的"丧礼小组"已草拟好一份"隆美尔国葬安排"的详尽计划。德国人向来以精于拟订一丝不苟的计划而闻名于世。

12日许,一辆轿车在赫林根隆美尔的家门口停了下来。车上下来的是一高一矮的两个将军。高的是陆军人事署长布格道夫,矮的是希特勒的侍卫长迈赛尔。他们彬彬有礼地对隆尔说,希望同元帅单独谈一谈。几分钟后,隆美尔走出书房,脸色如死人一样灰白,喉咙像卡住似的讲不出话来。过了一会他他才开始慢慢地对妻子、儿子说："我在一刻钟内就要死了……遵照元首的命令必须在服毒和面对人民法庭这两者之间做做抉择……希特勒指控我犯了卖国罪。总算是他的好意，姑念我在非洲的战国，准我服毒自尽。这两位将军已经把毒药都带来了，只要三秒钟即可生效。如果我接受，他们不会像平常惯例那样株连我的家属，也不会加害于我的僚属。"隆美尔只有 10 分钟的告别时间，他加快速度说："他们一切都已经有了最精密的准备。我死后还可以享受到国葬的荣典。我已经要求在乌尔门举行国葬。在一刻钟之内，你艾丁格（隆美尔的副官）就会接到一个从乌尔门华格纳医院打来的电话，说我在途中因中风死去了。"

隆美尔之所以同意自尽，除了认识到抵抗是徒劳的以外，"国葬的荣典"无疑对他是最后的诱惑。因为平时他就"关心他将来在历史上的地位"。同时，"普鲁士军人荣誉规范"的精神也促使他选择这条道路。他认为，服毒要比吞枪弹死得较为得体。正如希特勒最高统帅部幕僚长凯特尔元帅所说的，"任何德国军官，当根据不荣誉动机试图采取某种行动而告失败的时候，都会自行了断。"隆美尔元帅的结局也正是根据这种精神的正常后果。

希特勒之所以不敢在光天化日之下处死隆美尔，则是鉴于隆美尔的地位和影响。他特意向刽子手将军交代："要防范隆美尔用手枪自杀，要带毒药叫他服毒……这样，死得就像因公光荣殉职。"杀人而又涤去血痕，似乎就能维持他那元首的道德光晕。

隆美尔要走向希特勒为他挖好的坟墓了。他最后拥抱了妻子，套上褐色的非洲军团的制服，把小狗关进书房，环视四周后，带着希特勒授予他的元帅权杖，默默走出宅门。恭候在门口的两个将军举起右手向他行纳粹礼，然后一起进了汽车，疾驶而去。

隆美尔全家。

途中在一片森林旁停了下来，刽子手将军让他服了毒药。不一会儿，隆美尔已倒在车里，军帽掉在一旁，元帅权仗也在手里落了下来。在弥留之际，脸上还流着眼泪。隆美尔的生命气息消失后，他们驱车直驶医院，不许医生验尸。布格道夫马上打电话报告希特勒：隆美尔已按预定的方式死去。

这样，希特勒就不留一点血痕地处死了隆美尔。第二天，即10月14日，德国军方以隆美尔的遗孀和儿子的名义发了一份讣告：说"1944年7月17日身身受重伤之后，我心爱的丈夫，他儿子最忠实的朋友，亲属们敬爱的兄弟、姐夫和叔叔，不期暴卒，享年53岁。德军元帅隆美尔……他毕生为祖国效力。我们全体家属对他致深切的哀悼。谢绝吊唁"。隔了一天，希特勒又一本正经地给隆美尔夫人发去唁电。唁电全文如下："你的丈夫的逝世对于你无疑是个莫大的损失，请接受我真诚的慰问。隆美尔的英名和他那英勇的北非战绩，将永垂不朽。"戈林和戈培尔也都发去唁电。

隆美尔的葬礼在乌尔门举行，按事先的诺言举行国葬。隆美尔的灵柩由炮车拖着，上面覆盖着纳粹党的"卐"字旗。69岁的

希特勒为隆美尔元帅举行国葬。

老元帅伦斯德致悼词。他说,"隆美尔的心是属于元首的"。

在法西斯精神熏陶下成长起来的隆美尔儿子、一名德国军士兵,目睹了这场悲剧的全部内幕,此刻他似乎开始觉悟了。他说,"当这假冒伪善的伪君子们还在拼命掩饰他们的罪行的时候,成千上万的德国军人却在东南西北各个战场上继续浴血奋战,他们固然已经感到失望了,但还不知道他们的上级是这样一群卑鄙的小人"。

"七·二〇"谋杀希特勒案,反映了德国法西斯统治集团的分崩离析的严重性,预示着希特勒末日也快来临了。

7月24日,盟军胜利完成诺曼底战役的第一阶段任务,然后开始向法国内陆及法德边境推进,势如破竹。8月15日,80万盟军又在法国南部地中海沿岸的土伦、马赛登陆,向北挺进,与诺曼底登陆的主力配合,南北夹击德军。法国人民抵抗运动的武装力量配合盟军,四处打击敌人。德军开始全面崩溃。巴顿麾下的法国第二装甲师师长勒克莱尔凯旋归国,万分感慨地说,这是

"1940年战局的重演,不过胜负双方可颠倒过来了"。盟军乘胜前进,直向法国心脏地区进逼。

8月19日,盟军占领塞纳河西岸的芒特。同一天,巴黎人民举行武装起义,解放了自己的首都。8月25日,法国第二装甲师凯旋进入巴黎,全城沸腾。戴高乐一直与勒克莱尔保持联系,也在这时返归巴黎。当天下午,法国第二装甲师师长勒克莱尔奉艾森豪威尔之命,代表盟军接受侵占巴黎的德军的投降。诺曼底战役至此告一段落。

诺曼底战役是历史上迄今规模最大的一次两栖作战行动,盟军完全取得了预期的胜利。斯大林评价说:"不能不承认,这次行动按其计划的周密,规模的宏大和行动的巧妙来说,在战争史上还从未有过类似的先例……这件事将作为头等业绩载入史册。"诺曼底战役总计歼敌45万(其中死伤24万人,生俘21万民大会堂),击毁德寇坦克1500辆、野战炮3500门、各种军车2万辆。

(三)雅尔塔会议

1944年苏军已把德寇逐出国门,并推进到了东欧各国和德国的东普鲁士。同年6月6日,盟军在诺曼底登陆,开辟了第二战场。德军处于东西夹击的困境中,败局已定。斯大林提出,1945年苏军在欧洲的最后使命是和盟军一起,"把法西斯野兽打死在它自己的洞里"。这时,战后如何处置德国问题、欧战结束后苏联出兵对日作战的条件等问题,显得更为实际和迫切了。同时,由于法西斯德国崩溃在即,美、英、苏三大同盟国间的矛盾也日益暴露了。为了解决面临的一系列重大的国际问题,消除引起盟国间摩擦的一些分歧意见、把反法西斯战争进行到最后胜利,三大盟国间觉得有必要召开一次新的"三巨头"会议。

1944年7月19日,罗斯福写信给斯大林说:"鉴于事情进展得如此迅速和成功,我认为,应该在相当近的将来由您、首相和我举行一次会晤。"斯大林说要亲自指挥红军作战,不能分身,没有立即同意。10月5日,罗斯福在致斯大林的信中说:"我相信您了解,在这次全球战争中,不论是军事的或政治的问题,美国没有不关心的。我坚信,我们3人,而且只有我们3人才能够解决尚未解决的问题。"罗斯福在这里表述的大国主宰世界命运的情绪是够强烈的了。同年12月,美、英、苏三国经过外交磋商,决定于1945年2月在苏联克里米亚的雅尔塔召开战时第二次苏、美、英三国首脑会议。

在三个首脑中,面对已经出现的美苏两个巨人,丘吉尔忧心如焚。他施展其政治手腕,竭力想恢复欧洲均势。他一方面拉拢美国,另一方面想给日益扩大的苏联影响规定一个双方能接受的限度。雅尔塔会议前,丘吉尔分别与罗斯福、斯大林会谈就是他这种努力的一部分。

1944年9月,丘吉尔与罗斯福举行第二次魁北克会议,着重讨论了德国问题。丘吉尔建议,战败后的德国划分为三个占领区,东区为苏占区,西南为美占区,西北为英占区。奥地利由西南区划出,单独成为一个"实体"。罗斯福原则上接受。

10月,丘吉尔又风尘仆仆地飞往莫斯科,和斯大林会谈。哈里曼作为罗斯福的观察员列席会议。丘吉尔和斯大林会谈的重点是巴尔干和波兰问题。对于巴尔干的势力范围,双方达成了非正式的谅解;但在波兰新政府的组成和波兰疆界问题上,双方分歧很大，未能达成谅解。

第二次魁北克会议和丘吉尔、斯大林的莫斯科会谈，在相当程度上为雅尔塔会议做了准备。1945年2月4日至11日，罗斯福、斯大林、丘吉尔在雅尔塔举行了8天影响深远的重要国际会议。美英代表团商定先在马耳他会合，然后再一起飞往雅尔塔。哈里曼在《特使》一书中回忆说："1945年2月2日星期五早晨，罗斯福到达马耳他。这时，他只有不到10个星期的时间好活了。他那憔悴而衰弱的面容，使丘吉尔和哈里曼均为之吃惊。"

雅尔塔会议主要就德国问题、波兰问题、联合国问题、苏联参加对日作战的条件问题开展了激烈的争论。在三方做了些让步、妥协后，会议最后就上述几个问题在原则上达成了协议。

1. 处置德国问题。会议首先讨论处置德国问题。三国首脑很快在原则上达成同意分割管制德国的协议，并决定在德国被占领后成立盟国对德管制委员会。后来罗斯福提出从英美占领区划出一个地区作为法国占领区。丘吉尔从英国传统的大陆均

雅尔塔会议上的丘吉尔、罗斯福、斯大林。哈里曼说罗斯福面容"憔悴而衰弱"。丘吉尔也感"吃惊"。两个多月后罗斯福就去世了。

势政策出发,大力支持美国的建议。斯大林开头极力反对,认为法国在战争中贡献很少,后来虽勉强同意,但拒绝法国参加对德管制委员会。经罗斯福从中斡旋,斯大林不再坚持。最后会议达成把德国分为四个占领区的协议。关于德国赔偿问题,苏方提出应确定德国赔偿总额以 200 亿美元为讨论基础,按战胜国贡献大小和损失大小这两个原则分配,苏联应取得总数的一半,约100 亿美元。赔偿可以实物折合成金额的形式进行。丘吉尔表示反对。罗斯福又以和事佬的姿态出现,提议赔偿问题提交赔偿委员会去继续讨论,把分歧暂且搁置一边。

2. 波兰问题是会上争论最激烈的问题。苏方提出,战后波兰的国界,东边基本按"寇松线"划分,西边可延伸到西尼斯河,以补偿波兰在东边失去的土地。鉴于现实情况,美英同意波兰的东界大体以"寇松线"划分,但西界不肯一下子确定下来,罗斯福想拖到即将成立的联合国去解决。美国提出,除在"联合国家宣言"上签字的所有国家应成为创始会员国外,还要包括 8 个没有同轴心国作战的国家,其中 6 个是拉美国家。苏联认为,这是美国企图在新的国际组织中为自己增添追随国。作为对策,苏联提出要把苏联 16 个加盟共和国也列为创始会员国。美英代表感到震惊。为了不致使会议破裂,这一问题也留待以后再商讨解决。在斯大林的坚持下,会议达成协议:"三国政府的首脑认为:波兰的东疆,当依照寇松线,而在若干区域应做出对波兰有利的自 5 公里至 8 公里的逸出。他们承认:波兰必须在北方和西方获得广大的领土上的让予。他们觉得关于这些领土上的让予的范围,当于适当时机征询新波兰的全国统一的临时政府的意见,并且觉得关于波兰西疆的最后定界,应待和会解决。"这样,波兰东界基本确定,但西界实际上仍是悬而未决。

关于波兰政府的组成问题，会上一度形成僵局，后来总算达成一般原则性的协议：苏联支持的由波共组成的波兰临时政府"应该在更广大的基础上实行改组，以容纳波兰国内外民主领袖"。所谓民主领袖，主要是指原流亡伦敦的波兰流亡政府的成员。至于如何改组，首脑会议委托三国外长去与波兰有关方面具体磋商。

3. **联合国问题。**1944 年 8 月 21 日至 10 月 7 日，苏、美、英三国和美、英、中三国分别在华盛顿附近一所古老的庄园——敦巴顿橡树园举行会议，具体讨论和草拟战后国际组织的章程。会议原则同意该国际组织由四部分组成：所有成员国参加的全体大会；由大国担任常任理事和大会选出的较小国家担任非常任理事组成的安理会；秘书处；国际法庭。

敦巴顿橡树园会议有两个问题未取得一致意见：一是关于安理会表决程序问题，争论焦点是在理事国为争端当事国一方的情况下，该理事国应否拥有否决权。由于苏联坚持安理会常任理事国应拥有否决权，致使这一问题暂时搁置。另一个问题是哪些国家应成为联合国创始会员国，美国提出，除在"联合国家宣言"上签字的所有国家应成为创始会员国外，还要包括 8 个没有同轴心国作战的国家，其中 6 个是拉美国家。苏联认为，这是美国企图在新的国际组织中为自己增添追随国。作为对策，苏联提出要把苏联 16 个加盟共和国也列为创始会员国。美英代表感到震惊。为了不致使会议破裂，这一问题也留待以后再商讨解决。

雅尔塔会议就敦巴顿橡树园会议未解决的两个问题进行了协商讨论，做了妥协的解决。关于安理会表决程序问题，罗斯福提出，在表决实质性问题时常任理事国有否决权，但明确规定，提交安理会审议的"准司法性"的争端议案，"争端当事国不得投票"。关于创始会员国,由于苏联的强烈要求,美英同意乌克兰和白俄罗斯为联合国创始会员国。

4. 苏联参加对日作战条件问题。关于这一问题,早在1944年12月14日,美驻苏大使哈里曼就奉命与斯大林商谈,美国原则上接受苏联的要求。雅尔塔会议期间,罗斯福与斯大林私下又进行会谈,达成了协议。2月10日雅尔塔第七次全体会议之前,苏方向美递交了一份"斯大林元帅关于苏联参加对日作战政治条件草案",经罗斯福、斯大林修定,11日邀丘吉尔共同签署协议文本。协议规定:

"苏美英三大国领袖同意在德国投降及欧洲战争结束后两个月或三个月内苏联将参加同盟国方面对日作战,其条件为:

1. 外蒙古(蒙古人民共和国)的现状须予维持。

2. 由日本1904年背信弃义进攻所破坏的俄国以前权益须予恢复,即:

甲、库页岛南部及邻近一切岛屿归还苏联;

乙、大连商港须国际化,苏联在该港的优越权益须予保证,苏联之租用旅顺港为海军基地须予恢复;

丙、对担任通往大连之出路的中东铁路和南满铁路应设立一苏中合办的公司以共同经营之;经谅解,苏联的优越权益须予保证而中国须保持在满洲的全部主权。

3. 千岛群岛须交予苏联。

······"

雅尔塔会议背着中国做出了直接损害四大同盟国之一的中

国的主权的决定,这是大国强权政治的一种表现。参加会议的美方翻译查尔斯·波伦事后说:"对雅尔塔协定的中肯的批评是:它是背着我们中国盟友订立的。"直到1945年6月14日,继任罗斯福职务的杜鲁门总统才指令赫尔利将有关内容通知蒋介石。

雅尔塔会议是战时美英苏三大盟国又一次重要会议。它对协调盟国最后加快击败德日法西斯,无疑起了重大作用。但这次会议明显地带有大国强权政治色彩,严重损害了一些国家的主权。同时,这次会议对战后国际间的许多矛盾与冲突播下了种子,产生了重大的影响。

根据敦巴顿橡树园会议和雅尔塔会议协议和安排,在雅尔塔会议闭幕两个多月后,即1945年4

董必武在《联合国宪章》上签字。

月25日至6月26日,联合国成立大会在旧金山召开。中、美、英、苏作为旧金山会议的发起邀请国。出席会议的有50个国家282名代表。美国代表团首席代表是力务卿斯退丁纽斯,英国首席代表是艾登,苏联首席代表是莫洛托夫,中国代表团代表共10人,首席代表是宋子文,10名代表中有中共代表董必武。在会议进行过程中,苏、美间有过激烈的争斗,冷战阴影已显现。最终会议还是制定并通过了联合国宪章和联合国组织机构。中国代表董必武也签字同意联合国宪章。

(四)短命的"萨罗共和国"

在叙述希特勒政权总崩溃前,我们得先交代一下法西斯"元老"墨索里尼的下场,因为他比希特勒早三天命归黄泉。

墨索里尼被其法西斯同伙发动政变赶下台后,先是被押往蓬察岛,后被转移到马达莱纳岛关押。1943年8月26日黄昏,一架德国飞机突然在马达莱纳小岛上空低飞盘旋。意大利当局害怕德国人来营救、抢劫,三天后又把墨索里尼押往意大利本土,关押在海拔2000多米高的亚平宁山脉的格兰·萨索山峰上的一座山顶旅馆里。

希特勒得悉自己的盟友、难兄被抓起来的消息后,十分震惊。他的本能反应是,如果德国的颠覆分子得知这一消息,他们很可能会在柏林"重演巴多格里奥及其追随者们在罗马干过的同样勾当"。他一面采取严厉的防范措施,另一面召集希姆莱、戈培尔、戈林等人商讨应付意大利局势和营救墨索里尼的计划。希特勒很快派兵全面侵占北部意大利,在罗马以北建立一条新的防线,以阻止盟军北上,凯塞林元帅为总司令,下辖两个集团军,约21个师、300架飞机;同时迅速地把营救墨索里尼的计划付诸实施。希特勒意识到,不采取果断措施,第三帝国可能提早覆灭,他本人也可能遭到和墨索里尼一样的命运。

希特勒侦察到墨索里尼被转移到格兰·萨索山顶旅馆后,就于9月12日命令党卫队头子奥托·斯科尔策尼去执行营救计划。斯科尔策尼是个天不怕、地不怕的亡命之徒,受命后,先绑架了一名意大利将军作为人质,让这个人质和他率领的行动小组一起飞往格兰·萨索山顶。他们分乘 12 架滑翔机，冒险降落在关押墨索里尼的旅馆前面的一块空地上。斯科尔策尼跳下飞机后，把那个抓来的意大利将军推在前面，并大声叫喊不要向这个意大利将军开枪。

墨索里尼站在窗口，惊奇地看着眼前所发生的事情。当他看清从飞机上跳下来的德国兵和一名意大利将军后，知道救命恩人从天而降了。他大声向看管他的士兵喊道："不要开枪！不要开枪！前面有一名意大利军官……"与此同时，斯科尔策尼则向他喊话："领袖，请向后退两步！"说时迟，那时快，一群德国敢死队员飞步冲上楼去。斯科尔策尼也直奔楼上，用枪托砸开房门。见到墨索里尼后，他"咔嚓"立正，行礼后报告说："领袖，是元首派我来的。您自由啦！"墨索里尼张开双臂，拥抱他并连声说："我知道，我的朋友阿道夫·希特勒不会抛弃我的。"就这样，墨索里尼被希特勒救走了。

9 月 13 日，墨索里尼从罗马经维也纳平安地飞抵慕尼黑。第二天他去腊斯登堡会见他的救命恩人希特勒。他像一个输得精光的赌棍，眼下已没有资本可向希特勒讨价还价了。希特勒见到这位神情恍惚、萎靡不振的失意盟友，大感失望，开始在心目中把他"勾销"掉了。但是，眼下希特勒自己也是泥菩萨过江，自身难保。他派不出足够的兵力去维持意大利北部的交通线和治安，他需要墨索里尼组织个傀儡政权来协助德国占领军统治北意，这对稳定德国军心也是有好处的。因此希特勒鼓励自己的盟友爬起来再干。挂个新招牌，以维持"轴心国"的"强大"形象，并希望他做的第一件事就是"用一切报复手段严惩背叛他的人"。

1943 年 9 月 15 日，墨索里尼在希特勒的导演下宣布成立新的"意大利社会共和国","首都"设在北意一个叫萨罗的小城里;希特勒不同意设在罗马。这个"共和国"由德国党卫队"警卫",没有德国全权大使鲁道夫·雷恩的点头,墨索里尼不能多走半步。人们给这个"共和国"起了个绰号,叫它为"小小的萨罗共和国"。在建立这个"共和国"的同时,墨索里尼又着手改建他的法西斯党。原来的党彻底瓦解了,名声也很臭。这次,他把党的名称改叫"法西斯共和党"。除几个最死硬的法西斯分子以外,表示再跟他跑的人毕竟是为数不多的了。

在成立"新政权"时,墨索里尼还想把自己的女婿齐亚诺列入内阁名单,但希特勒和一批狂热的法西斯分子逼着他严惩背叛者。墨索里尼只得屈从,把齐亚诺关了起来。1944 年 1 月 10 日,墨索里尼傀儡政权的特别法庭宣判齐亚诺、戴·波诺等 5 人以死刑,第二天就被枪决了。

墨索里尼在政治上已是个潦倒的人,他醉生梦死,活一天算一天。他要求德国人允许他的情妇克拉拉·佩塔奇回到他的身边来,希特勒满足了他的这一要求。反法西斯盟军的节节胜利,使墨索里尼意识到自己的"生命旅程快到尽头了",不得不开始考虑后事。他把《意大利民报》社卖掉,把钱分给孩子们;空下来无事可做,就写点小文章。

德意两个法西斯独裁者的最后一次会晤颇有点戏剧色彩。1944 年 7 月 20 日,墨索里尼奉命前往希特勒大本营会晤。这天恰好发生谋刺希特勒事件。当希特勒正在听取汇报,研究前线战况时,放在桌下的一枚炸弹爆炸了。事件发生后三小时,墨索里尼的专列车恰好到达。死里逃生的希特勒穿着烧焦的衣裤狼狈地出来迎接墨索里尼,并带他观看爆炸现场。墨索里尼被惊得目瞪口呆。希特勒说:"不用说,这是我的命大。命运要我继续干下去，要我继续去完成我的任务……既然我能从如此非常的情况下死里逃生，我就更加相信我为之奋斗的伟业必然能渡过目前的难关。一切都会有好结果的。"

墨索里尼听了希特勒这一番话，似乎被感动了。他接口说："您说得对，元首……这就是上帝已向您伸出了保护之手。我们的处境不妙，几乎可以说没有希望了。不过，今天这儿发生的事却给了我新的勇气。今天在这间屋里产生了奇迹，我不相信我们的事业的结局会不妙。"两个穷途末路的独裁者都异口同声地相信起命运之神来了。不过，除此之外，此刻他们还能相信什么呢？然而上帝并没有使他们时来运转。他们这次分手，是两个独裁者的诀别。从此，他们很快走向地狱之门了。

随着盟军在南部意大利的登陆，意大利游击队迅速发展。到1944年夏，游击队人数已达8万人。4月21日，意共参加第一届民族团结政府。6月4日，盟军解放罗马，并缓慢地向北部推进。这时，意大利北部形成15个解放区，一些城市已被游击队所控制。米兰成了民族解放委员会活动的中心。

经过一个漫长的冬季后，盟军与意大利游击队加快了军事行动。美英等国的盟军在德国本土已渡过莱茵河，向德国心脏地带推进；苏军则从东面推进，兵临柏林城下。在这种形势下，驻守意大利北部的德军不击自溃，墨索里尼的萨罗共和国也自行瓦解了。4月10日，意共发布第16号命令：号召群众举行武装起义。蕴藏在人民心中的反法西斯怒火，像火山似的爆发了。墨索里尼的末日很快来临了。

1945年4月17日傍晚，墨索里尼带着情妇克拉拉·佩塔奇，告别妻子拉凯莱，离家出逃。4月25日，墨索里尼一行离开米兰，朝北向科摩方向奔去。末代法西斯党书记布法里尼曾吹嘘他在科摩集中几千名"忠诚的法西斯分子"来保卫"领袖",但当墨索里尼抵达科摩市政府时,一看心都凉了:原来院子里只有数十个人。萨罗共和国的一些头目,包括傀儡政府的国防部长,乃至墨索里尼的警卫、司机,都丢下"领袖",自顾逃命去了。

墨索里尼一行慌慌张张地离开科摩,跟在溃退的德军后面继续往北朝瑞士边境方向逃奔。27日清晨,他们在途中被意共游击队截住。墨索里尼换上德国士兵服装,妄想蒙混过去,结果还是给游击队认了出来。德军只好丢下他不管,眼看着被游击队押走;同时被活捉的还有他的情妇克拉拉·佩塔奇。

4月28日,一名意共游击队上校向墨索里尼宣读判决书:"根据自由志愿兵军团总指挥部的命令,我受命以意大利人民的名义来执行这个死刑判决。"墨索里尼瞪着一双大眼,死盯着对准他那支自动步枪的枪口,四肢不停地发抖,两片嘴唇不停地哆嗦,不断地喃喃低语:"不过,上校先生……不过,上校先生……"他始终没有吐出一句完整的话来。上校也可能紧张,两次举枪扳动枪机,但两次被子弹卡住。上校第三次扳机,"哒、哒、哒……",一下子向墨索里尼射出了五发子弹,接着又补射了一排子弹。墨索里尼就这样命归黄泉了,时间是1945年4

墨索里尼尸体被倒吊在米兰街头。

月 28 日 16 时 10 分；同时被枪决的还有他的情妇克拉拉·佩塔奇和另外几个法西斯头目。墨索里尼和他情妇的尸体被运往米兰一个广场，头朝下倒挂在加油站的棚架上示众。当天，广场上挤满愤怒的人群。人们尽情地发泄自己的愤恨情绪，唾骂这个给意大利人民和各国人民带来深重灾难的法西斯罪魁祸首。后来，墨索里尼的尸体被丢在一条阴沟里。4 月 29 日，北意大利民族解放委员会公布处死墨索里尼及其走卒的公告："北意大利民族解放委员会宣布：根据委员会命令，枪决墨索里尼及其走卒，宣告了一个历史阶段的结束。"

（五）攻克柏林，第三帝国寿终正寝

1944 年冬，美英等国的盟军部队在解放了法国、比利时和荷兰部分地区后，正准备向莱茵河推进。不料，12 月中旬，德军选择山岭起伏的阿登丛林地区，向盟军发起一场代号为"悲哀之战"的反攻。德军统帅部拼凑了 25 个师的兵力投入这场战役，其中 7 个是坦克师。1940 年德军就是通过阿登山区向法国发起闪击战的。这次，盟军在阿登地区的防守也比较薄弱，德军在头三天就在美军防线上打开了一个缺口。盟军迅速抽调兵力加强正面防守，并对德军及其交通线实施大规模的猛烈轰炸，挫败其攻势，迫使其不得不放慢步子。美军投入阿登战役的兵力有 60 万人，结果伤亡被俘达 8.1 万人。1945 年 1 月初，德军在阿尔萨斯对盟军两翼实施反击。1 月 6 日，丘吉尔致函斯大林求援。斯大林接到信后，提前八天即于 1945 年 1 月 12 日发动维斯瓦河—奥得河战役。苏军投入这次战役的兵力达 180 个师，3 倍于德军。在苏军强大的攻势面前,德军被迫从西线将党卫军坦克第六集团军和另外 16 个师紧急调往东线,并被迫中断在阿登地区和阿尔萨斯的进攻。

德军在阿登地区的反扑是垂死挣扎,不但未能扭转败局,反而消耗了其最后一点战略后备队。德军在这次战役中损失12 万人、800 辆坦克、1600 架飞机、6000 辆汽车和大量火炮。

自此,苏军沿波罗的海至多瑙河 1000 多公里的战线上迅猛地向西推进,直逼德国心脏地带;在西线,英美盟军则沿北海至瑞士一线向莱茵河推进。德军处在两支强大的军队夹击之中。

德军防守西线的是冯·伦斯德指挥的 65 个师,妄想在莱茵河左岸背水一战。盟军对西线德军发起强大攻势。1945 年 2 月9 日攻占科尔马尔,3 月 7 日攻占科隆并在波恩以西渡过莱茵河。3 月 10 日,希特勒撤了伦斯德的职,改任凯塞林元帅为西线总司令,但这时谁都挽救不了德军失败的命运了。3 月间,美、英、加、法等国的军队先后渡过莱茵河,迅猛地向易北河推进。4月 12 日,盟军先头部队已抵马格德堡。19 日、20 日,盟军又解放了莱比锡和纽伦堡。德军在西线的抵抗完全崩溃。

在东线,苏军在朱可夫、科涅夫、罗科索夫斯基的指挥下,全线向德国本土推进。4 月 9 日,苏军攻占东普鲁士的最大要塞哥尼斯堡。东波美拉尼亚战役和东普鲁士战役结束后,苏军推进到奥得河一尼斯河一线,积极准备攻克柏林。

苏军用来攻克柏林的总兵力达 250 万人。配备了 4.1 万门大炮、6250 辆坦克、7500 架飞机。朱可夫元帅统一指挥柏林战役。希特勒明白,柏林战役是最终决定第三帝国和他本人命运的一战。他调集了两个集团军群来防守柏林,总兵力达 100 万人,配有 1 万余门大炮和迫击炮、1500 辆坦克、3300 架飞机。希特勒叫嚷要"死守柏林,直到最后一个人"。但无论从兵力、装备和士气等各个方面来讲,苏军都拥有压倒优势,完全掌握着战略主动权。4月25日,苏军在波茨坦的西面完成对柏林的包围圈;同日中午,美军与苏军在柏林西南的易北河西岸会师。

当苏军兵临城下之际,希特勒龟缩在柏林总理府50英尺深的地下避弹室里,继续指挥残兵败将负隅顽抗。这时,曾几何时不可一世的希特勒,从精神到躯壳都已是个垮掉了的人。他步履蹒跚,两臂不停地颤抖,目光暗淡,弓着腰背,把精疲力竭的身子蜷缩在宽大的斗篷里。他经常像疯子似的大发脾气,失去了自制力,靠吞服大量药物来安定情绪;但又疑神疑鬼,只服卫队长亲手递给他的药。希特勒的忠实门徒极力劝"元首"离开柏林,到筑有坚固工事的阿尔卑斯堡垒去做最后抵抗。希特勒拒绝离开柏林,他幻想出现"奇迹"或有个"壮烈的结局",依然要垂死挣扎。他说:"我现在要留下来,和柏林共存亡。我已病入膏肓,手枪都使不好。我要以身殉职。"

希特勒在指望依靠飞弹、新的喷气式飞机和新的电动潜艇这几件"神奇武器"来扭转战局的梦幻终成泡影后,最后只能乞灵于所谓预卜吉凶的星象图。造谣专家戈培尔宣称:"元首说时来运转就在今年……在这内外交困的时刻,我们将要亲眼看到奇迹。"希特勒通过占星术预卜,说4月份德国将发生灾难,随后就会化凶为吉。碰巧,1945年4月12日,罗斯福总统因脑溢血突然去世。戈培尔得知消息后欣喜若狂,马上打电话给希特勒说:"我的元首,我向你祝贺。你的最大的敌人已经厄运临头。上帝可没有抛弃我们"。希特勒拿到罗斯福逝世的剪报,高兴得手舞足蹈。他晃着剪报,对军火生产部部长施佩尔说:"我一向预言的奇迹就在这儿。是谁正确?战争没有输掉。您念吧!罗斯福死了!"

然而罗斯福的去世并没有影响战争的进程，也没有推迟第三帝国及其大小头目们死期的到来。这时，希特勒的精神彻底崩溃了。出现在他面前的非但不是他梦想的奇迹，而是接连不断的打击。

4月23日，希特勒的接班人戈林在南部等不及希特勒死去就进行"逼宫"。他以"元首"困于柏林、已不能视事为由，致电希特勒，要求让他提前接管帝国领导权。希特勒气得狂叫："现在什么都完了！我一切都没有了！没有人效忠……什么对不起我的事都对我干了！"4月26日，他又从无线电里得知，希姆莱居然背着他私自与美英盟国单独谈判投降条件，并宣布自己为"元首"的接班人。这又气得希特勒"像一个疯子似的大发雷霆"。在一阵狂怒之后，他到处寻找替罪羊。负责希特勒和希姆莱之间联络的党卫军将军、爱娃（希特勒的情妇）的妹夫菲格莱因，这时居然脱掉军装，带着金银财宝准备逃走。希特勒立即命令把他抓回来，于27日在总理府的花园里就地处决。爱娃·勃劳恩不敢出来为自己的妹夫说情。避弹室里的人对此反应也冷淡。因为众人觉得今天死与明天死没有多大区别。

苏军进军顺利，已突入柏林市区。4月28日，被围困的德军只占据着市中心的一条狭长地带。苏军以猛烈的炮火一个个摧毁德军的街垒据点，逐街逐屋地展开白刃战。圈子越缩越小。4月29日，苏军逼近帝国国会大厦和帝、国总理府，红旗已插上勃兰登堡门。希特勒自知败局已无可挽回。

4月29日凌晨，希特勒在地下避弹室里口述了一份"政治遗嘱"和一份"私人遗嘱"。在"政治遗嘱"里，他将戈林和希姆莱开除出纳粹党，并撤消他们的一切职务，指定海军上将邓尼茨为其"继承人"，担任总统，戈培尔任总理。在"私人遗嘱"里，他宣布："当我来到生命旅程的终点之际，我决定和一个有着多年真诚的友谊并自愿选择到一个几乎已遭彻底围困的城市中来与我共命运的年轻姑娘结婚。她将作为我的妻子和我一起死去。"这个甘愿当法西斯殉葬品的姑娘就是当了希特勒多年情妇的爱娃·勃劳恩。当天,他们在地下室举行了婚礼。柏林市参议员、冲锋队员瓦格纳主持婚礼,戈培尔、鲍曼为证婚人。

这天中午,希特勒又从无线电里得悉他昔日的盟友墨索里尼被处决并陈尸米兰街头的消息,不禁惊恐万状。为免遭墨索里尼同样的下场,他加快了走向地狱的步子。原先他曾准备在5月5日死去,因为这一天是拿破仑去世的日子,但严峻的形势已使他无法选择自杀的日子了。苏军的隆隆炮声不断地在他头顶上的总理府花园内轰鸣着。

这一天,希特勒把一些用铜封口的小玻璃药瓶分发给地下室里的妇女。他表示歉意说:"这不是我本来希望的告别礼物。"爱娃在很久以前就已拿到这样一瓶致命的药瓶了,里面装的是剧毒的氨基氰。这种剧毒药水是希姆莱早就准备好了的。

4月30日,希特勒起得很早。上午大部分时间单独和他的新娘在一起度过。下午,他和几个忠实门徒一一握手告别,然后和爱娃一起回到自己的房内。突然,地下避弹室的走廊里响起了隆隆

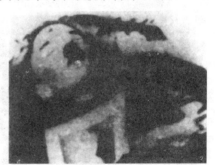
希特勒畏罪自杀。

的回声,有人还以为是一颗炮弹在头顶爆炸,其实是希特勒房内传出的枪声。时间是1945年4月30日15时20分许。准确的开枪时间谁也说不清,因为这时地下室里的人谁也不关心时间。迟

疑了几秒钟后,戈培尔、鲍曼等人走进希特勒的房间,只见希特勒倒在沙发上,他的右太阳穴处有一小孔,血从那里流出来。他是用7.65毫米口径的手枪开枪自杀的。爱娃斜倒在沙发的另一端,启了封的氨基氰小药瓶掉在她脚下,她是服毒自尽的。希特勒和爱娃的尸体被抬上总理府花园,浇上汽油,焚烧在一个弹坑里。

5月1日,戈培尔叫新上任的陆军总参谋长克莱勃斯去和苏军第八近卫军总指挥崔可夫将军谈判,企图拖延时间。根据斯大林的指示,崔可夫命令德军只能无条件投降。戈培尔拒绝,但在他的面前也只有死路一条。当天下午,戈培尔残忍地先毒死自己的6个孩子,然后命令党卫军将他和他的妻子用枪打死。

4月30日下午,就在希特勒畏罪自杀的那个时候,苏军攻占了象征第三帝国最高权力机构的国会大厦,在大厦的顶端升起一面红旗。5月2日,苏军突破帝国总理府外面的防线,冲入总理府门口。一名青年用德语向德国士兵高声喊话:"放下武器!战争打败了!"喊话的青年是后来民主德国第一任总统威廉·皮克的儿子。不久,苏军攻占总理府。最先冲人总理府大楼的有一名少校女军官,是她把一面红旗升到第三帝国总理府的大厦顶端的。这位女少校名叫安娜·尼库琳

投降后的德国军官兵露宿柏林街头。

娜,是一位有两个孩子的母亲。战前,她是一个小城市的市委书记,战时应征入伍,担任部队政工干部。

5月2日下午,柏林城防司令魏德林率残部向苏军投降,柏林战斗基本结束。柏林一役,德军伤亡25万人,被俘48万人。苏军占领了整个德国首都。

5月2日,希特勒指定的继承人邓尼茨派海军上将弗雷德堡与蒙哥马利元帅谈判。5月4日达成北方德军投降议定书,5月5日生效。5月5日,弗雷德堡又到艾森豪威尔总部谈判,企图在西线和盟军达成单方面停止军事行动的协议书。艾森豪威尔要求德国派全权代表签署在各条战线上的全面投降书。邓尼茨被迫接受。5月7日,德国全权代表约德尔在艾森豪威尔的总部兰斯签署了德国无条件投降书。斯大林对投降仪式不满,在苏联政府的要求下,5月8日,德国全权代表在柏林正式

1945年5月8日,德国陆军元帅凯特尔在柏林向盟国签署投降书。

举行德国无条件投降签字仪式,兰斯的签字仪式作为"预演"。参加签字仪式的苏方代表是朱可夫元帅和维新斯基,盟军总部代表是英国空军上将泰德、美国战略空军司令斯巴兹将军和法军总司令塔西尼。代表德国在投降书上签字的是陆军元帅凯特尔、海军上将弗雷德堡、空军上将什图姆普弗。投降书从1945年5月9日零时起生效。第二次世界大战欧洲战场的战争至此结束。

十三　日本投降，第二次世界大战结束

（一）盟军在太平洋全面反攻

中途岛海战和瓜达尔卡纳尔岛之战后，美军在太平洋战场掌握了主动权。1943 年初，美军开始局部反攻。1943 年 5 月，美军收复阿留申群岛，解除了日本对阿拉斯加的威胁。随后，盟军在太平洋的战略安排是：中太平洋部队从珍珠港出发，向西发动进攻；南太平洋和西南太平洋部队联合围攻腊包尔，然后一路沿新几内亚向菲律宾挺进，一路沿所罗门群岛北上。

美军将太平洋划为两个战场：太平洋战区由尼米兹指挥，西南太平洋战区由麦克阿瑟指挥。美国在太平洋的海军被编为 3 个舰队：以珍珠港为基地的编为美国第五舰队，司令员为斯普鲁恩斯海军上将。这是一支装备精良、实力雄厚的舰队。美国南太平洋的海军被编为第三舰队，司令员为哈尔西海军上将。西南太平洋的美国海军被编为第七舰队，司令员为克鲁格海军中将，第七舰队还指挥澳大利亚、新西兰的大部海军。

1943 年 3 月，美国参谋长联席会议做出决定，美军在西南太平洋先攻打新不列颠岛的首府腊包尔，顺势一举攻占新几内亚和所罗门群岛。麦克阿瑟任总指挥，哈尔西的第三舰队归其指挥。

日本大本营决定把西南太平洋的主要战场放在新几内亚，对所罗门和俾斯麦两群岛取守势。为了阻止盟军的反攻，日本联合舰队的主力向西南太平洋进击。日本发现，以美国舰队为主力的美、英、澳联军向新几内亚、所罗门方面集结大量船只和飞机，便倾其主力向腊包尔进发。联合舰队司令山本五十六为了督战，特意从中太平洋的加罗林群岛的特鲁克飞往腊包尔。

为了鼓舞前线部队的士气，山本五十六决定前往布干维尔岛视察。1943 年 4 月 13 日，联合舰队向前线部队发出如下一份绝密电报："GF（联合舰队）长官（山本五十六）于 4 月 18 日起视察巴莱尔、肖特兰、布因。（前往的有）中型攻击机 2 架、护航战斗机 6 架。6 时从腊包尔出发，8 时抵巴莱尔……11 时 10 分抵布因。"尽管日本海军在两周以前全部更换了密码，但美方还是在 17 个小时后破译了全部电文。美国海军马上把这一情报送往华盛顿。美海军部长诺斯克下令干掉这个偷袭珍珠港的罪魁祸首。

4 月 18 日，18 架美国 P-38 闪电式战斗机从瓜达尔卡纳尔岛的机场起飞，经过两个小时的低空飞行，于 11 时 10 分准时飞抵布干维尔岛南部的布因上空。这时山本的座机及其护航机群，像赴约会似的，按预定时间分秒不差地出现在布因上空。一架美机对日本护航战斗机不屑一顾，一上来就咬住第一架日机不放，一瞬间就把全部子弹倾泻到山本的座机上。顷刻间，山本五十六的座机冒着一条长长的黑烟一头栽进了密林，焚为灰烬。

日本人认为，从某种意义上讲，山本五十六之死象征着太平洋战争的失败，因此惊恐不安。他们千方百计地隐瞒山本被打死的真相，以免军队士气下降。美方为了保护破译日本密码技术的机密，有意不披露内情，只是轻描淡写地宣布取得了一场空战的胜利。纸是包不住火的。有关山本五十六战死的种种传闻在日军中开始散布开来。5月21日,日本被迫公布山本五十六战死的消息。这犹如晴天霹雳,日本举国震惊。接任山本担任联合舰队司令的是古贺峰一海军大将(不久,他又因失事而死亡)。

1943年夏季前后,美国在太平洋战场上开始采用越岛战术,而不同日军逐岛争夺,死拼硬打。这样使日军顾此失彼,处处被动,因为美军掌握着海空优势。1943年9月16日,盟军攻占新几内亚的莱城,10月2日攻下芬什哈芬。1944年4月24日,盟军攻下马丹。1943年12月底,盟军在新不列颠岛的西部登陆,并逐渐向东推进。日军据险死守以腊包尔为中心的东部。1944年5月,美军攻占了腊包尔北部的阿德米雷尔提群岛。十来万日本海陆军被围困在孤立无援的腊包尔失去了进攻能力。

这时,美国参谋长联席会议命令西南太平洋和中太平洋部队分两路向菲律宾推进。1944年4月22日,麦克阿瑟部攻占荷属新几内亚北部的荷兰地亚,并包围了马丹和荷兰地亚之间的威瓦尔。不待占领威瓦尔,美军便跳跃攻占韦克德岛;5月27日,美军又跳跃到比阿克岛。侵占新几内亚的日军同大本营的联系被切断,眼睁睁地看着日军的据点一个一个地被盟军分割占领,或被包围坐以待毙。7月底,美军在新几内亚最西端的鸟头半岛登陆,打通了向菲律宾跳跃前进的道路。

与此同时,以珍珠港为基地的美国中太平洋海空部队在尼米兹指挥下,于1943年11月首先攻占了吉尔伯特群岛。接着,在1944年2月间,美军又攻占整个马绍尔群岛。

1944年6月,斯普鲁恩斯指挥庞大的美国第五舰队及其所属的海军陆战队师(总计13万人),开始向马里亚纳群岛发起进攻。其中有航空母舰27艘、战列舰12艘、巡洋舰32艘。日本联合舰队的主力舰队决定与美军决一死战。接替古贺峰一的联合舰队新司令丰田副武命令小泽治三郎的机动舰队担任主攻,陆军第31军担任岛屿防御。6月15日,美军在塞班岛登陆。战斗异常激烈,双方激战20天,日军被歼2.6万人,美军也伤亡了1.6万多人。7月7日,美军全部占领塞班岛。7月21日,美军在马里亚纳群岛的最大岛屿关岛登陆。日美双方激战到8月上旬,日军损失惨重,不得不停止抵抗。7月下旬,美军又攻占达提尼安岛。在攻占各岛屿的同时,6月19日,美舰与小泽的舰队进行了马里亚纳海战。小泽发起4次攻势,结果日本两艘航空母舰被击沉,损失飞机280架。次日,美舰队主动进攻,又有3艘日本航空母舰被击沉击伤。在这次海战中,日本共有480架飞机被美军击落。美国人得意地称此为"马里亚纳打火鸡"。日军被迫放弃马里亚纳群岛。9月15日,麦克阿瑟和哈尔西部队分别攻占摩罗泰岛和帛硫群岛。马里亚纳战役后,麦克阿瑟的西南太平洋部队与尼米兹的中部太平洋部队胜利会师,随后联合进攻菲律宾及日本本土。

日本大本营被迫把"绝对国防圈"缩小到千岛群岛、日本列岛、台湾、菲律宾一线。它决定集中海陆军主力进行决战,这一作战计划称之为"捷"号计划。

1944年10月20日,麦克阿瑟所属的第六集团军在菲律宾莱特岛登陆,菲律宾战役开始。在美军第一批部队登陆后几小时,麦克阿瑟在菲律宾总统陪同下也登上菲律宾土地。他马上向菲律宾人民发表广播演说,得意地宣告:他——麦克阿瑟将军回来了!两年半前,他狼狈逃离菲律宾时,曾讲过,他一定要回来的。现在果真如其所言。

美军在菲律宾登陆之快,出乎日军意料。日本联合舰队司令丰田马上命日本机动舰队分四路向菲律宾进军,于是在莱特湾发生一场海战。美国第三、第七舰队实力大大超过日本舰队。经过 4 天海战，美军击沉日本航空母舰 4 艘、战列舰 3 艘、巡洋舰 10 艘、驱逐舰 9 艘。

在莱特湾海战的同时，陆上的莱特战役也在激烈地进行着。莱特一战，日军伤亡 7 万人。战役失败后，日军退守吕宋岛，凭险据守，企图打持久战。1945 年 1 月 10 日，美军在吕宋岛的仁牙因湾登陆成功。3 月 4 日，美军占领马尼拉。日军残部退守山区，弹尽粮绝，饿死、病死者不计其数。在菲律宾战役中，日军首次利用"神风特攻队"攻击美舰美机，一时间使美舰损失不小：从 1 月 4 日至 13 日，10 天中有 17 艘美舰被炸沉，20 艘受重伤，30 艘轻伤。所谓"神风特攻队"是飞行员驾驶装有炸弹、鱼雷的攻击机朝指定目标进行突袭，最后与指定目标同归于尽。"神风特攻队"的飞行员多半是充满军国主义武士道精神的法西斯军人，也有不少是被迫参加的。但这种自取灭亡的战术并不能扭转败局。到 1945 年 3 月中，美军控制了整个菲律宾。随后，美军向硫黄岛、冲绳岛发起攻击，并大规模轰炸日本本土。

1945 年 1 月 3 日开始，美机对硫黄岛实施昼夜轰炸。硫黄岛是个火山小岛，东西长 8 公里，南北宽 4 公里，但距东京仅 1200 公里。岛上修有机场，并筑有纵横交错的坑道，日军准备死守这一战略要地。2 月 19 日，美军在硫黄岛登陆。日军据险顽抗，战斗异常激烈。经过两周的恶战，残余的 3000 多日军退进山洞死守。3 月 8 日，日军师团长栗原中将与 800 残兵在山洞内集体自杀。美军占领全岛。为这一小岛，美军也有 4300 人献出了生命，2 万人负伤。

1945 年 4 月 1 日，美军在冲绳登陆，当天上岸的兵力达 6 万人。冲绳是琉球群岛中的最大岛屿，位于日本列岛、中国台湾岛和中国大陆三者的中间。日军有两个半师团的兵力防守该岛。美国出动 1400 多艘各类舰艇和 18.3 万人进攻冲绳。尽管美军占压倒优势，但日军据守坑道阵地，战斗仍异常激烈、艰苦。这时的日军都似输红了眼的赌徒，拼死抵抗。6 月 23 日，美军突破最后一个坑道阵地，日 32 军司令牛岛满及其残部在山洞内自杀。冲绳一役，日军伤亡 11 万人，美军亦伤亡 4.9 万人。这是美军在太平洋战场上牺牲最大的一次战役。

在美军大举反攻、一步步向日本本土进逼的同时，为了最后摧毁日本的经济力量和瓦解日本的军心，美国加紧对日本本土的战略轰炸。从 1944 年 6 月至战争结束，美国 B-29 轰炸机对日本共进行 81 次轰炸，达 14569 架次，投弹 14 万吨。美军的大规模战略轰炸使日本工业特别是军事工业遭受巨大损失，从而加快了日本帝国主义的崩溃。

美军攻占硫黄岛和冲绳岛之后，下一步就是考虑如何在日本本土登陆的问题了。此时，世界大战的形势变得更加对世界人民有利，日本的全面战败比人们预料的要快得多。

（二）《波茨坦公告》发表

法西斯盟主德国的垮台对日本侵略者是个沉重的打击，使它陷入四面楚歌的困境。这时的日本，在太平洋战场上正面临着盟军直接攻入本土的威胁；在中国战场上，日军处于全线败退的困境之中；在北方，苏联红军开始向远东集结，日本关东军正面临着苏军直接打击的威胁。日本法西斯虽已朝不保夕，但困兽犹斗，仍想负隅顽抗。1945 年 2 月至 5 月间，日本进行空前的军事动员,广泛搜罗炮灰,妄想依靠240万老、弱、病、残的"在乡军人"进行"一亿玉碎"的"本土决战"。6月8日,日本政府召开"御前会议",通过一个"战争指导大纲",摆出一副"本土决战"的架势,叫嚣要以"尽忠的信念为力量源泉","坚持把战争进行到底,以期维护国体"。接着,日本强行征集新兵,组织形形色色的"义勇队",使武装人员空前膨胀。

美军在步步向日本进逼的同时,加强了对日本列岛的轰炸。日本法西斯垂死挣扎,进行疯狂的抵抗。新继任美国总统的杜鲁门(罗斯福总统因脑溢血于1945年4月12日突然去世)承认:"我们离日本本国的岛屿越近,敌人的抵抗也越加坚决和顽强。"美国总参谋长马歇尔估计:"在日本本土使日本投降,估计要牺牲50万美国人的生命。"为了减少美国士兵的牺牲,杜鲁门希望促成苏联早日参加对日战争。同时,法西斯德国投降后,如何具体处置德国问题迫在眉睫,而波兰疆界倘不早日最后确定下来就会使处置战后德国问题更难进行。因此,杜鲁门急于同苏联取得协议。1945年5月23日,杜鲁门派霍普金斯前往莫斯科同斯大林商谈,要求再次举行美英苏三国首脑会议。斯大林同意7月间在柏林附近的波茨坦举行三国首脑会议。

美国在制订攻入日本本土作战计划、争取苏联早日对日宣战以减轻伤亡的同时,又对日展开诱降活动。在德国投降的当天,杜鲁门对日发表声明,向日本暗示说:"武装部队之无条件投降,对日本人民有何意义?它意味着战事之结束……但无条件投降并不意味着消灭或奴化日本民族。"杜鲁门在这里使用的词是"武装部队之无条件投降",而不是"日本之无条件投降",这暗示日本可保留"万世一系"的天皇制度。5月下旬,美国前驻日本大使格鲁草拟了一项对日劝降的文告,6月中旬得到了国务院和联合参谋总部的赞同,杜鲁门称之为"一种真知灼见"。格鲁主张立刻发表,杜鲁门决定拿到波茨坦会议上去发表,这就是后来的"波茨坦公告"的底稿。

1945年7月17日至8月2日,苏美英第三次也是最后一次战时三国首脑会议在柏林附近的波茨坦举行。7月26、27日,因丘吉尔回国参加大选,休会两天。28日起由新上台的工党政府首相艾德礼率领英国代表团继续参加会议。波茨坦会议开幕前一天,美国在新墨西哥州的沙漠地区试爆第一颗原子弹成功。这使刚参加波茨坦会议的美英首脑感到"兴奋",似乎增添了向苏联讨价还价的资本。美英两国首脑认为,"这是一张应当在波茨坦会议桌上打的王牌"。于是,杜鲁门对斯大林透露,美国已拥有一种"破坏力特别巨大的新武器"。出乎杜鲁门的意料,斯大林"没有表示异乎寻常的兴趣"。在谈判中,斯大林凭借苏联在反法西斯战争中的巨大贡献,依然取得了处置战后德国问题的优越地位。

波茨坦会议主要讨论了战后盟国占领德国的基本政治、经济原则,德国的赔偿及对日作战等一系列问题。经过三国首脑多

丘吉尔、杜鲁门、斯大林在波茨坦会议上。

次讨价还价的讨论,在一些主要问题上达成了妥协,有些分歧则留待以后去解决。

在处置战后德国的问题上,苏美英三国放弃了原先分割德国的打算,而确定了苏、美、英、法四国分区占领管制德国的基本原则。会议明确规定,盟国应使德国非军国主义化、民主化和肃清纳粹主义。关于德国的战争赔偿问题,三国首脑确定,必须强迫德国最大限度地向盟国赔偿损失;会议决定,赔偿由各占领国从自己的占领区征收,苏联除从自己的占领区获得赔偿外,尚可从西占区取得迁移拆除工业设备的10%,另外再从西占区取得拆除工业设备的15%,用来交换苏占区向西占区提供等价的粮食、煤炭等。关于波兰的疆界,三国首脑同意按雅尔塔协议,波兰西界沿奥德河、尼斯河划定,德国东部的波兰领土重新划归波兰;哥尼斯堡(今加里宁格勒)地区"让予"苏联。波茨坦会议还讨论了对意大利、罗马尼亚、匈牙利、芬兰、保加利亚等国的政策问题。

三国首脑着重讨论了对日作战问题。如前所述,美国总统杜鲁门把争取苏联参加对日战争作为他波茨坦之行的使命之一。杜鲁门在其《回忆录》中说:"我去波茨坦有很多原因,但是,在我的思想里,最迫切的是要得到斯大林个人重申俄国参加对日作战的决心,这是我们军事领袖最急于要得到的一件事。"苏联代表在会议上重申,苏联将保证履行对日作战的义务。

7月26日,在取得中国、英国同意后,美国与中英两国发表了《促令日本投降之波茨坦公告》。因苏联当时尚未参加对日作战,故未签字。后来苏联出兵对日作战时,也正式在公告上签了字,所以《波茨坦公告》又成了四大盟国对日的共同宣言。

《波茨坦公告》共十三条,它宣布说:"开罗宣言之条件必将实施,而日本之主权必将限于本州、北海道、九州、四国及吾人所决定其他小岛之内。"公告最后严正警告日本说:"吾人通告日本政府立即宣布所有武装部队无条件投降,并对此种行动诚意实行予以适当及充分之保证。除此一途,日本将迅速完全毁灭。"此外,公告还规定了日本投降后必须遵守的政治、经济等原则。

《波茨坦公告》发表前,美国在征求蒋介石的意见时,蒋介石提出,为了对他在国内有帮助,他要求将三个发起国政府首脑名字的排列次序更换一下,将他的名次排在英国首相之前。为了迎合蒋介石的心意,公告做了这项更动。《波茨坦公告》,实际上是一份反法西斯盟国敦促日本投降的最后通牒。这对于日暮途穷的日本法西斯无疑是一个沉重的打击。《波茨坦公告》也和《开罗宣言》一样,成了处置战后日本的一项重要国际文件。

(三)美国向日本投掷原子弹

美、中、英促令日本投降的《波茨坦公告》发布的第二天,即1945 年 7 月 27 日,日本内阁召开紧急会议,就公告的含义和日本的对策进行讨论。这时的日本统治集团分成了两派:以外相东乡为代表的主和派,主张利用美苏矛盾,在保持国体的前提下争取有利于日本的和平,因而主张接受《波茨坦公告》;以陆相阿南为代表的主战派,坚决反对,依然高唱本土决战的老调。后者占了优势。7 月 28 日,首相铃木贯太郎向记者发表谈话说:"在我看来,波茨坦公告不过是开罗宣言的改头换面而已。因此,政府并不认为它是一件重要的事。我们对此不予理睬。"同时,铃木扬言,日本将"坚决地战斗下去,直至取得这场战争的胜利"。

这时,杜鲁门及其周围的顾问们认为,应该向日本抛出他们手中那张原子弹王牌了。他们认为,"唯一能说服天皇及其军事顾问们的办法就是证明我们有能力摧毁他们的帝国"。杜鲁门决定向日本投掷原子弹。

原子弹是当时美国刚刚掌握的一种新式武器,它的研制也还是第二次世界大战中的事。大战期间,德国在原子的研究和实验方面居各国的领先地位。受法西斯迫害而客居美国的一些欧洲著名的核物理学家,如意大利的费米、匈牙利的锡拉德等,对纳粹德国在原子研究方面遥遥领先的局面表示忧虑,希望美国抢在纳粹德国之前赶制出第一颗原子弹。这批侨居美国的欧洲物理学家找到了科学伟人爱因斯坦,动员他给美国总统罗斯福写封信,建议美国迅速采取行动,加强对铀的研究,以便制造威力巨大的原子弹。在一批科学家的敦促下,1939 年 8 月,爱因斯坦给罗斯福写了一封信。

动员和组织美国整个科学界与工业界同德国来一场制造原子弹的竞赛,这是件非同小可的事。面临的严峻现实使罗斯福不得不考虑:在这场胜败未卜的竞赛中,只有美国堪与德国匹敌;而德国一旦得逞,希特勒这个疯子是一定会用原子弹来征服世界的,到时美国也势必处于岌岌可危的境地。因此,美国必须投入这场竞赛。1939 年 10 月 19 日,由罗斯福拍板,决定采纳爱因斯坦的建议,下令成立研究原子武器的委员会。1941 年 12 月,原子弹的研制进入大规模的工业阶段,代号为"曼哈顿计划"。全面负责原子弹研制工作的是陆军部的格罗夫斯少将,他坐镇"曼哈顿工程"总部;负责设计和制造原子弹工厂的是原子弹之父罗伯特·奥本海姆。费米、锡拉德等著名核物理学家都参与这项工程。工程总部直属总统,对国会议员甚至对当时的副总统杜鲁门都严格保密。杜鲁门是在继任总统后,陆军部长史汀生向他报告"曼哈顿计划",才第一次得悉一点有关原子弹研制的情况。杜鲁门说,在此之前"我始终毫无所知"。这时距美国向日本投掷第一颗原子弹还不到四个月。由此可见,其保密之严格和出色,堪称惊人。

到 1945 年夏,美国研制成两种原子弹,共三颗。一种是以铀原料为基础的原子弹,代号"小男孩";另一种以钚原料为基础的原子弹,代号为"胖子"。从罗斯福下令开始研究,到制造出最初的三颗原子弹,前后费时 5 年多,耗资达 22 亿美元,投入人力约 50 万人。这在当时来说是一笔非常巨大的投资。

美国研制成的第一颗原子弹用来试爆。1945 年 7 月 16 日,研制人员在新墨西哥的阿拉莫戈多沙漠地试验成功。研制人员无不欣喜若狂。在现场指挥试爆的格罗夫斯将军恢复镇静后的第一句话是:"战争已经结束了。这种炸弹只需扔上它一两颗,日本就完蛋了。"前往柏林参加波茨坦会议的杜鲁门总统当天就收到史汀生向他报告原子弹试爆成功的一份电报。电文是这样写的:

> 今晨已动手术。诊断尚不完全,然结果似尚令人满意并超过原先的期望。格罗夫斯医生心满意足,他明天返回。我特此向您报告。

杜鲁门获悉原子弹爆炸成功的消息后,似乎增添了许多资本。他得意扬扬地说:"我们现在拥有一种战争武器,它不但能彻底扭转整个战局,而且能调转历史和文明的方向。"杜鲁门这话自然是言过其实的大话了。

美国政府决心马上使用这种新武器,遂成立一个以军界首脑人物为核心的临时委员会,具体研究如使用这种新武器及其可能对美国产生的影响。至于在什么地方和什么时候去投掷原子弹,则由总统杜鲁门做最后决定。他指示说:"原子弹应尽可能投在靠近有头等重要意义的军需生产中心。"史汀生的参谋班子提出了四个目标城市:广岛、小仓、长崎、新蝙。杜鲁门召集马歇尔、史汀生和空军司令阿诺德做最后研究,最后确定广岛为第一个目标。7月24日,以陆军部长的名义指令战略空军司令斯帕茨将军:8月3日以后在气候条件许可的情况下,尽快投掷第一颗原子弹。从7月27日至8月1日,美国飞机在日本各城市上空散发了150万张传单和300万张《波茨坦公告》。传单警告城市居民说,这些城市将受到猛烈的轰炸。7月28日,日本首相铃木贯太郎发表谈话,说什么对《波茨坦公告》"不予理睬"。有鉴于此,美国统治者认为,向日本投掷原子弹势在必行了。

1945年8月6日8时,广岛响起了警报,上空出现了两架B-29型美国飞机。广岛人经常被警报从睡梦中惊醒,时间一长也习以为常了;美机近来几乎天天向日本各城市扔下成吨成吨的炸弹,许多飞机都是从广岛上空飞过的,可广岛始终未遭大规模的严重破坏。这天天气晴朗,且异常闷热,许多市民听了警报后并未进入防空洞,而是仰着头在看美国飞机。8时15分,一架飞机后面忽然出现一个白点,几秒钟后人们发现一个降落伞在迅速向下飘动。当降落伞降至离地面600米高空时,空中突然发出令人目眩的白光,仿佛一个巨大的太阳,接着响起震耳欲聋的巨大爆炸声。一瞬间,巨大的火球升腾成不断变幻着颜色的一团蘑菇云,整个城市被黑暗的烟云所湮没。在原子弹的爆炸中心的投影点下,温度高达10亿度,高出太阳温度的3倍,一切都化为气体了。巨大的冲击波顷刻间把城市的绝大部分建筑物都摧毁了。在 16 公里以外的地方，人们仍能感到灼热的气流。靠近爆炸中心的人则大都死亡。当天死者计有 78150 人，受伤和失踪者达 51408 人。

8 月 7 日，杜鲁门总统由史汀生出面，在华盛顿发表声明："7 月 26 日在波茨坦发出的最后通牒，旨在拯救日本人民免遭彻底的毁灭。他们的领袖迅速地拒绝了这份最后通牒。如果他们现在还不接受我们的条件，他们的毁灭将自空而降，类似的情况地球上从来不曾有过。"杜鲁门宣布 8 月 6 日在广岛投掷的是原子弹，威力相当于 2 万吨 TNT(三硝基甲苯)。美国在广岛扔下的这颗代号为"小男孩"的原子弹，据当场测定，实际威力是 1.4 万吨 TNT。鉴于总统已宣布为 2 万吨级，所以实际记录一直保密。

起初，日本军方还不知道在广岛投下的是一颗原子弹。当地驻军司令部向东京报告说："敌人使用了从未见过的破坏力的高性能炸弹。"杜鲁门宣布后，东京派出一个有原子能专家参加的调查团赶赴广岛。8 月 8 日，调查团一行一到广岛，立即证实美国投下的是一颗原子弹。日本法西斯统治集团十分震惊。当天下午，东乡外相就把有关美国在广岛投掷原子弹的详情上奏天皇。天皇表示："敌既已使用此种武器，则战争之继续更不可能，为获得有利条件起见，不得丧失结束战争之时机，关于条件，当有协商余地，应努力迅速结束战争，可转告铃木首相"。

8 月 9 日上午，铃木首相又获知苏联参战的消息，这就更加快了他结束战争的决心。正当他在召开最高战争指导会议，就结束战争进行激烈争辩之际，9 日上午 11 时 30 分，美国又在长崎扔下了代号为"胖子"的第二颗原子弹。这次，美机本来选择投掷的目标是小仓，只是当时小仓上空云层很厚，看不清目标，于是改投长崎。当日长崎死亡人数为 23753 人,受伤为 43020 人。

　　无可否认,从当时实际情况来看,美国向日本投掷原子弹确实起到了加速日本法西斯投降的作用,但它不是迫使日本投降的决定因素,决定因素是各国人民长期坚持的抗日战争,使日本法西斯到了山穷水尽的地步。丘吉尔曾说过这样两句话:"如果认为原子弹决定了日本的命运,那将是一个错误。日本的失败在第一颗原子弹投掷以前已成定局。"这话是符合当时实际情况的。美国之所以匆匆在这时把刚试制成功的两颗原子弹都投掷在日本本土,除了要迫使日本迅速投降外,主要是出于政治上的考虑:美国当权者想抢在苏联出兵前迫使日本投降,以排除苏联在远东的影响;即便苏联马上向日本宣战,美国统治者认为两颗原子弹也可用来贬低苏联参战的意义。当时任美国国务卿的贝尔纳斯吐露了美国统治者的心声,他说:"炸弹扔在日本。正是为了在俄国收到效果",是为了"使俄国人在欧洲更好商量"。这已是冷战的语言了。

(四)苏联对日宣战

　　在雅尔塔会议上,苏联与美英两盟国达成协议:在德国法西斯战败投降 3 个月后,苏军参加对日作战。波茨坦会议上,苏联再次重申履行对日作战的义务。之后,苏联加快了对日作战的准备。5 月,苏联从西线抽调大批军队增强远东部队。到 8 月初,苏联在远东的地面部队达 80 个师,总兵力为 175 万余人,拥有飞机 3400 多架、坦克 5500 多辆。苏联远东军总司令华西列夫斯基元帅统辖 3 个方面军,即麦列茨科夫元帅指挥的远东第一方面军、普尔卡耶夫大将指挥的远东第二方面军和马利诺夫斯基元帅指挥的后贝加尔方面军。这时,日本在我国东北的所谓"精锐部队"即关东军,经过大批抽调之后,实力已远非昔比。况且,当时关东军的各类轻重武器严重短缺,其保有的弹药仅可供 13 个半师团的一次战斗之用。在苏联出兵前夕,关东军可用来对抗苏军的总兵力只有 24 个师团、11 个独立旅团,总共约 75 万人。因此,苏军在各个方面都处于绝对优势。

1945 年 8 月 8 日下午 5 时,苏联外交人民委员莫洛托夫通知日本驻莫斯科大使佐藤尚武说,从 8 月 9 日起苏联与日本进入战争状态。佐藤原先与莫洛托夫约好于当晚会谈,想不惜"废除朴茨茅斯(日俄)条约",最后争取苏联"好意的中立",实现对英美"讲和"。但如今,一切幻想都破灭了。

8 月 9 日零时一过,苏联红军兵分四路,以迅雷不及掩耳之势,越过中苏边界,对在我国东北的日本关东军发起凌厉的总攻击。第一路,由后贝加尔方面军会同蒙古军队,突破满洲里,越过大兴安岭,突入东北中部平原,直插长春、沈阳,切断日寇退路;第二路,苏蒙联军向承德、张家口和锦州方向推进;第三路,苏军从东面突入中国东北中部平原,分割、围歼日军,然后突入哈尔滨、长春;第四路,主要是担任辅助突击,强渡黑龙江、乌苏里江后向齐齐哈尔、哈尔滨方向推进。一路上,苏军没有遇到有力的抵抗,几乎是一天以 100 公里的速度向前推进。

日本大本营和关东军对苏军参加对日作战的时间做了错误判断。大本营判断说:"苏军对日作战的部署可于 8 月末大体就绪。从军事上看,初秋时节发动对日战争的可能性最大。"关东军头目则认为,苏联参战"最早很可能是 1946 年春"。直到 8 月 6日,关东军司令山田乙三还认为,"苏军的进攻还是遥远的事"。

所以当苏联正式对日宣战时,关东军措手不及,指挥紊乱。当时关东军司令山田乙三不在长春,而到大连观赏歌舞伎演出去了。他匆忙乘飞机赶回司令部,仓促应战。在苏军几路纵深打击下,不及一周,关东军就被击溃。这时,中国东北抗日联军与饱受日军铁蹄蹂躏的东北人民纷纷袭击日军,有力地配合了苏军的作战。

8月14日,日本宣布接受《波茨坦公告》;15日,天皇广播投降诏书。关东军士气一落千丈,全线抵抗顷刻瓦解。8月18日,关东军司令山田乙三下令向苏军投降。19日,苏军进占齐齐哈尔;20日,苏军开入长春、沈阳、哈尔滨、佳木斯等城市;22日,苏军200多名官兵作为先头部队,分乘10架飞机抵旅顺、大连;23日和24日,苏坦克部队乘火车进驻旅顺、大连。

与此同时,苏远东第一方面军南翼部队在金日成领导的朝鲜人民武装配合下,迅速攻占朝鲜北部的雄基、清津、元山等港口城市;24日进占平壤,不久推进到"三八线"附近。到8月底,在中国东北和朝鲜北部的关东军全部被解除武装。按盟军总司令麦克阿瑟有关日军投降细节的"总命令第一号"规定,"三八线"以南的侵朝日军向美军投降。这一规定,事先取得了苏联的同意。

苏军在向中国东北和朝鲜北部推进的同时,于8月11日向南库页岛发起进攻,8月28日全部占领南库页岛。8月15日,华西列夫斯基命令苏军在千岛群岛登陆。苏军依次从北至南进占千岛群岛各岛。至9月2日,苏军全部进占千岛群岛,其中也包括国后、色丹两岛。苏军宣布千岛群岛战斗结束。按雅尔塔协议,库页岛南部应交还苏联,千岛群岛须交予苏联。至此,历时3周多的苏联对日作战全部胜利结束。在整个远东战役中,苏军击毙日军 8.3 万多人，生俘日军近 60 万人，缴获坦克 600 辆、飞机 861 架、大炮 1500 多门。苏联对日作战和歼灭关东军的主力，加速了日本法西斯的投降进程，也为中国抗日战争的最后胜利创造了有利的条件。

（五）中国人民和亚洲各国人民的大反攻

在苏联宣布对日作战的第二天，毛泽东就发表了《对日寇的最后一战》的声明，指出："由于苏联这一行动，对日战争的时间将大大缩短。对日战争已处在最后阶段，最后地战胜日本侵略者及其一切走狗的时间已经到来了。"8 月 10 日，八路军总司令朱德发布命令，要求八路军、新四军及其他人民武装部队进行大反攻，并限令日伪武装无条件投降，如遇反抗，坚决歼灭之。8 月 11 日，延安八路军总部又紧急命令华北、山东解放区武装部队，迅速向热河、察哈尔、东北挺进，配合苏军，迫使日伪武装投降。

可是，就在这个夺取抗日战争最后胜利的关键时刻，一直躲在峨眉山的蒋介石，竟然于 8 月 11 日"命令"八路军、新四军"应就原地驻防待命"，不许"擅自行动"，甚至暗中串通日伪军，让他们以"负责维持地方治安"的名义，拒绝向八路军、新四军投降。中国共产党严正拒绝并批驳了蒋介石的这个荒谬"命令"，指出这个"命令"是"违背中华民族的民族利益，仅仅有利于日本侵略者和背叛祖国的汉奸们"；另一方面，进一步命令八路军、新四军及一切人民武装向敌人发起总攻击，歼灭一切负隅顽抗的日伪军。中国共产党领导下的所有人民武装，接到命令后，迅速在东北、平津、归绥、太原、平汉、陇海、济南、胶东、津浦、沪宁、运河、广九各前线。向日伪军发起全面的大反攻。

经过1个月的战斗,中国人民武装配合苏军战斗,解放了全东北。在平津地区,八路军攻占了张家口、山海关、秦皇岛等战略要地和大部分县城。在归绥前线,八路军攻克许多重要城镇,收复归绥城,切断平绥线。在太原前线,几支八路军协同作战,切断同蒲、正太路,解放了山西广大地区。在平汉、陇海路前线,晋冀鲁豫解放区军民向平汉路石家庄至新乡段、陇海路中段开封周围进军,收复许多重要城镇,解放了黄河沿岸广大地区。在济南、胶东前线,八路军解放了山东绝大部分县城,其中包括临沂、曲阜、烟台、威海卫等重要城镇。在苏北解放区,新四军收复了淮阴、淮安,使苏北苏中、淮南淮北连成一片。在沪宁前线,新四军向沪宁路、浙赣路、津浦路南段进攻,解放了许多城镇,进逼南京、上海。在广九前线,华南抗日纵队向广九、潮汕进军,尽管该地区大部被国民党军所抢占,但抗日纵队也取得不少胜利。据不完全统计,自8月11日总反攻开始后的两个月的时间里,新四

日军向我八路军投降。

军、八路军及解放区人民武装部队收复国土31万余平方公里，解放城市190余座,歼灭日伪军23万,缴获长短枪18万支、轻重机枪2500多挺、各种火炮600多门。

　　与此同时,国民党军队在美国的帮助下,利用现代化运输工具,日夜兼程,赶赴沦陷区"接受日军投降"。第一战区司令胡宗南被派赴洛阳,第二战区司令阎锡山被派往太原,第三战区司令顾祝同被派到杭州,第五战区司令刘峙被派赴南阳,第六战区司令孙蔚如被派到武汉,第七战区司令余汉谋被派往潮汕,第九战区司令薛岳被派到南昌,第十战区司令李品仙被派往徐州,第十一战区司令孙连仲被派到天津,第十二战区司令傅作义被派往归绥,第二方面军司令张发奎被派到广州,第三方面军司令汤恩伯被派往上海,第四方面军司令王耀武被派往长沙,"接受日寇

侵华日军总指挥冈村宁次在南京签署投降书。

投降"。一时间出现国民党军队占领城市、共产党军队占领广大农村的局面。

1945 年 9 月 9 日,日军侵华派遣军总司令冈村宁次大将在南京向中国政府代表何应钦上将签署投降书。中国人民艰苦的八年抗战终于取得了最后胜利。它为反法西斯的第二次世界大战的最后胜利做出了巨大的贡献。中国战场牵制了日本陆军的主力。侵华日军最多时达 40 个师团的兵力。太平洋战争爆发后,侵华陆军常年仍保持在 100 万人以上。八年抗战中,中国人民共歼灭日军 133 万人。而美、英、澳等国盟军在整个太平洋战争期间共毙伤日军 89 万多人,苏军毙伤日本官兵共 8 万余人。由此可见,中国人民在反法西斯战争中的作用与贡献是何等显著了。中国战场不仅牵制了日本陆军的主力,歼灭了 130 多万日军,而且中国抗战持续时间最长、付出的牺牲也极大。自 1931 年"九·一八"事变到 1945 年日本侵略者投降 14 年间,1000 多万中国人死于非命,财富损失约 600 亿美元。

除中国人民以外,处于日本法西斯铁蹄蹂躏下的亚洲各国人民,在 1945 年夏也配合盟军纷纷举行大反攻,为击溃日军、解放自己祖国的神圣事业做出了各自的贡献。他们的英雄业绩也载入了反法西斯的第二次世界大战的胜利史册。

朝鲜人民在金日成的领导下坚持长期抗战,发展、壮大人民武装力量,不断打击敌人,为朝鲜民族的解放斗争的最后胜利奠定了基础。1945 年 8 月 9 日,苏联出兵参加对日作战后,朝鲜人民革命军在金日成的率领下,配合苏军一举解放了朝鲜北部。

在越南,印度支那共产党获悉日本无条件投降后,为配合盟军进入越南,决定先发动总起义,从侵略者手中夺取政权。8 月 16 日,越南成立了以胡志明为主席的民族解放委员会和临时政府。8 月 19 日，河内 10 万群众大起义，一举夺取了首都的政权。继河内起义后，顺化、西贡等市的人民起义也先后取得胜利。半个月内，越南八月革命迅速在全国范围内取得胜利。9 月 2 日，胡志明在河内巴亭广场举行的 50 万人的群众大会上宣读了"独立宣言"，宣布越南民主共和国正式成立。

　　盟军于 1945 年初在缅甸开始反攻后，3 月间，昂山领导的缅甸国民军率先在曼德勒起义，随后掀起抗日全民起义。5 月 1 日，缅甸人民解放首都仰光，并配合盟军很快把日本侵略者赶出了缅甸国土。但不久英军抢夺了缅甸人民的胜利果实。

　　马来亚人民经过三年多的艰苦抗战，解放了全国一半以上的乡村地区。日本宣布投降后，侵马日军继续负隅顽抗，马来亚人民无情地肃清顽敌，解放了自己的全部国土。不久，英国的殖民统治却又卷土重来。

　　在反法西斯战争的胜利曙光来临之际，印尼共产党领导的反法西斯青年组织认为印尼独立的大好时机已经到来，不能等待侵略者的"恩赐"，应该自己争取独立。印尼共决定派艾地等前去和苏加诺、哈达联系。苏加诺和哈达当时是日本人建立的"印度尼西亚独立准备调查会"正副主席。8 月 17 日，雅加达群众拥上街头，夺取首都。鉴于革命形势的发展，苏加诺同意并签署了独立宣言，宣布印尼独立。

　　亚洲各国人民的八月前后的大反攻，不仅给日本法西斯以最后一击，加快了反法西斯的第二次世界大战最后胜利的到来，而且也为亚洲各国人民的民族独立打下了可靠的基础。

（六）日本法西斯投降　第二次世界大战结束

美国在日本本土投掷原子弹，苏联出兵参加对日战争，中国及亚洲各国人民发起大反攻，使日本陷入绝境，法西斯头目慌了手脚。苏联出兵参战、美国在长崎投掷第二颗原子弹的当天即8月9日上午，日本政府连忙召开最高战争指导会议，研究是否接受《波茨坦公告》。会上分成两派，长时间议而不决。以外相东乡茂德为代表的一派主张在维护国体即保护天皇制的前提下接受《波茨坦公告》。这时，首相铃木也主张投降，他无可奈何地说："从四周的形势来看。不能不接受《波茨坦公告》。"以陆相阿南惟几、陆军参谋总长梅津美治郎、军令部总长丰田贞次郎为代表的一派虽然这时不得不表示愿意接受《波茨坦公告》，但提出了四个附带条件：1. 保证维护天皇制；2. 战犯由日本政府自行处理；3. 由日本自己以复员的方法自动解除武装；4. 避免盟军占领日本，如不可能，则进驻日本的盟军只能限于数量有限的兵力，且东京要除外。双方争论不已，谁也不肯让谁。

首相铃木见未能取得一致意见，建议最高军事会议暂时休会，下午再召开内阁会议，继续讨论是立即接受无条件投降还是继续战争的问题。内阁会议也分成两派，依然争论不休，议而不决。于是铃木首相宣布内阁会议也休会，把争论问题上奏天皇"圣断"。

当天深夜，在皇宫防空洞里召开了御前会议。铃木首相主持会议，他首先上奏议案说，日本政府准备接受《波茨坦公告》，"但应取得如下谅解，即上述公告并不包含有任何损害陛下作为至高统治者的皇权的要求"。接着外相东乡作了说明,他解释说,此时此刻日本只能接受《波茨坦公告》,只能提一条维护国体的要求:只要天皇制保存,日本民族就有复兴之日。陆相阿南听后跳起来反驳说:"绝对不行! 武装部队还有足够的信心进行一场本土决战。除非所有四个条件全部得到满足,我们就没有别的选择。我们将继续战斗。"参谋总长梅津、军令部总长丰田等坚持支持阿南的意见。

对于双方的争论情况,白天已有人上奏天皇。因此在深夜的御前会议上,天皇裕仁"胸有成竹",作出了"圣断",决定在维护国体的前提下接受《波茨坦公告》。他说:"在大局上应以明治天皇在三国干涉①时所作的决断为例,加以效法,忍其所不能忍,耐其所不能耐。"

8月10日,日本政府通过中立国瑞士、瑞典两国政府向中、美、英、苏四大盟国发出照会,表示愿意接受《波茨坦公告》,但附以一项"谅解",说"上述公告不包含有任何损害天皇陛下作为至高统治者的皇权的要求"。

8月10日,杜鲁门从无线电广播里得悉日本致盟国的照会后,立即把国务卿贝尔纳斯、陆军部长史汀生、海军部长福莱斯特和海军上将李海找来商讨。杜鲁门逐个征询他们的意见。史汀生表示保持天皇制对美国有利。收到瑞士政府转来的日本正式照会后,美国政府又征求了中国、英国和苏联政府的意见。三国政府都表示赞同。8月11日,美国代表盟国正式答复日本政府:"从投降时刻起,日本天皇和日本政府统治国家的权力须听从盟

①指中日甲午战争后俄、德、法三国出面干涉,迫使日本将辽东半岛归还中国。

国最高统帅之命令"，"日本政府的最后形式将按波茨坦公告，依日本人民自由表达的意志确定之"。8 月 13 日，日驻瑞典公使把盟国答复电告东京。

8 月 14 日，日本政府再次召开御前会议，最后商讨盟国的答复。首相铃木一上来就说："在这里又一次烦请陛下圣断，我深感罪过。不过，还是请陛下亲自听取反对者的意见之后再做出圣断。"陆相阿南涕泪交加，极力反对投降。在阿南发言之后，天皇巡视了一下鸦雀无声的会议席，然后慢慢地开始讲话。他说："我考虑把战争再拖延下去是不合适的……关于对国体的忧虑，也

日本天皇裕仁宣读"停战诏书"，宣布日本接受《波茨坦公告》，无条件投降。

是很自然的，但对方也解释说怀有相当的好意，我不想去多加怀疑……无论我自己将会怎样……"讲到这里，天皇的声音开始颤抖，并极力抑制住快要夺眶而出的泪水。这时与会者一齐号啕大哭了起来。昔日穷兵黩武、不可一世的法西斯侵略者万万没有料到会落得个如此凄惨的下场。天皇"圣断"后，铃木首相立即起草了"停战诏书"。当天深夜，裕仁又录制了"停战诏书"的录音。8 月 15 日，日本广播了"停战诏书"。这天，80 岁的铃木在完成了"终战"任务后，向天皇呈交了辞职书。8 月 17 日，皇族成员东久

迩亲王出任首相,跛脚的重光葵任外相。新内阁成立后迅速派出3名皇族成员向海外的日军传达天皇所下的投降命令。8月19日,又派出以代理参谋总长河边虎四郎中将为首的代表团,前往马尼拉,磋商有关盟军进驻日本和签署投降书等事宜。从这时起至9月中旬,散布在东南亚各国、太平洋诸岛及中国、朝鲜等地的330多万日本侵略军,陆续向盟国投降。

太平洋美军总司令麦克阿瑟被任命为中、美、英、苏等盟国占领军总司令。8月26日开始,一支拥有383艘各类军舰的庞大舰队开进了东京湾。8月28日,美军先头部队在东京附近的机场着陆。30日,美英大批军队在日本本土登陆。同一天,麦克阿瑟飞抵东京。走下飞机时,麦克阿瑟戴一副太阳镜,口衔长管烟斗,挺胸凸肚,还在短短的扶梯上停留了两

盟军总司令麦克阿瑟。

次,得意扬扬地环视一下四周,说道:"我,一个职业军人,掌握着8000万人的民政责任和绝对控制权。"麦克阿瑟到东京后的第一件事是控制东京的电台,建立了自己的新闻局。

1945年9月2日上午10时,在东京湾美国航空母舰"密苏里"号上,举行了日本正式投降的签字仪式。重光葵代表日本天皇裕仁和日本政府,梅津美治郎代表日本大本营,在美、中、英、苏等盟国代表面前正式签了投降书。日本代表团随员加濑俊一曾对现场做了记述:"小艇很快靠拢了战舰,我们由拄拐跛行的

重光葵为首，攀上舰梯……他好像每移动一步都要呻吟一下，我们其余的人也都附和着叹一口气。当我们 11 人登上战舰右舷的走廊甲板时，我们排成了三排，隔着一张桌子，面向盟国的代表们。桌面上铺着绿布，放着白色的降书……我尽量以一种最大的镇静来保持战败的体面，但那是不容易的，每过一分钟犹如过了几个世纪。"日本代表签字后，接着是盟军和盟

1945 年 9 月 2 日，日本向美、中、英、苏等盟国正式投降的签字仪式在美军航母"密苏里"号上举行。

国代表签字。麦克阿瑟代表盟军首先签字。他轮换用了 5 支钢笔才签完他的名字和头衔。后来他把 5 支钢笔中的 4 支分送给美国档案馆、他的母校西点军校、一名被日军俘过的美国将军和一名英国将军，另一支送给了他的妻子。代表美国的是尼米兹海军上将，代表中国的是徐永昌将军，代表英国的是福莱塞海军上将，代表苏联的是杰列维亚科中将，澳、加、法、荷、新西兰等国的代表也都依次签了字。至此，日本帝国主义以战败投降告终，反法西斯的第二次世界大战也同时宣告结束。

第二次世界大战是人类的进步和反动、民主和独裁、正义和邪恶之间的一场惊心动魄的生死搏斗，最后它以世界反法西斯力量的彻底胜利而宣告结束。德日意法西斯挑起这场战争，其目的是妄图在世界范围内建立起专制独裁的奴役制度。这就决定了世界人民所进行的反法西斯战争是正义的战争。尽管法西斯轴心国煊赫一时，一度横行于欧、亚、非诸大陆，貌似强大，但战争的性质决定着人心的向背，法西斯所进行的侵略战争必然激起世界各国人民的奋力反抗。失道寡助，德日意法西斯侵略者最终被历史车轮碾得粉碎。世界各国人民在反法西斯的第二次世界大战中为人类历史共同谱写了新的篇章。反法西斯力量的胜利，彻底粉碎了法西斯轴心国奴役世界人民的罪恶计划，从而把世界向前推进了一大步，成了十月社会主义革命后人类历史上又一个重大的里程碑。

反法西斯力量在第二次世界大战中的胜利，对世界历史的进程产生了极为深远的影响。这次战争的结局极大地改变了世界范围内政治力量的对比和国际关系的格局。德日意法西斯彻底崩溃，英法等西方列强被严重削弱，美苏两强在战后崛起并走向对峙。

第二次世界大战的胜利也为社会主义力量的壮大和民族解放运动的蓬勃发展开辟了现实的道路。毛泽东指出："如果说，十月革命给全世界工人阶级和被压迫民族的解放事业开辟了广大的可能性和现实的道路，那么，反法西斯的第二次世界大战的胜利，就是给全世界工人阶级和被压迫民族的解放事业开辟了更加广大的可能性和更加现实的道路。"第二次世界大战的胜利导致帝国主义殖民体系开始崩溃。中国、朝鲜、越南等亚洲国家，南斯拉夫、波兰、捷克斯洛伐克、罗马尼亚、匈牙利、保加利亚、阿尔巴尼亚等东欧国家，在共产党等进步政党的领导下摆脱了帝国主义的统治和羁绊，建立了人民政权，走上了建设独立自主的国家道路。与此同时，在第二次世界大战胜利的影响下，亚、非、拉地区掀起了民族解放运动的高潮，印度、缅甸、印尼、菲律宾、埃及、阿尔及利亚、苏丹等一大批国家也纷纷走上独立的道路。1945 年联合国成立时，创始会员国仅 51 个，到 1981 年时联合国成员国已发展到 156 个。民族独立运动的发展大大削弱了帝国主义、殖民主义的势力范围，为当今发展中国家的崛起奠定了基础。

第二次世界大战给人类的文明和财富造成了巨大的破坏，但也大大刺激和推动了现代科学技术的发展。为了战胜对手，东西方各国的军事科学技术及与军事有关的科学技术在战时得到了令人惊叹的发展，出现了一系列现代化的先进武器，如原子弹、喷气战斗机、雷达、V_1、V_2 飞弹（导弹的雏形）、新型的潜艇、航空母舰、坦克等。随着战争的结束，战时蓬勃发展起来的先进的军事科技和军事工业大批转入民用，原子能工业、航天工业、电子工业等一系列新兴工业应运而生，从而在东西方一系列国家中出现了一个比历史上工业革命远为广泛深刻的科技革命，极大地提高了人类的生产力水平。

第二次世界大战的历史经验告诉人们，面对法西斯这样的穷凶极恶的战争势力，单靠少数杰出人物和少数几个国家的力量是不够的，必须联合世界上一切可以联合的力量，最大限度地孤立、打击敌人。第二次世界大战的胜利是国际反法西斯同盟的伟大胜利。参加这一同盟的国家尽管意识形态和制度不同，但在击败法西斯侵略者的共同目标下，求大同，存小异，互相支持，互相配合，共同战斗，终于赢得了光辉的胜利。这也为当今世界和平发展、多种体制竞争共处提供了历史借鉴。

第二次世界大战的历史经验还深刻地告诉人们，像张伯伦之流那样推行绥靖政策，一味向侵略者乞求和平，其结果是只会助长侵略者的嚣张气焰，加速战争的到来，而自己最后也只能落得个可悲的下场。

第二次世界大战的胜利也雄辩地说明，对付现代化的战争必须以雄厚的经济实力为基础。没有以先进的科学技术装备起来的现代化工业、现代化农业和现代化的国防，要在现代化的战争中取得胜利是不可能的。

十四 尾声:战犯们的下场

第二次世界大战是迄今人类历史上规模最大的一次战争。在这次大战中,先后参战的国家多达 61 个,占当时世界总人口的 80%。这次战争给人类带来了空前的浩劫和巨大的灾难。其中苏联和中国牺牲的人数最多:苏联约 2700 万人,中国约 3500 多万人。参战国资财的消耗和财富的破坏也是惊人的。据不完全统计,各国损失高达 4 万多亿美元。波兰这样一个小国家,由于德国法西斯的侵略、浩劫,牺牲的人口达 600 万人,损失财富达 200 亿美元。德日意法西斯挑起的这场世界大战,最后以法西斯失败、反法西斯的盟国的胜利而告结束。玩火者必自焚。挑起这场战争的罪魁祸首及各级战犯们都受到了历史的惩罚。法西斯三元凶中的两个,即希特勒和墨索里尼的可耻下场,前面已有叙述:希特勒自杀焚尸;墨索里尼被意大利人民活捉处决,暴尸米兰街头。那么,德国的其他主要纳粹战犯如戈林、希姆莱、赫斯等人,日本的主要战犯如东条英机、土肥原贤二、坂垣征四郎等人的下场如何呢? 这在本书结束时需交代一下,现先交代纳粹战犯。

纳粹政权崩溃后,除戈培尔跟着希特勒自杀外,其他的多半被盟军俘获。1945 年 5 月 21 日,希姆莱化装逃跑,后被一个英国哨所抓获。经过盘问,他很快承认了自己的身份。为了防止衣服里藏有毒药，他被剥去了衣服搜查，未发现异物。5月23日，军医官再检查他的口腔时，他咬破了氰化钾胶囊，在12分钟内就一命呜呼。原来希姆莱把毒药暗藏在牙龈上的一个小洞里。戈林、里宾特洛甫、凯特尔、牛赖特、席腊赫等都被盟军集中关押在纽伦堡监狱。原先的副元首赫斯，战后也由英国移交盟军统一收押在纽伦堡。

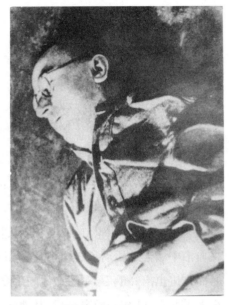

纳粹政权崩溃后，希姆莱化装潜逃，后被活捉。在检查他的口腔时，他咬破了暗藏在牙龈上一个小洞里的毒药氰化钾胶囊，一命呜呼。

1945年11月20日，纽伦堡国际军事法庭开始审讯德国的首要纳粹战犯。审讯进行了10个多月后，于1946年9月30日至10月1日进行宣判。法庭判处戈林、里宾特洛甫、凯特尔、卡尔登勃鲁纳、罗森堡、弗郎克、弗立克、施特莱彻、赛斯—英夸特、沙克尔、约德尔等11人以绞刑；赫斯、雷德尔和麦克被判处无期徒刑；斯佩尔、席腊赫被判处20年徒刑；牛赖特和邓尼茨各被判处15年和10年徒刑。

绞刑判决在1946年10月16日凌晨执行。在绞刑执行前两小时，戈林偷服了暗藏着的毒药而身亡。据说他把毒药藏在肚脐眼附近的一个伤口内。戈林腹部曾做过外科手术，手术后留下一个洞穴形伤口，他就把毒药胶囊暗藏在里面，一直至死而未被人发觉。绞刑在纽伦堡监狱内执行。第一个走上绞刑架的是希特勒的外交部长里宾特洛甫，最后一个走上绞刑架的是奥地利的卖国贼、纳粹统治荷兰的罪犯赛斯—英夸特。

日本的一些法西斯军阀也都先后落得个可耻的下场。天皇裕仁做出"圣断"，宣布接受《波茨坦公告》后，以陆相阿南为头目的一批法西斯死硬派还想策动政变，准备抢走天皇宣布投降的诏书，逮捕主和派，占领皇宫，然后"挟天子以令诸侯"，进行他们的所谓"本土决战"，后因陆军参谋总长梅津美治郎没有点头而未敢贸然行动。8月15日天皇的投降诏书公布后，阿南自知大势已去，遂在家中切腹自杀。利剑刺进腹部后没有马上死去，他在血泊中痛苦地扭动了3个小时。他的部下时而跪在他的旁边，时而进进出出。最后，军医在他的手臂上打了一针，即刻就把他送上了西天。陆相阿南自杀后，其他几个和他一样充满着法西斯军国主义思想的死硬分子，如原总理大臣近卫、铃木内阁的大臣小泉和桥田、滨田一知将军等10多名将级军官以及原先坚决主张叛乱的几名阿南的部下，都相继仿效阿南，纷纷自杀。

一小撮法西斯死硬分子的相继自杀，对发动战争的罪魁祸首的东条英机不能不是一个很大的刺激。日本投降后，东条成了众矢之的。极右分子要他"以一死报效天皇"；在战争中失去亲人的人斥责他说："你应当切腹，向国民谢罪。"连东条的儿子都催促他说："我们一起自杀吧！"东条自知罪责难逃，墨索里尼被处决后暴尸街头的照片更使他不寒而栗。他决定走自杀的道路。为此，他事先请医生确定心脏的位置，并用墨汁在胸膛上做了标记。

1945年9月11日，盟军奉麦克阿瑟之命开始逮捕东条英机以下的甲级战犯。当天下午4时左右，美军宪兵队军官卡拉斯少校奉命前去东条家中逮捕东条。东条英机闻声后来到住宅前门的右侧窗边，对卡拉斯少校说："我就是东条，今天你是不是要正式逮捕我？"卡拉斯回答说："是的，遵照命令，必须将你押往横滨。请马上做好准备"。

卡拉斯一伙未见有人出来开门，正在疑虑之际，忽然从屋内传出"砰！"的一声枪

甲级战犯东条英机自杀未遂。

声。卡拉斯闻声后马上率领宪兵砸了锁，破门而入。只见东条英机瘫在沙发上，胸口流着鲜血，但人还清醒着，右手握着一支美制小手枪。由于开枪时心慌，子弹擦心脏边而过，未击中要害。东条英机被美军抢救了过来。一位给东条输血的美国军官说："我要使他活下来，让他通过法庭审判受到应有的惩罚。如果让他这么安安稳稳地死去，那就太便宜他了。"继逮捕东条以后，前首相广田弘毅和近卫文麿、皇宫内大臣木户幸一等亦相继被捕。近卫后来亦在狱中服毒自杀。

1946 年 1 月 19 日，盟军最高统帅发布"远东国际军事法庭宪章"，着手审判日本战犯。5 月 3 日，远东国际军事法庭正式开庭审理东条英机、荒木贞夫、土肥原贤二、桥本欣五郎、烟俊六、平沼骐一郎、广田弘毅、星野直树、坂垣征四郎、贺屋兴宣、木户幸一、木村兵太郎、小矶国昭、松井石根、松冈洋右、南次郎、武藤章、永野修身、冈敬纯、大川周明、大岛浩、佐藤贤了、重光葵、岛田繁太郎、白鸟敏夫、铃木贞一、东乡茂德、梅津美治郎等 28 名

甲级战犯。因前首相近卫在关押期间自杀身亡,前外相松冈洋右和前军令部总长永野修身在审讯期间病死,因此,后来实际宣判的是25名甲级战犯。东京审判历时两年零7个月,1948年11月4日至11月12日,远东国际军事法庭对东条英机等25名战犯做了宣判。东条英机、土肥原贤二、广田弘毅、坂垣征四郎、木村兵太郎、松井石根、武藤章等7人被判处绞刑;荒木贞夫、桥本欣五郎、梅津美治郎、铃木贞一等16人被判处无期徒刑;东乡茂德被判处有期徒刑20年;重光葵被判处有期徒刑7年。

东条英机等7名被判处死刑的囚犯,于1948年12月23日凌晨在东京巢鸭监狱内分两批被处以绞刑。东条、土肥原、松井、武藤章为第一批,坂垣、广田、木村为第二批。东条等被绞死后,尸体被火化,骨灰被美军用飞机撒在太平洋里。

此外,自日本投降后,中国各地先后逮捕日本战犯2000多

制造南京大屠杀的主犯之一谷寿夫被押赴刑场。

名。另外经中国政府交交涉，盟军驻日最高司令部向中国移交一批在华犯有严重罪行的乙级、丙级战犯，其中包括南京大屠杀主犯谷寿夫、田中军吉、向井敏明等。南京军事法庭判处谷寿夫、田中军吉、向井敏明等4人死刑，执行枪决。战后，国民政府方面共审理判决日本战犯300余名，其中判处死刑110人。

中华人民共和国成立后，苏联政府向中国移交了

指挥盟军在诺曼底登陆的盟军总司令艾森豪威尔。

近千名苏军在中国东北俘获的日本战犯，由中国政府审判。中国最高人民法院特别军事法庭，分别在太原、沈阳先后对45名日本战犯判处有期徒刑8至20年不等。

后 记

　　20世纪80年代，本人为上海教育出版社"中学生文库"编写过两本书，《第二次世界大战》是其中的一本。该书写作于1988年，初版于1989年7月；2000年5月入选该文库精选续编；1995年7月，该社不以"中学生文库"丛书的名义，而又单独印刷了一次，以纪念反法西斯战争胜利50周年。今年正值反法西斯战争胜利70周年，承蒙宁夏人民出版社各级领导和有关编辑的热情关切和支持，这本知识性、通俗性的《第二次世界大战》能修订再版，十分高兴。此次修订主要补充了一些资料、增加了一些历史照片、酌改了若干提法。但框架未动，内容未能做大的修订。本书原本是为青少年编写的知识性通俗历史读物，主要是要求清楚、正确、流畅地讲述历史，而不是史学方面的学术专著，当时整套文库体例上统一不做"注释"一类的标注。此次修订再版，亦未能增补此类注文，因此书初版迄今，已快30年了，本人亦已届八十，各方面的条件很难做上述一类增补，恳请广大读者见谅。我期待着读者的批评与指正。

金永华

2015年5月3日于上海